Fjodr Dostojewski

Der Doppelgänger

Übersetzt von Hermann Röhl

„Der Kanzleibeamte Goljadkin steht eines Nachts seinem Doppelgänger gegenüber und schnell weicht Verblüffung der Panik: Der Doppelgänger bedroht Goljadkins Identität und so beginnt ein Kampf, an dessen Ende einer der Beiden in der Psychiatrie landet während dem anderen beruflicher und privater Aufstieg gelingt." *Redaktion Gröls-Verlag* (Edition I Werke der Weltliteratur)

Redaktionelle Hinweise und Impressum

Das vorliegende Werk wurde zugunsten der Authentizität sehr zurückhaltend bearbeitet. So wurden etwa ursprüngliche Rechtschreibfehler regelmäßig *nicht* behoben, denn kleine Unvollkommenheiten machen das Buch – wie im Übrigen den Menschen – erst authentisch. Mitunter wurden jedoch zum Beispiel Absätze behutsam neu getrennt, um den Lesefluss zu erleichtern.

Wir sind bemüht, ein ansprechendes Produkt zu gestalten, welches angemessenen Ansprüchen an das Preis/Leistungsverhältnis und vernünftigen Qualitätserwartungen gerecht wird. Um die Texte zu rekonstruieren, werden antiquarische Bücher von leistungsfähigen Lesegeräten gescannt und dann durch eine Software lesbar gemacht. Der so entstandene Text wird von Menschen gegen eine Aufwandsentschädigung gegengelesen und korrigiert – Hierbei können gelegentlich Fehler auftreten. Wenn Sie ebenfalls antiquarische Texte einreichen möchten, wenden Sie sich für weitere Informationen gerne an

www.groels.de

Informieren Sie sich dort auch gerne über die anderen Werke aus unserer

Edition | Bedeutende Werke der Weltliteratur

Sie werden es mit 98,029 %iger Wahrscheinlichkeit nicht bereuen.

Die Deutsche Nationalbibliothek verzeichnet dieses Werk in der Deutschen Nationalbibliografie.

Verleger: Marcel Hermann-Josef Gröls, Poelchaukamp 20, 22301 Hamburg. Externer Dienstleister für Distribution und Herstellung: BoD, In de Tarpen 42, 22848 Norderstedt

Inhaltsverzeichnis

1. Kapitel 5
2. Kapitel 12
3. Kapitel 25
4. Kapitel 35
5. Kapitel 49
6. Kapitel 58
7. Kapitel 72
8. Kapitel 83
9. Kapitel 98
10. Kapitel 121
11. Kapitel 146
12. Kapitel 158
13. Kapitel 173

1. Kapitel

Es war beinahe acht Uhr morgens, als der Titularrat Jakow Petrowitsch Goljadkin nach einem langen Schlafe erwachte, gähnte, sich reckte und schließlich völlig die Augen öffnete. Etwa zwei Minuten lang blieb er noch, ohne sich zu regen, auf dem Bette liegen, wie ein Mensch, der noch nicht ganz ins klare darüber gekommen ist, ob er aufgewacht ist oder noch schläft, ob alles, was jetzt um ihn herum vorgeht, Wahrheit und Wirklichkeit ist oder eine Fortsetzung seiner wirren Träume. Bald wurde jedoch Herrn Goljadkins Denken klarer und deutlicher, und seine Gefühle nahmen ihre gewöhnliche, alltägliche Stimmung an. Alles blickte ihn bekannt an: die schmutziggrünen, verräucherten, staubigen Wände seines kleinen Zimmerchens, seine Mahagonikommode, die Stühle von imitiertem Mahagoni, der rot angestrichene Tisch, das türkische Wachstuchsofa von rötlicher Farbe mit grünlichen Blümchen und endlich die gestern hastig ausgezogenen und unordentlich auf das Sofa geworfenen Kleider.

Und dann schaute auch der graue, trübe, schmutzige Herbsttag so verdrießlich und mit so saurer Miene durch die ungeputzten Fenster zu ihm ins Zimmer, daß Herr Goljadkin in keiner Weise mehr daran zweifeln konnte, daß er sich nicht in einem schönen Märchenlande, sondern in der Residenzstadt Petersburg, in der Schestilawotschnaja-Straße, in der vierten Etage einer sehr großen Mietskaserne, in seiner eigenen Wohnung befand. Nachdem er diese wichtige Entdeckung gemacht hatte, schloß Herr Goljadkin wieder krampfhaft die Augen, als bedaure er, daß der Traum, den er soeben gehabt hatte, entschwunden sei, und als wünsche er, ihn sich wenigstens für einen Augenblick zurückzurufen. Aber einen Augenblick darauf sprang er mit einem Satze aus dem Bette, wahrscheinlich, weil er endlich auf denjenigen Gegenstand gekommen war, um den seine zerstreuten, noch nicht in die gehörige Ordnung gebrachten Gedanken bisher herumgewirbelt waren. Nachdem er aus dem Bette gesprungen war, lief er sogleich zu dem kleinen, runden Spiegel, der auf der Kommode stand. Obgleich die verschlafene, kurzsichtige, ziemlich kahlköpfige Gestalt, die ihm der Spiegel zurückwarf, einen so unbedeutenden Eindruck machte, daß sie auf den ersten Blick entschieden niemandes ausschließliche Aufmerksamkeit fesseln konnte, so war doch ihr Besitzer mit alledem, was er im Spiegel erblickte, anscheinend völlig zufrieden. "Na, das wäre eine böse Geschichte," sagte Herr Goljadkin halblaut, "das wäre eine böse Geschichte, wenn heute an mir etwas nicht in Ordnung wäre, wenn z. B. irgendetwas schlecht aussähe, ich einen störenden Pickel bekäme oder sonst eine Unannehmlichkeit passierte; vorläufig indes ist es nicht übel; vorläufig geht alles gut." Sehr erfreut darüber, daß alles gut ging, stellte Herr Goljadkin den Spiegel auf seinen früheren Platz; er selbst aber lief, trotzdem er barfuß war und noch das Kostüm trug, in dem er sich schlafen zu legen pflegte, zum Fenster hin und begann höchlichst interessiert mit den Augen etwas auf dem Hofe zu suchen, auf den die Fenster seiner Wohnung hinausgingen.

Anscheinend befriedigte auch das, was er auf dem Hofe erblickte, ihn vollkommen; denn sein Gesicht erglänzte von einem selbstzufriedenen Lächeln. Nachdem er dann einen Blick hinter die Scheidewand in das Kämmerchen seines Dieners Petruschka geworfen und sich überzeugt hatte, daß Petruschka nicht darin war, ging er auf den Fußspitzen an den Tisch, schloß an demselben eine Schublade auf, wühlte in dem hintersten Winkel dieser Schublade umher, zog endlich aus alten, vergilbten Papieren und allerlei Kram eine grüne, abgegriffene Brieftasche heraus, öffnete sie behutsam und blickte vorsichtig und mit Genuß in die abgelegenste, verborgenste Tasche derselben hinein. Wahrscheinlich schaute das Päckchen grünlicher, grauer, bläulicher, rötlicher und sonstiger bunter Banknoten Herrn Goljadkin ebenfalls sehr freundlich und ermutigend an: mit strahlendem Gesichte legte er die geöffnete Brieftasche vor sich auf den Tisch und rieb sich zum Zeichen des größten Vergnügens kräftig die Hände. Endlich nahm er es heraus, sein entzückendes Päckchen Banknoten, und begann, zum hundertsten Male seit dem vorigen Tage, die Scheine durchzuzählen, wobei er einen jeden sorgsam zwischen dem Daumen und dem Zeigefinger rieb. "Siebenhundertfünfzig Rubel!" flüsterte er zuletzt. "Siebenhundertfünfzig Rubel... eine tüchtige Summe! Das ist ein hübsches Sümmchen," fuhr er mit zitternder, durch das Gefühl der Freude ein wenig gedämpfter Stimme fort, indem er das Päckchen in den Händen zusammendrückte und bedeutsam lächelte. "Das ist ein hübsches Sümmchen! Das muß jeder für ein hübsches Sümmchen halten! Jetzt möchte ich den Menschen sehen, für den das eine unbedeutende Summe wäre! Mit einer solchen Summe kann ein Mensch es weit bringen..."

"Aber, was hat denn das zu bedeuten?" dachte Herr Goljadkin. "Wo ist denn Petruschka?" Noch immer dasselbe Kostüm beibehaltend, blickte er zum zweiten Male hinter die Scheidewand. Petruschka war dort wieder nicht vorhanden; nur ein Samowar, der da auf dem Fußboden stand, ärgerte sich, erboste sich und kam außer sich, indem er jeden Augenblick überzukochen drohte und hitzig und schnell in seiner sonderbaren Sprache schnarrend und lispelnd etwas zu Herrn Goljadkin sagte, wahrscheinlich etwa dies: "Nehmt mich doch hin, liebe Leute; ich bin ja vollständig fertig und bereit."

"Hol ihn der Teufel!" dachte Herr Goljadkin. "Dieser faule Patron kann einen schließlich wütend machen; wo mag er sich wieder herumtreiben?" In gerechter Entrüstung begab er sich in das Vorzimmer, das aus einem kleinen Korridor bestand, an dessen Ende eine Tür nach dem Flur führte, und erblickte seinen Diener, umgeben von einem großen Haufen anderer Diener, Hausgenossen und sonstigen Volkes, das sich hinzugefunden hatte. Petruschka erzählte etwas, die andern hörten zu. Weder der Gegenstand der Erzählung noch die Erzählung selbst schienen Herrn Goljadkin zu gefallen. Er rief sofort Petruschka zu sich und kehrte sehr mißvergnügt, ja empört in sein Zimmer zurück. "Dieser Racker ist imstande, für einen Groschen einen Menschen zu verraten, und am ehesten seinen Herrn," dachte er im stillen; "und er hat mich auch verraten, jedenfalls hat er mich verraten; darauf möchte ich wetten, daß er mich für eine Kopeke verraten hat. Nun, wie ist es?"

"Die Livree ist gekommen, Herr!"

"Zieh sie an und komm her!"

Nachdem Petruschka die Livree angezogen hatte, trat er, dumm lächelnd, in das Zimmer seines Herrn. Er trug nun eine grüne, stark abgenutzte Bedientenlivree mit ausgefaserten goldenen Tressen, die anscheinend für jemand angefertigt war, der eine ganze Elle größer war als Petruschka. In der Hand hielt er einen gleichfalls mit Tressen besetzten und mit grünen Federn geschmückten Hut, und an der Hüfte hing ihm ein Hirschfänger in lederner Scheide.

Zur Vervollständigung des Bildes war Petruschka zufolge seiner Lieblingsgewohnheit, zu Hause immer im Negligé herumzulaufen, auch jetzt barfuß. Herr Goljadkin musterte Petruschka von allen Seiten und schien zufrieden zu sein. Die Livree war augenscheinlich aus irgendwelchem feierlichen Anlaß geliehen. Bemerkenswert war noch, daß während der Musterung Petruschka seinen Herrn mit seltsamer Spannung anblickte und mit besonderer Neugier alle Bewegungen desselben verfolgte, was Herrn Goljadkin äußerst verlegen machte.

"Nun, und der Wagen?"

"Der Wagen ist auch gekommen."

"Auf den ganzen Tag?"

"Ja, auf den ganzen Tag. Fünfundzwanzig Rubel."

"Sind auch die Stiefel gekommen?"

"Jawohl."

"Tölpel! Kannst du nicht sagen: "Jawohl, Herr!"? Gib sie her!" Nachdem Herr Goljadkin seiner Freude darüber Ausdruck gegeben hatte, daß die Stiefel gut paßten, befahl er, ihm Tee, Waschwasser und das Rasierzeug zu bringen. Er rasierte und wusch sich sehr sorgfältig, schlürfte hastig seinen Tee und schickte sich dann an, große Toilette zu machen: er zog fast ganz neue Beinkleider an, dann ein Chemisett mit Messingknöpfchen und eine Weste mit sehr hellen, hübschen Blümchen; um den Hals band er sich ein buntseidenes Halstuch, und zuletzt legte er einen ebenfalls fast neuen, sorgsam abgebürsteten Uniformrock an. Nachdem er sich so angekleidet hatte, betrachtete er mehrmals liebevoll seine Stiefel, hob alle Augenblicke bald den einen, bald den andern Fuß in die Höhe, bewunderte die Fasson und flüsterte immer etwas vor sich hin, indem er ab und zu seinem eigenen

Ich mit einer ausdrucksvollen Grimasse zublinkte. Übrigens mußte Herr Goljadkin wohl an diesem Morgen äußerst zerstreut sein, da er fast gar nicht bemerkte, wie Petruschka, der ihm beim Ankleiden behilflich war, über ihn lächelte und grinste. Als Herr Goljadkin endlich alles Erforderliche in Ordnung gebracht hatte und vollständig angekleidet war, steckte er seine Brieftasche ein, warf noch einen bewundernden Blick auf Petruschka, der sich die Stiefel angezogen hatte und somit ebenfalls völlig bereit war, und lief, nachdem er sich überzeugt hatte, daß alles ausgeführt und zu weiterem Warten kein Grund sei, eilig und geschäftig mit etwas Herzklopfen seine Treppe hinunter.

Eine himmelblaue Mietskutsche mit einer Art von Wappen fuhr mit starkem Gepolter an der Haustür vor. Petruschka wechselte mit dem Kutscher und einigen Gaffern verständnisvolle Blicke, half seinem Herrn beim Einsteigen in den Wagen, rief mit gekünstelter Stimme, nur mit Mühe ein albernes Lachen unterdrückend, dem Kutscher "Vorwärts!" zu, sprang auf das hinten befindliche Wagenbrett, und lärmend und polternd, klirrend und rasselnd rollte die blaue Kutsche in der Richtung nach dem Newski-Prospekte davon. Kaum hatte sie den Torweg passiert, als Herr Goljadkin sich kräftig die Hände rieb und in ein leises, unhörbares Gelächter ausbrach, wie ein zur Heiterkeit veranlagter Mensch, dem es gelungen ist, einen prächtigen Streich auszuführen, über den er nun das allergrößte Vergnügen empfindet. Übrigens machte sogleich nach dem Heiterkeitsausbruche das Gelächter einem eigentümlich sorgenvollen Ausdruck auf Herrn Goljadkins Gesichte Platz. Obwohl das Wetter feucht und unfreundlich war, hatte er doch beide Wagenfenster herabgelassen, blickte eifrig rechts und links nach den Passanten und nahm sofort eine vornehme, würdevolle Miene an, sowie er bemerkte, daß ihn jemand ansah. An der Einmündung der Liteinaja-Straße in den Newski-Prospekt fuhr er infolge einer sehr unangenehmen Empfindung zusammen, runzelte die Stirn wie ein armer Teufel, dem jemand zufällig auf die Hühneraugen getreten hat, und drückte sich eilig, ja sogar ängstlich in die dunkelste Ecke seiner Kutsche. Der Grund war, daß er zweien seiner Kollegen begegnete, zwei jungen Beamten derselben Behörde, bei der er selbst angestellt war. Die Beamten waren, wie es Herrn Goljadkin schien, ihrerseits ebenfalls äußerst erstaunt, ihrem Kollegen in dieser Weise zu begegnen; einer von ihnen zeigte sogar mit dem Finger nach Herrn Goljadkin. Diesem schien es sogar, daß der andere ihn laut bei seinem Namen rief, was selbstverständlich auf der Straße sehr unpassend war. Unser Held versteckte sich und gab keine Antwort. "Was sind das für dumme Jungen!" räsonierte er für sich. "Na, was ist denn dabei Sonderbares? Es fährt jemand in einer Kutsche; es wird wohl eine Nötigung dazu vorliegen, nun, da hat er sich eben eine Kutsche genommen. Sie sind einfach Plebs! Ich kenne sie hinlänglich; dumme Jungen sind es, die noch ihre Prügel bekommen müßten!

Sie können weiter nichts als mit ihrem Gehalte Adler oder Schrift spielen und sich Gott weiß wo herumtreiben; das ist ihr Element. Ich müßte mal ein ernstes Wort mit ihnen allen reden; nur..." Herr Goljadkin beendete den angefangenen Satz nicht und wurde starr. Ein Paar mutiger Kasanscher Pferde, die an eine elegante Equipage gespannt und Herrn Goljadkin sehr wohlbekannt waren, überholte schnell auf der rechten Seite seine Mietskutsche. Der Herr, der in der Equipage saß, erblickte zufällig Herrn Goljadkins Gesicht, welcher ziemlich unvorsichtig seinen Kopf aus dem Wagenfenster heraussteckte; auch er war anscheinend über eine so unerwartete Begegnung äußerst erstaunt, bog sich heraus, soweit er nur konnte, und blickte höchst neugierig und interessiert in die Wagenecke, in der unser Held sich schleunigst versteckt hatte. Der Herr in der Equipage war Andrei Filippowitsch, Abteilungschef bei derselben Behörde, zu welcher auch Herr Goljadkin in der Stellung eines Gehilfen seines Tischvorstehers gehörte. Als Herr Goljadkin sah, daß Andrei Filippowitsch ihn genau erkannt hatte, ihn mit großen Augen ansah und es unmöglich war, sich zu verstecken, wurde er rot bis über die Ohren. "Soll ich mich verbeugen oder nicht? Etwas sagen oder nicht? Gestehen oder nicht?" dachte unser Held in unbeschreiblicher Verlegenheit; "oder soll ich tun, als ob ich es nicht wäre, sondern irgendein anderer, der mir außerordentlich ähnlich sieht, und ein Gesicht machen, als ob es mich nichts anginge? Ich bin es wirklich nicht, ich bin es nicht; damit Punktum!" sagte Herr Goljadkin, während er seinen Hut vor Andrei Filippowitsch abnahm und die Augen nicht von ihm verwandte. "Ich, ich weiß von nichts," flüsterte er mit Anstrengung, "ich weiß schlechterdings von nichts; ich bin es gar nicht, ich bin es nicht; damit Punktum!" Bald aber hatte die Equipage seine Mietskutsche überholt, und die magnetische Wirkung der Blicke seines Vorgesetzten hörte auf.

Jedoch war er immer noch rot, lächelte und murmelte etwas vor sich hin... "Es war eine Dummheit von mir, daß ich nichts gesagt habe," dachte er zuletzt; "ich hätte einfach dreist und mit anständiger Offenherzigkeit sagen sollen: "So und so, Andrei Filippowitsch; ich bin ebenfalls zum Diner eingeladen; das ist die ganze Sache!"" Dann fiel ihm plötzlich ein, daß er sich blamiert habe, und unser Held wurde feuerrot, zog finster die Brauen zusammen und richtete einen schrecklichen, herausfordernden Blick nach der einen Vorderecke des Wagens, einen Blick, als wollte er alle seine Feinde auf einmal in Asche verwandeln. Endlich zog er, einer plötzlichen Eingebung folgend, an der Schnur, die an den Ellbogen des Kutschers festgebunden war, ließ den Wagen halten und befahl dem Kutscher, nach der Liteinaja-Straße zurückzufahren. Die Sache war die, daß Herr Goljadkin die dringende Nötigung verspürte, wahrscheinlich zu seiner eigenen Beruhigung seinem Arzte Krestjan Iwanowitsch eine sehr interessante Mitteilung zu machen. Und obgleich er mit Krestjan Iwanowitsch erst seit kurzer Zeit bekannt war, indem er ihn nämlich erst einmal in der vorigen Woche wegen gewisser Beschwerden besucht hatte, so steht doch ein Arzt, wie man zu sagen pflegt, auf gleicher Stufe mit einem Beichtvater: es wäre dumm, ihm etwas zu verheimlichen, und er seinerseits hat die Pflicht, seinen Patienten ordentlich kennen zu lernen. "Wird mein Besuch übrigens auch passend sein?" fuhr unser Held fort, während er bei der Auffahrt eines fünfstöckigen Hauses in der Liteinaja-Straße, wo er seinen Wagen hatte halten lassen, ausstieg; "wird mein Besuch auch passend sein? Wird er auch anständig sein? Werde ich ihm auch nicht ungelegen kommen? Aber, was ist dabei?" fuhr er fort, während er die Treppe hinaufstieg, Atem schöpfte und das Herzklopfen zu hemmen suchte, das sich bei ihm immer auf fremden Treppen einzustellen pflegte; "was ist dabei? Ich komme ja wegen meines Leidens; daran ist nichts Tadelnswertes zu finden ... Es wäre eine Dummheit, etwas verbergen zu wollen. Und ich werde so tun, als ob ich keinen besonderen Grund hätte, sondern nur so gelegentlich herankäme, weil ich gerade vorbeigekommen wäre ... Er wird schon einsehen, daß das alles so in der Ordnung ist."

Unter solchen Überlegungen war Herr Goljadkin zur zweiten Etage hinaufgestiegen und blieb vor der mit Nummer Fünf bezeichneten Wohnung stehen, an deren Tür ein hübsches Messingschild angebracht war mit der Aufschrift:

Krestjan Iwanowitsch Rutenspitz,
Doktor der Medizin und Chirurgie.

Während er dort stand, beeilte sich unser Held, seinem Gesichte einen vornehmen, ungenierten, dabei aber doch liebenswürdigen Ausdruck zu geben, und schickte sich an, die Klingel zu ziehen. Eben in dem Augenblicke, als er sich dazu anschickte, überlegte er noch schnell und rechtzeitig, daß es doch wohl besser wäre, den Besuch bis morgen zu verschieben, da vorläufig noch keine eigentliche Nötigung dazu vorliege. Aber da Herr Goljadkin auf einmal Schritte auf der Treppe hörte, so änderte er seinen neuen Entschluß unverzüglich wieder und klingelte, übrigens mit sehr entschlossener Miene, vor Krestjan Iwanowitschs Tür.

2. Kapitel

Der Doktor der Medizin und Chirurgie Krestjan Iwanowitsch Rutenspitz, ein sehr gesunder, wiewohl schon bejahrter Mann, mit dichten, bereits ergrauenden Augenbrauen und starkem, schwarzem Backenbarte, mit ausdrucksvollem, funkelndem Blick, durch den allein schon er alle Krankheiten vertreiben zu können schien, und endlich auch mit einem hohen Orden, saß an diesem Morgen in seinem Arbeitszimmer auf seinem behaglichen Lehnstuhl, trank den Kaffee, den ihm seine Frau eigenhändig gebracht hatte, rauchte eine Zigarre und schrieb von Zeit zu Zeit Rezepte für seine Patienten. Nachdem er zuletzt einem alten Herrn, der an Hämorrhoiden litt, ein Tränkchen verschrieben und den Leidenden zu einer Seitentür begleitet hatte, setzte sich Krestjan Iwanowitsch in Erwartung des nächstfolgenden Besuches wieder hin. Da trat Herr Goljadkin ein.

Krestjan Iwanowitsch hatte, wie es schien, weder erwartet noch gewünscht, Herrn Goljadkin bei sich zu sehen; denn sein Gesicht verfinsterte sich auf einmal für einen Augenblick und nahm unwillkürlich einen sonderbaren, ja, man kann sagen, unzufriedenen Ausdruck an. Herr Goljadkin seinerseits pflegte, wenn er sich in seinen eigenen Angelegenheiten an jemand wandte, fast immer zur unrechten Zeit zu kommen und dann in Verwirrung zu geraten, und so ging es ihm auch jetzt. Da er sich auf den ersten Satz, der für ihn in solchen Fällen stets einen Stein des Anstoßes bildete, nicht vorbereitet hatte, so wurde er gewaltig verlegen, murmelte etwas, was wie eine Entschuldigung klang, und da er nicht wußte, was er weiter tun sollte, nahm er einen Stuhl und setzte sich. Aber nun fiel ihm ein, daß er sich hingesetzt habe, ohne dazu aufgefordert zu sein; er wurde sich sofort der Unanständigkeit seines Benehmens bewußt und beeilte sich, seinen Verstoß gegen die gesellschaftliche Form und den guten Ton dadurch wieder gutzumachen, daß er sich von dem ohne Aufforderung eingenommenen Platze eiligst wieder erhob. Dann kam er unklar zu dem Bewußtsein und zu der Erkenntnis, daß er zwei Dummheiten mit einem Mal gemacht habe, und so entschloß er sich denn ohne zu zaudern zu einer dritten; d. h. er versuchte eine Entschuldigung vorzubringen, murmelte lächelnd etwas, errötete, wurde verlegen, machte eine ausdrucksvolle Pause und setzte sich schließlich endgültig hin, ohne wieder aufzustehen, sicherte sich aber für jeden Fall durch eben jenen herausfordernden Blick, der die außerordentliche Kraft besaß, in Gedanken alle Feinde Herrn Goljadkins in Asche zu verwandeln und zu vernichten. Außerdem brachte dieser Blick Herrn Goljadkins Unabhängigkeit vollkommen zum Ausdruck, d. h. er sagte klar und deutlich, daß Herr Goljadkin sich um nichts kümmere, daß er so selbständig sei wie alle andern Leute und sich in gesicherter Stellung befinde. Krestjan Iwanowitsch hustete, räusperte sich, anscheinend zum Zeichen seiner Billigung und Zustimmung zu alledem, und richtete einen prüfenden, fragenden Blick auf Herrn Goljadkin.

"Krestjan Iwanowitsch," begann Herr Goljadkin lächelnd, "ich bin gekommen, um Sie zum zweiten Male zu belästigen, und erlaube mir jetzt, Sie zum zweiten Male um Nachsicht zu bitten..." Es machte Herrn Goljadkin offenbar Schwierigkeit, die richtigen Worte zu finden.

"Hm... ja!" erwiderte Krestjan Iwanowitsch, indem er einen Rauchstrom aus dem Munde gehen ließ und die Zigarre auf den Tisch legte. "Aber Sie müssen sich an meine Vorschrift halten; ich habe Ihnen gesagt, daß Ihre Kur in einer Änderung Ihrer Lebensgewohnheiten bestehen muß... Also Sie müssen sich Zerstreuung machen, Freunde und Bekannte besuchen; auch ein Fläschchen Wein sollten Sie sich manchmal gönnen; Sie müssen sich zu heiterer Gesellschaft halten."

Herr Goljadkin beeilte sich, immer noch lächelnd, zu bemerken, es scheine ihm, daß er ein Mensch sei wie alle Menschen; er lebe in seiner Häuslichkeit und habe seine Zerstreuungen wie alle Leute ... natürlich könne er ins Theater gehen, da er, wie andere Menschen, die erforderlichen Mittel besitze; den Tag über sei er im Dienst, abends aber bei sich zu Hause; es fehle ihm eigentlich gar nichts; er bemerkte sogar beiläufig, er lebe seines Erachtens nicht schlechter als andere; er habe eine eigene Wohnung und habe schließlich seinen Petruschka. Hier stockte Herr Goljadkin.

"Hm! Nein, eine solche Lebensweise ist nicht das Richtige, und ich wollte Sie nach etwas ganz anderem fragen. Es wäre mir interessant zu hören, ob Sie ein großer Freund heiterer Gesellschaft sind und Ihr Leben heiter genießen ... Also führen Sie jetzt ein melancholisches oder ein heiteres Leben?"

"Krestjan Iwanowitsch, ich ..."

"Hm! ... Ich meine," unterbrach ihn der Arzt, "Sie müssen Ihr ganzes Leben von Grund aus umändern und in gewissem Sinne Ihren Charakter umgestalten." (Krestjan Iwanowitsch legte einen starken Ton auf das Wort "umgestalten" und hielt mit sehr bedeutsamer Miene einen Augenblick inne.) "Sie dürfen einem heiteren Leben nicht abgeneigt sein, müssen Theater und Klubs besuchen und sich ab und zu eine Flasche Wein zuwenden. Zu Hause zu sitzen, das taugt nichts, und für Sie ist das höchst verderblich."

"Krestjan Iwanowitsch, ich liebe die Stille," erwiderte Herr Goljadkin, indem er dem Arzte einen bedeutsamen Blick zuwarf und offenbar nach Worten zum passendsten Ausdruck seiner Gedanken suchte. "In meiner Wohnung befindet sich niemand als ich und Petruschka ... ich will sagen:

mein Diener, Krestjan Iwanowitsch. Ich will sagen, Krestian Iwanowitsch, daß ich meinen eigenen Weg gehe, meinen besonderen Weg, Krestjan Iwanowitsch. Ich lebe so für mich und bin, wie ich meinen möchte, von niemandem abhängig. Ich gehe auch spazieren, Krestjan Iwanowitsch."

"Wie? ... Ja! Nun, jetzt spazieren zu gehen ist gerade kein Vergnügen; es ist sehr unfreundliches Wetter."

"Jawohl, Krestjan Iwanowitsch. Obwohl ich ein friedlicher Mensch bin, Krestjan Iwanowitsch, wie ich wohl schon die Ehre hatte Ihnen zu bemerken, so hat mein Lebensweg doch seine besondere Richtung, Krestjan Iwanowitsch. Es gibt mancherlei Lebenswege... Ich will ... ich will damit sagen, Krestjan Iwanowitsch ... Entschuldigen Sie, Krestjan Iwanowitsch, ich verstehe es nicht, mich gewandt auszudrücken ..."

"Hm!... Sie wollen sagen ..."

"Ich will sagen, Sie möchten es entschuldigen, Krestjan Iwanowitsch, daß ich meines Erachtens es nicht verstehe, mich gewandt auszudrücken," sagte Herr Goljadkin in etwas gekränktem Tone und ein wenig verwirrt und verlegen. "In dieser Hinsicht, Krestjan Iwanowitsch, bin ich nicht so wie andere Leute," fügte er mit einem eigenartigen Lächeln hinzu; "ich verstehe es nicht, viel zu reden, und habe es nicht gelernt, meiner Ausdrucksweise Anmut und Schönheit zu verleihen. Dafür wirke ich, Krestjan Iwanowitsch; dafür, Krestjan Iwanowitsch, wirke ich."

"Hm!... Wie meinen Sie das ... daß Sie wirken?" fragte Krestjan Iwanowitsch. Darauf trat für eine Weile Stillschweigen ein. Der Arzt blickte Herrn Goljadkin in einer seltsamen mißtrauischen Art an. Herr Goljadkin schielte seinerseits ebenfalls recht mißtrauisch nach dem Arzte hin.

"Was mich betrifft, Krestjan Iwanowitsch," fuhr Herr Goljadkin, etwas gereizt und befremdet durch Krestjan Iwanowitschs hartnäckige Schweigsamkeit, in dem früheren Tone fort, "was mich betrifft, Krestjan Iwanowitsch, so liebe ich die Ruhe und nicht das Geräusch der Welt. Dort bei jenen Menschen, ich meine in der großen Welt, Krestjan Iwanowitsch, da muß man es verstehen, mit seinen Stiefeln das Parkett zu polieren..." (hier scharrte Herr Goljadkin ein wenig mit dem Fuße auf dem Fußboden);

"dort wird das verlangt, und Wortspiele werden auch verlangt... und man muß es verstehen, parfümierte Komplimente zu drechseln... solche Dinge werden da verlangt. Aber ich habe so etwas nicht gelernt, Krestjan Iwanowitsch; all diese Finessen habe ich nicht gelernt; dazu habe ich keine Zeit gehabt. Ich bin ein schlichter, einfacher Mensch und habe von äußerem Glanze nichts an mir. Auf diesem Gebiete, Krestjan Iwanowitsch, lege ich die Waffen nieder; ich strecke die Waffen, in diesem Sinne gesagt." All dies sagte Herr Goljadkin selbstverständlich mit einer Miene, die deutlich zu verstehen gab, daß unser Held es ganz und gar nicht bedauerte, auf diesem Gebiete die Waffen strecken zu müssen und diese Finessen nicht gelernt zu haben, sondern ganz im Gegenteil darauf stolz war. Krestjan Iwanowitsch blickte, während er ihm zuhörte, mit einer sehr unangenehmen Grimasse zu Boden und schien irgend etwas in der Zukunft vorauszusehen. Auf Herrn Goljadkins Tirade folgte ein ziemlich langes, bedeutsames Stillschweigen.

"Sie sind, wie es scheint, von Ihrem Gegenstande ein wenig abgekommen," sagte Krestjan Iwanowitsch endlich halblaut. "Ich muß Ihnen gestehen, ich habe Sie nicht ganz verstehen können."

"Ich verstehe es nicht, mich gewandt auszudrücken, Krestjan Iwanowitsch; ich hatte schon die Ehre, Ihnen mitzuteilen, Krestjan Iwanowitsch, daß ich es nicht verstehe, mich gewandt auszudrücken," sagte Herr Goljadkin, diesmal in scharfem, entschiedenem Tone.

"Hm! ..."

"Krestjan Iwanowitsch!" begann Herr Goljadkin wieder leise, aber nachdrücklich; seine Stimme hatte zum Teil etwas Triumphierendes; nach jedem Satze hielt er inne. "Krestjan Iwanowitsch! Als ich hier eintrat, begann ich mit Entschuldigungen. Jetzt wiederhole ich das früher Gesagte und erbitte mir wieder für eine kleine Weile Ihre freundliche Nachsicht. Ich habe keinen Anlaß, Ihnen etwas zu verbergen, Krestjan Iwanowitsch. Ich bin ein unbedeutender Mensch, das wissen Sie selbst; aber zu meinem Glücke bedaure ich es nicht, daß ich ein unbedeutender Mensch bin. Im Gegenteil, Krestjan Iwanowitsch; um alles zu sagen, ich bin sogar stolz darauf, daß ich kein großer Mann, sondern nur ein unbedeutender Mensch bin. Ich bin kein Intrigant; auch darauf bin ich stolz. Ich wirke nicht im geheimen, sondern öffentlich, ohne Hinterlist, und obgleich ich meinerseits schaden könnte und es sehr wohl könnte und sogar weiß, wem ich etwas antun könnte und wie, so mag ich mich doch mit dergleichen nicht beschmutzen, Krestjan Iwanowitsch, und wasche in dieser Hinsicht meine Hände in Unschuld. In dieser Hinsicht, sage ich, wasche ich sie in Unschuld, Krestjan Iwanowitsch!" Herr Goljadkin machte für einen Augenblick eine ausdrucksvolle Pause; er hatte mit einer milden Begeisterung gesprochen.

"Ich gehe geradeaus, offen und ohne Schleichwege, Krestjan Iwanowitsch," fuhr unser Held fort; "denn ich verachte alles hinterhältige Wesen und überlasse es anderen. Ich suche nicht diejenigen herabzusetzen, die vielleicht edler sind als ich und Sie ... d. h. ich will sagen "als ich", Krestjan Iwanowitsch; ich wollte nicht sagen "als ich und Sie". Versteckte Andeutungen liebe ich nicht; elende Heuchelei kann ich nicht leiden; Verleumdung und Klatsch verabscheue ich. Eine Maske trage ich nur auf dem Maskenball und laufe nicht mit ihr alle Tage vor den Leuten umher. Ich frage Sie nur, Krestjan Iwanowitsch, wie würden Sie sich an Ihrem Feinde rächen, an Ihrem schlimmsten Feinde, an dem, den Sie dafür ansähen?" schloß Herr Goljadkin und richtete einen herausfordernden Blick auf Krestjan Iwanowitsch.

Obgleich Herr Goljadkin dies alles mit großer Bestimmtheit, Deutlichkeit und Zuversichtlichkeit sprach, seine Worte abwog und auf ihre sichere Wirkung rechnete, so sah er Krestjan Iwanowitsch jetzt doch mit Unruhe, mit großer Unruhe, mit äußerster Unruhe an. Jetzt war er ganz Auge und wartete schüchtern und mit ärgerlicher, beklommener Ungeduld auf Krestjan Iwanowitschs Antwort. Aber zu Herrn Goljadkins Erstaunen und völliger Überraschung murmelte Krestjan Iwanowitsch nur etwas vor sich hin, rückte dann seinen Stuhl an den Tisch heran und bemerkte ihm ziemlich trocken, wiewohl höflich, ungefähr folgendes: seine Zeit sei kostbar; er habe ihn nicht ganz verstanden; übrigens sei er bereit, ihm nach Kräften, so gut er könne, zu dienen; aber auf alles Weitere, was nicht in sein Fach schlage, könne er nicht eingehen. Dann nahm er eine Feder, zog sich einen Bogen Papier heran, schnitt von ihm ein Stück in dem Format ab, wie es die Ärzte gebrauchen, und erklärte, er wolle ihm sofort eine angemessene Arznei verschreiben.

"Nein, das ist nicht erforderlich, Krestjan Iwanowitsch! Nein, das ist durchaus nicht erforderlich!" sagte Herr Goljadkin, indem er sich von seinem Platze erhob und Krestjan Iwanowitsch an den rechten Arm faßte. "Das ist absolut nicht nötig, Krestjan Iwanowitsch!"

Aber während Herr Goljadkin dies alles sagte, ging mit ihm eine seltsame Veränderung vor. Seine grauen Augen bekamen einen sonderbaren Glanz; seine Lippen fingen an zu zittern; alle Muskeln und Züge seines Gesichts bewegten und verschoben sich. Er selbst zitterte am ganzen Leibe. Nachdem er seinem ersten Impulse gefolgt war und dem Arzte den Arm festgehalten hatte, stand Herr Goljadkin jetzt unbeweglich da, wie wenn er kein Selbstvertrauen besäße und für seine weiteren Handlungen auf eine Eingebung wartete.

Nun spielte sich ein recht seltsamer Auftritt ab.

Etwas betroffen, schien Krestjan Iwanowitsch einen Augenblick an seinem Lehnstuhl angewachsen zu sein und blickte starr mit weit geöffneten Augen Herrn Goljadkin an, der ihn in gleicher Weise anschaute. Endlich stand Krestjan Iwanowitsch auf, wobei er sich ein wenig an dem Aufschlage von Herrn Goljadkins Uniform festhielt. Einige Sekunden lang standen sie so einander unbeweglich gegenüber, ohne die Augen voneinander abzuwenden. Dann aber erfolgte in höchst seltsamer Weise eine zweite Bewegung Herrn Goljadkins. Seine Lippen fingen an zu zucken, das Kinn begann zu hüpfen, und unser Held brach ganz unerwartet in Tränen aus. Schluchzend, mit dem Kopfe nickend, mit der rechten Hand sich gegen die Brust schlagend und mit der linken ebenfalls den Aufschlag von Krestjan Iwanowitschs Hausrock anfassend, wollte er etwas sagen, unverzüglich eine Erklärung geben, vermochte aber kein Wort herauszubringen. Endlich kam Krestjan Iwanowitsch von seinem Erstaunen wieder zu sich.

"Hören Sie auf, beruhigen Sie sich, setzen Sie sich!" sagte er, indem er sich bemühte, Herrn Goljadkin dahin zu bringen, daß er auf einem Lehnstuhl Platz nahm.

"Ich habe Feinde, Krestjan Iwanowitsch, ich habe Feinde, ich habe boshafte Feinde, die geschworen haben, mich zugrunde zu richten..." antwortete Herr Goljadkin ängstlich flüsternd.

"Lassen Sie es gut sein, lassen Sie es gut sein! Ach was, Feinde! An Feinde darf man nicht denken! Das darf man durchaus nicht! Setzen Sie sich, setzen Sie sich!" fuhr Krestjan Iwanowitsch fort und erreichte es schließlich, daß Herr Goljadkin sich auf den Lehnstuhl setzte.

Als Herr Goljadkin endlich zum Sitzen gekommen war, verwandte er kein Auge von Krestjan Iwanowitsch. Dieser begann mit höchst unzufriedener Miene von einer Ecke seines Arbeitszimmers nach der andern zu gehen. Es folgte ein langes Stillschweigen.

"Ich bin Ihnen dankbar, Krestjan Iwanowitsch, sehr dankbar und empfinde tief alles, was Sie jetzt für mich getan haben. Bis zum Grabe werde ich Ihre Freundlichkeit nicht vergessen, Krestjan Iwanowitsch," sagte Herr Goljadkin endlich und stand mit gramvoller Miene vom Stuhle auf.

"Lassen Sie es gut sein, lassen Sie es gut sein! Ich sage Ihnen: lassen Sie es gut sein!" erwiderte Krestjan Iwanowitsch ziemlich streng auf Herrn Goljadkins exaltierte Worte und brachte ihn noch einmal dazu, sich hinzusetzen.

"Also, was haben Sie eigentlich? Erzählen Sie mir, was Sie jetzt für eine Unannehmlichkeit haben, und von was für Feinden Sie sprechen," fuhr Krestjan Iwanowitsch fort. "Was ist Ihnen denn begegnet?"

"Nein, Krestjan Iwanowitsch, wir wollen das jetzt lieber lassen," versetzte Herr Goljadkin und schlug die Augen nieder. "Wir wollen das alles lieber auf eine andere Zeit verschieben, Krestjan Iwanowitsch, auf eine günstigere Zeit, wenn alles an den Tag kommen und die Maske manchen Leuten vom Gesichte fallen und dies und das an den Tag kommen wird. Jetzt aber, vorläufig selbstverständlich, nach allem, was zwischen uns geschehen ist ... Da werden Sie selbst sagen müssen, Krestjan Iwanowitsch ... Erlauben Sie mir, Ihnen einen guten Morgen zu wünschen, Krestjan Iwanowitsch," sagte Herr Goljadkin, erhob sich diesmal mit ernster Entschlossenheit von seinem Platze und griff nach seinem Hute.

"Nun ... wie Sie wollen ... hm ..." (Es folgte ein Stillschweigen, das wohl eine Minute dauerte.) "Ich meinerseits bin, wie Sie wissen, bereit, alles zu tun, was in meiner Macht steht ... und wünsche Ihnen aufrichtig alles Gute."

"Ich verstehe Sie, Krestjan Iwanowitsch, ich verstehe Sie; ich verstehe Sie jetzt vollkommen ... In jedem Falle bitte ich Sie zu entschuldigen, daß ich Sie gestört habe, Krestjan Iwanowitsch."

"Hm ... nein, ich hatte es anders gemeint. Aber wie es Ihnen beliebt. Mit der Medizin fahren Sie fort, wie bisher ..."

"Mit der Medizin werde ich nach Ihrer Weisung fortfahren, Krestjan Iwanowitsch; ich werde damit fortfahren und sie aus derselben Apotheke entnehmen ... Heutzutage ist auch der Apothekerberuf etwas sehr Hohes und Großes, Krestjan Iwanowitsch ..."

"Wieso? In welchem Sinne meinen Sie das?"

"Im ganz gewöhnlichen Sinne, Krestjan Iwanowitsch. Ich will sagen, daß sich heutzutage die Verhältnisse so gestaltet haben ..."

"Hm ..."

"Und daß jeder dumme Junge, auch ohne Apotheker zu sein, jetzt vor ordentlichen Leuten die Nase hoch trägt."

"Hm! Wie ist denn das zu verstehen?"

"Ich rede von einem gewissen Menschen, Krestjan Iwanowitsch ... von einem gemeinsamen Bekannten von uns, sagen wir mal z. B. von Wladimir Semjonowitsch ..."

"Ach so!..."

"Ja, Krestjan Iwanowitsch; und ich kenne gewisse Leute, Krestjan Iwanowitsch, die auf die öffentliche Meinung nicht so viel Wert legen, daß sie auch manchmal die Wahrheit sagen sollten."

"Ach so ... Wie denn das?"

"Nun, ganz einfach so (übrigens gehört das nicht zur Sache): sie verstehen es, manchmal ein Ei mit Sauce zu servieren."

"Was? Was zu servieren?"

"Ein Ei mit Sauce, Krestjan Iwanowitsch; das ist eine russische Redensart. Sie verstehen es z. B. manchmal, jemandem zur rechten Zeit zu gratulieren. Solche Leute gibt es, Krestjan Iwanowitsch."

"Zu gratulieren?"

"Jawohl, zu gratulieren, Krestjan Iwanowitsch; wie es neulich einer meiner nächsten Bekannten gemacht hat!..."

"Einer Ihrer nächsten Bekannten... ach so! Wie ist denn das zugegangen?" fragte Krestjan Iwanowitsch, der Herrn Goljadkin aufmerksam anblickte.

"Ja, einer meiner nächsten Bekannten gratulierte einem andern sehr nahen Bekannten von mir, der sogar mein Freund, ja, wie man sich ausdrückt, mein Busenfreund ist, zum Avancement, zur Erlangung des Assessorgrades. Das kam ihm gerade sehr gelegen. "Ich freue mich von ganzem Herzen über die Gelegenheit," sagte er, "Ihnen meinen Glückwunsch darbringen zu können, Wladimir Semjonowitsch, meinen aufrichtigen Glückwunsch zu Ihrem Avancement. Und ich freue mich um so mehr, da heutzutage, wie jedermann weiß, die alten Hexen, die einem Übles anwünschen konnten, ausgerottet sind."" Hier nickte Herr Goljadkin schlau mit dem Kopfe und blickte, die Augen zusammenkneifend, Krestjan Iwanowitsch an...

"Hm! Also das hat er gesagt..."

"Das hat er gesagt, Krestjan Iwanowitsch, das hat er gesagt, und dabei blickte er Andrei Filippowitsch, den Onkel unseres teuren Wladimir Semjonowitsch, an. Aber was kümmert mich das, daß er Assessor geworden ist, Krestjan Iwanowitsch? Was kümmert das mich? Er will heiraten, obwohl ihm, mit Erlaubnis zu sagen, die Milch noch nicht auf den Lippen getrocknet ist. Das habe ich denn auch gesagt. "So ist das," habe ich gesagt, "Wladimir Semjonowitsch!" Nun habe ich aber alles gesagt; gestatten Sie mir, mich zu entfernen."

"Hm ..."

"Ja, Krestjan Iwanowitsch, ich sage, gestatten Sie mir jetzt, mich zu entfernen. Aber um zwei Sperlinge mit einem Stein tot zu werfen, wandte ich mich, nachdem ich den jungen Mann mit seinen alten Hexen abgeführt hatte, an Klara Olsufjewna (die Geschichte spielte vorgestern bei Olsufi Iwanowitsch, und sie hatte soeben ein gefühlvolles Lied gesungen) und sagte: "Sie haben ein gefühlvolles Lied gesungen; aber Ihre Zuhörer haben kein reines Herz." Das war eine deutliche Anspielung, verstehen Sie wohl, Krestjan Iwanowitsch; damit spielte ich deutlich darauf an, daß man es jetzt nicht auf sie absieht, sondern weiterliegende Ziele verfolgt..."

"Aha! Nun, und was tat er darauf?"

"Er machte ein Gesicht, als hätte er in eine Zitrone gebissen, Krestjan Iwanowitsch, wie man zu sagen pflegt."

"Hm..."

"Jawohl, Krestjan Iwanowitsch. Ich sprach auch mit dem Alten selbst. "Olsufi Iwanowitsch," sagte ich, "ich weiß, wie sehr ich Ihnen verpflichtet bin; ich verstehe vollkommen die Wohltaten zu schätzen, mit denen Sie mich fast seit meiner Kindheit überhäuft haben. Aber machen Sie die Augen auf," sagte ich, "Olsufi Iwanowitsch! Passen Sie auf! Ich selbst handle ehrenhaft und offen, Olsufi Iwanowitsch.""

"Sehen Sie mal an!"

"Jawohl, Krestjan Iwanowitsch. So ist das!"

"Und was sagte er darauf?"

"Ja, was sagte er, Krestjan Iwanowitsch! Er kaute so etwas zurecht; dies und das, und "ich kenne dich," und daß Seine Exzellenz seine Freude daran habe, jemandem Gutes zu erweisen, – und nun kam er ins Salbadern hinein... Was ist da auch zu erwarten? Er ist vor Alter ja schon ganz wacklig geworden, wie man zu sagen pflegt."

"Aha! Also so steht das jetzt!"

"Ja, Krestjan Iwanowitsch; so steht es mit uns allen! Er ist ein schnurriger alter Mann: er sieht schon in seinen Sarg hinein und riecht nach Weihrauch, wie man zu sagen pflegt; aber wenn irgendein Weibergewäsch aufkommt, dann hört er darauf hin; da ist er mit Notwendigkeit dabei..."

"Weibergewäsch sagten Sie?"

"Ja, Krestjan Iwanowitsch, sie haben ein Weibergewäsch aufgebracht. Auch unser Bär und sein Neffe, unser teurer Freund, haben ihre Hände dabei im Spiele gehabt; sie haben mit den Weibern unter einer Decke gesteckt und die Sache zusammengebraut. Was glauben Sie: sie haben geplant, einen Menschen zu ermorden!..."

"Einen Menschen zu ermorden?"

"Jawohl, Krestjan Iwanowitsch, einen Menschen zu ermorden, im geistigen Sinne einen Menschen zu ermorden. Sie sprengten aus... ich rede immer von einem nahen Bekannten von mir..."

Krestjan Iwanowitsch nickte mit dem Kopfe.

"Sie sprengten über ihn ein Gerücht aus... Ich gestehe Ihnen, Krestjan Iwanowitsch, ich schäme mich ordentlich, davon zu reden."

"Hm!..."

"Sie sprengten ein Gerücht aus, er habe bereits ein schriftliches Heiratsversprechen gegeben und sei bereits der Bräutigam einer anderen... Und was meinen Sie, Krestjan Iwanowitsch, wessen Bräutigam?"

"Ich bin gespannt."

"Der Bräutigam einer Speisewirtin, einer unwürdigen Deutschen, bei der er zu Mittag aß; statt der Bezahlung seiner Schulden habe er ihr seine Hand angeboten."

"Das sagen sie?"

"Sollten Sie es glauben, Krestjan Iwanowitsch? Eine Deutsche, eine gemeine, widerwärtige, schamlose Deutsche, Karolina Iwanowna, wenn Sie sie kennen..."

"Ich muß gestehen, ich für meine Person..."

"Ich verstehe Sie, Krestjan Iwanowitsch, ich verstehe Sie und habe meinerseits die gleiche Empfindung..."

"Sagen Sie mir, bitte, wo wohnen Sie jetzt?"

"Wo ich jetzt wohne, Krestjan Iwanowitsch?"

"Ja ... ich möchte ... Sie wohnten ja wohl früher..."

"Ja freilich, ich wohnte, Krestjan Iwanowitsch, ich wohnte, ich wohnte auch früher! Wie soll ich denn nicht gewohnt haben!" antwortete Herr Goljadkin und begleitete seine Worte mit einem kurzen Lachen; er verblüffte Krestjan Iwanowitsch ein wenig durch seine Antwort.

"Nein, das haben Sie falsch aufgefaßt; ich wollte meinerseits..."

"Ich wollte ebenfalls meinerseits, Krestjan Iwanowitsch, ich wollte ebenfalls," fuhr Herr Goljadkin lachend fort. "Aber ich habe bei Ihnen schon viel zu lange gesessen, Krestjan Iwanowitsch. Ich hoffe, Sie erlauben mir jetzt, Ihnen einen guten Morgen zu wünschen..."

"Hm!..."

"Ja, Krestjan Iwanowitsch, ich verstehe Sie, ich verstehe Sie jetzt völlig," sagte unser Held und nahm vor Krestjan Iwanowitsch eine etwas theatralische Stellung an. "Also erlauben Sie, daß ich Ihnen einen guten Morgen wünsche..."

Hier machte unser Held einen Scharrfuß und verließ das Zimmer, in welchem Krestjan Iwanowitsch höchlichst erstaunt zurückblieb. Während Herr Goljadkin die Treppe des Arztes hinabstieg, lächelte er und rieb sich vergnügt die Hände. Als er vor der Haustür die frische Luft einatmete und sich in Freiheit fühlte, war er wirklich nahe daran, sich für den glücklichsten aller Sterblichen zu halten und sich nun geradeswegs nach seinem Bureau zu begeben – da fuhr auf einmal rasselnd eine Kutsche vor: er sah sie an, und alles fiel ihm wieder ein. Petruschka öffnete schon den Schlag. Ein sonderbares und außerordentlich unangenehmes Gefühl bemächtigte sich Herrn Goljadkins völlig. Er errötete sogar für einen Augenblick. Es war ihm, als ob er einen Stich bekäme. Er wollte schon seinen Fuß auf den Wagentritt setzen, als er sich auf einmal umdrehte und nach Krestjan Iwanowitschs Fenstern blickte. Richtig! Krestjan Iwanowitsch stand am Fenster, strich sich mit der rechten Hand den Backenbart glatt und schaute sehr neugierig auf unsern Helden herab.

"Dieser Doktor ist dumm," dachte Herr Goljadkin, sich in seinem Wagen verbergend, "schrecklich dumm. Er mag vielleicht seine Kranken gut kurieren können; aber trotzdem ist er dumm wie ein Stück Holz." Herr Goljadkin setzte sich hin, Petruschka rief: "Vorwärts!" und der Wagen rollte wieder nach dem Newski-Prospekt hin.

3. Kapitel

Dieser ganze Vormittag verging für Herrn Goljadkin in mühevoller Tätigkeit. Als er auf den Newski-Prospekt gekommen war, ließ unser Held beim Kaufhofe halten. Er sprang aus dem Wagen, lief, von Petruschka begleitet, unter die Bogengänge und ging geradeswegs in einen Laden mit Gold- und Silberwaren hinein. Schon an Herrn Goljadkins Miene war zu ersehen, daß er alle Hände voll zu tun hatte und sich vor seinen vielen Geschäften nicht zu retten und zu helfen wußte. Nachdem er sich mit dem Kaufmann über den mehr als fünfzehnhundert Rubel betragenden Preis eines vollständigen Diner- und Teeservices geeinigt, ein phantastisch geformtes Zigarrenetui und ein vollständiges silbernes Rasiernecessaire auf dieselbe Summe heruntergehandelt und sich endlich die Preise für noch einige in ihrer Art nützliche und hübsche Gegenstände hatte angeben lassen, schloß Herr Goljadkin damit, daß er versprach, morgen bestimmt wieder mit heranzukommen oder vielleicht sogar heute noch die erstandenen Sachen abholen zu lassen, sich die Nummer des Ladens notierte, die eifrige Bitte des Kaufmanns um eine Anzahlung aufmerksam anhörte und das Versprechen gab, rechtzeitig auch eine Anzahlung zu leisten. Hierauf verabschiedete er sich eilig von dem verwunderten Kaufmann und ging, von einem ganzen Schwarm von Kommis begleitet, die Reihe der Läden entlang, wobei er sich alle Augenblicke nach Petruschka umsah und eifrig nach einem neuen Laden Ausschau hielt. Im Vorbeigehen trat er in ein Wechselgeschäft ein und wechselte alle seine großen Scheine in kleine um, und obwohl er bei dem Umwechseln verlor, so hatte er dafür doch eine Menge kleiner Scheine bekommen, und seine Brieftasche war erheblich dicker geworden, was ihm anscheinend großes Vergnügen machte. Endlich machte er in einem Geschäfte mit allerlei Damenartikeln halt. Nachdem er wieder für eine beträchtliche Summe Waren erstanden hatte, versprach Herr Goljadkin auch hier dem Kaufmann, unfehlbar wieder heranzukommen, ließ sich die Nummer des Ladens angeben und erklärte auf die Frage nach einer Anzahlung wieder, er werde zur rechten Zeit auch eine Anzahlung machen. Darauf besuchte er noch einige Läden, handelte in allen, ließ sich von allerlei Gegenständen die Preise sagen, stritt sich manchmal lange mit den Kaufleuten herum, ging aus einem Laden hinaus, um dann dreimal wieder zurückzukehren, – mit einem Worte: er entwickelte eine außerordentliche Tätigkeit. Aus dem Kaufhofe begab sich unser Held in ein bekanntes Möbelmagazin, wo er Möbel für sechs Zimmer erhandelte, einen modernen, höchst eigenartigen Damentoilettentisch im allerneuesten Geschmack bewunderte und dem Kaufmann versicherte, er werde bestimmt alles abholen lassen, worauf er das Magazin verließ, nach seiner Gewohnheit mit dem Versprechen einer Anzahlung; dann fuhr er noch hierhin und dahin und feilschte um dieses und jenes. Mit einem Worte: seine mühsamen Geschäfte schienen gar kein Ende zu nehmen. Schließlich schien Herr Goljadkin selbst dieser ganzen Tätigkeit recht überdrüssig zu werden. Es begannen ihn sogar Gott weiß bei welcher Gelegenheit ohne rechten Anlaß Gewissensbisse zu quälen. Um keinen Preis hätte er jetzt z. B. mit Andrei Filippowitsch oder auch nur mit Krestjan Iwanowitsch zusammentreffen mögen. Endlich schlug die Stadtuhr drei Uhr nachmittags. Als Herr Goljadkin sich nach Beendigung seiner Einkäufe in den Wagen setzte, hatte er von allen Erwerbungen dieses Tages in Wirklichkeit nur ein Paar Handschuhe und ein Fläschchen Parfüm für anderthalb Rubel bei sich. Da es für Herrn Goljadkin noch sehr früh war, so befahl er seinem Kutscher, bei einem bekannten Restaurant auf dem Newski-Prospekt zu halten, das er bisher nur vom Hörensagen kannte, und stieg aus, um einen Bissen zu essen, sich zu erholen und die richtige Zeit abzuwarten.

Er aß nur so viel, wie eben jemand ißt, der ein üppiges Diner in Aussicht hat, zu dem er eingeladen ist, das heißt, er genoß eine Kleinigkeit, um, wie man sich ausdrückt, das Würmchen zu töten, und trank ein Glas Schnaps dazu; dann setzte sich Herr Goljadkin in einen Lehnstuhl und griff, bescheiden um sich blickend, nach einer mageren russischen Zeitung. Nachdem er ein paar Zeilen gelesen hatte, stand er auf, sah in den Spiegel, brachte seinen Anzug in Ordnung und strich sich das Haar glatt; hierauf ging er zum Fenster und sah zu, ob auch sein Wagen da sei ... dann setzte er sich wieder auf seinen Platz und nahm von neuem die Zeitung zur Hand. Man konnte bemerken, daß sich unser Held in großer Aufregung befand. Er blickte nach der Uhr, sah, daß es erst ein Viertel auf vier war und er folglich noch geraume Zeit zu warten hatte, überlegte dabei, daß es unpassend sei, so dazusitzen, und ließ sich daher Schokolade geben, obgleich er im Augenblick keinen großen Appetit darauf hatte. Nachdem er die Schokolade ausgetrunken und bemerkt hatte, daß die Zeit ein wenig vorgerückt war, ging er zum Büfett, um zu bezahlen. Auf einmal schlug ihn jemand auf die Schulter.

Er drehte sich um und sah zwei seiner Kollegen vor sich, dieselben beiden, denen er vorher in der Liteinaja-Straße begegnet war, ein paar im Lebensalter noch sehr junge und im Dienstrange noch sehr niedrig stehende Leutchen. Unser Held stand mit ihnen weder auf gutem noch auf schlechtem Fuße: sie waren weder seine Freunde, noch auch lebte er mit ihnen in offener Feindschaft. Selbstverständlich wurde von beiden Seiten der Anstand beobachtet; aber eine weitere Annäherung fand nicht statt und konnte auch nicht stattfinden. Das jetzige Zusammentreffen war Herrn Goljadkin äußerst unangenehm. Er runzelte ein wenig die Stirn und geriet für einen Augenblick in Verwirrung.

"Jakow Petrowitsch, Jakow Petrowitsch!" plapperten die beiden Registratoren. "Sie hier? durch welchen Zufall ..."

"Ah, Sie sind es, meine Herren!" unterbrach Herr Goljadkin sie eilig; er war ein bißchen verlegen und ärgerte sich über das Erstaunen der beiden Beamten und zugleich über die Familiarität ihres Benehmens, kehrte aber unwillkürlich ein ungeniertes, forsches Wesen heraus. "Sie sind vom Dienst desertiert, meine Herren, he-he-he! ..." Hier versuchte er sogar, um sich von seiner Würde nichts zu vergeben und sich mit den jungen Kanzleibeamten nicht zu gemein zu machen, von denen er sich immer in gebührendem Abstande gehalten hatte, einem derselben auf die Schulter zu klopfen; aber diese populäre Handlung gelang Herrn Goljadkin in diesem Falle nicht, und statt einer Gebärde anständiger Familiarität kam etwas ganz anderes heraus.

"Nun, wie ist's? Sitzt unser Bär noch da?"

"Wer soll das sein, Jakow Petrowitsch?"

"Nun, der Bär! Als ob Sie nicht wüßten, wer "der Bär" genannt wird!" Herr Goljadkin lachte auf und drehte sich zu dem Büfett hin, um das Geld in Empfang zu nehmen, das er herausbekam. "Ich rede von Andrei Filippowitsch, meine Herren," fuhr er fort, als er mit dem Kassierer fertig war, und wandte sich, diesmal mit sehr ernster Miene, wieder zu den Beamten. Die beiden Registratoren wechselten bedeutsame Blicke miteinander.

"Der sitzt noch da und hat nach Ihnen gefragt, Jakow Petrowitsch," sagte der eine von ihnen.

"Also er sitzt noch da! Nun, dann wollen wir ihn dasitzen lassen, meine Herren. Und er hat nach mir gefragt, wie?"

"Ja, das hat er getan, Jakow Petrowitsch. Aber was ist denn mit Ihnen los? Sie sind ja parfümiert und pomadisiert, der reine Elegant?"

"Ja, meine Herren, das ist nun einmal so! Hören Sie auf davon ..." erwiderte Herr Goljadkin, indem er zur Seite blickte und gezwungen lächelte. Als sie Herrn Goljadkin lächeln sahen, brachen die Beamten in ein lautes Gelächter aus. Herr Goljadkin machte ein etwas beleidigtes Gesicht.

"Ich will Ihnen als Freund etwas mitteilen, meine Herren," sagte unser Held nach kurzem Stillschweigen, wie wenn er sich in Gottes Namen entschlossen hätte, den Beamten ein Geheimnis zu enthüllen. "Sie kennen mich alle, meine Herren; aber bisher haben Sie mich nur von einer Seite gekannt. Ein Vorwurf trifft dafür niemanden, und ich bekenne, daß ich zum Teil selbst schuld daran bin."

Herr Goljadkin preßte die Lippen zusammen und blickte die Beamten bedeutsam an. Diese blinkten einander wieder zu.

"Bisher haben Sie mich nicht gekannt, meine Herren. Ihnen ausführliche Aufklärungen darüber zu geben, ist jetzt und hier nicht passend. Ich werde Ihnen nur etwas weniges sagen, nur so nebenbei und andeutungsweise. Es gibt Leute, meine Herren, die keine Schleichwege lieben und eine Maske nur auf dem Maskenballe tragen. Es gibt Leute, die die wahre Bestimmung des Menschen nicht in der Geschicklichkeit sehen, das Parkett mit den Stiefeln zu polieren. Es gibt auch Leute, meine Herren, die nicht sagen, daß sie glücklich sind und das Leben wahrhaft genießen, wenn ihnen z. B. die Beinkleider gut sitzen. Es gibt endlich Leute, die es nicht lieben, unnützerweise herumzuspringen und sich herumzudrehen, zu witzeln und zu schmeicheln, und besonders, meine Herren, ihre Nase dahinein zu stecken, wo es gar nicht verlangt wird... Nun habe ich Ihnen so ziemlich alles gesagt, meine Herren; gestatten Sie jetzt, daß ich mich entferne..."

Herr Goljadkin hielt inne. Da die Herren Registratoren sich jetzt vollständig befriedigt fühlten, schlugen sie auf einmal beide in äußerst unhöflicher Manier ein lautes Gelächter auf. Herr Goljadkin wurde rot vor Ärger.

"Lachen Sie nur, meine Herren; lachen Sie nur einstweilen! Wenn Sie länger leben, werden Sie schon sehen," sagte er im Gefühl beleidigter Würde, nahm seinen Hut und zog sich zur Tür zurück.

"Aber ich möchte Ihnen noch eines sagen, meine Herren," fügte er, sich zum letzten Male zu den Herren Registratorenumwendend, hinzu, "ich möchte Ihnen noch eines sagen; Sie stehen mir hier beide Auge in Auge gegenüber. Mein Grundsatz, meine Herren, ist der: "Mißlingt's, dann nicht verzagen; gelingt's, dann weiter wagen" und jedenfalls suche ich niemandes Stellung zu unterminieren. Ich bin kein Intrigant, und darauf bin ich stolz. Zum Diplomaten tauge ich nicht. Man sagt auch, meine Herren, der Vogel komme selbst auf den Jäger zugeflogen. Das ist richtig, und ich gebe es zu; aber wer ist hier der Jäger und wer der Vogel? Das ist noch die Frage, meine Herren!"

Hier schwieg Herr Goljadkin in rednerisch effektvoller Weise, machte mit sehr bedeutsamer Miene, d. h. indem er die Augenbrauen in die Höhe zog und die Lippen ganz fest zusammenpreßte, den Herren Beamten eine Abschiedsverbeugung und ging dann hinaus, indem er die beiden im äußersten Erstaunen zurückließ.

"Wohin befehlen Sie?" fragte Petruschka ziemlich mürrisch, da er des Umherfahrens in der Kälte wahrscheinlich bereits überdrüssig geworden war. "Wohin befehlen Sie?" fragte er Herrn Goljadkin noch einmal, als er dessen furchtbarem, alles vernichtendem Blicke begegnete, mit dem unser Held sich schon zweimal an diesem Morgen gesichert hatte, und zu dem er jetzt zum dritten Male seine Zuflucht nahm, während er die Treppe hinunterstieg.

"Nach der Ismailowski-Brücke."

"Nach der Ismailowski-Brücke! Vorwärts!"

"Das Diner wird bei ihnen erst zwischen vier und fünf beginnen oder sogar erst um fünf," dachte Herr Goljadkin; "ist es jetzt nicht noch zu früh? Übrigens kann ich ja auch etwas früher kommen; es ist ja noch dazu ein Familiendiner. Ich kann ja so ganz sans façon hingehen, wie die feinen Leute sich ausdrücken. Warum sollte ich nicht sans façon hingehen können? Unser Bär hat auch gesagt, es werde da alles sans façon sein; und daher kann ich ebenfalls..." Solche Überlegungen stellte Herr Goljadkin an; unterdessen aber wuchs seine Aufregung immer mehr und mehr. Es war zu merken, daß er sich auf etwas sehr Mühsames, um keinen stärkeren Ausdruck zu gebrauchen, vorbereitete; er flüsterte etwas vor sich hin, gestikulierte mit der rechten Hand, blickte unaufhörlich durch die Wagenfenster, so daß niemand, der ihn jetzt sah, geglaubt hätte, er schicke sich an, ein gutes Diner einzunehmen, so ganz ohne alle Umstände und im Kreise einer bekannten Familie, sans façon, wie die feinen Leute sich ausdrücken. Als sie endlich ganz nahe bei der Ismailowski-Brücke waren, bezeichnete Herr Goljadkin ein Haus; die Kutsche fuhr polternd durch den Torweg und hielt auf der rechten Seite vor einem Portal. Als Herr Goljadkin an einem Fenster des zweiten Stockwerks eine weibliche Gestalt bemerkte, warf er ihr eine Kußhand zu. Übrigens wußte er selbst nicht, was er tat; denn er befand sich in diesem Augenblicke entschieden in einem Mittelzustande zwischen Leben und Tod. Blaß und verstört stieg er aus dem Wagen, ging die Stufen vor dem Portal hinan, trat ins Haus, nahm den Hut ab, ordnete mechanisch seinen Anzug und stieg die Treppe hinauf, wobei er ein leises Zittern in den Knien fühlte.

"Ist Olsufi Iwanowitsch zu Hause?" fragte er den Diener, der ihm öffnete.

"Jawohl, das heißt nein, er ist nicht zu Hause."

"Wie? Was redest du, mein Lieber? Ich ... ich komme zum Diner, mein Freund. Du kennst mich ja doch wohl?"

"Wie sollte ich Sie nicht kennen? Aber es ist Befehl gegeben, Sie nicht anzunehmen."

"Du... du ... irrst dich gewiß, mein Freund. Ich bin es. Ich bin eingeladen, mein Freund; ich komme zum Diner," sagte Herr Goljadkin, warf seinen Mantel ab und bekundete die augenscheinliche Absicht, in die Wohnung hineinzugehen.

"Entschuldigen Sie, es geht nicht. Es ist Befehl gegeben, Sie nicht anzunehmen, sondern abzuweisen. Das ist die Sache!"

Herr Goljadkin wurde blaß. Gerade in diesem Augenblicke öffnete sich die nach den inneren Zimmern führende Tür, und Olsufi Iwanowitschs alter Kammerdiener Gerasimowitsch kam heraus.

"Hören Sie nur, Emeljan Gerasimowitsch, der Herr hier will eintreten, und ich ..."

"Ach, Sie sind ein Dummkopf, Alexejewitsch. Gehen Sie mal hinein, und schicken Sie den Schlingel, den Semjonowitsch, her. Es geht nicht," sagte er, zu Herrn Goljadkin gewendet, in höflichem, aber entschiedenem Tone. "Es ist ganz unmöglich. Der Herr läßt um Entschuldigung bitten; er kann Sie nicht empfangen."

"Hat er denn das gesagt, daß er mich nicht empfangen kann?" fragte Herr Goljadkin unsicher. "Entschuldigen Sie, Gerasimowitsch, warum ist es denn ganz unmöglich?"

"Es ist ganz unmöglich. Ich habe Sie gemeldet; der Herr sagte: "Bitte den Herrn, zu entschuldigen!" Er sagte, er könne Sie nicht empfangen."

"Warum denn nicht? Wie geht denn das zu? Wie..."

"Erlauben Sie, erlauben Sie!..."

"Aber wie geht denn das zu? Das ist ja unmöglich! Melden Sie mich ... Wie geht denn das zu? Ich bin zum Diner..."

"Erlauben Sie, erlauben Sie!..."

"Ah, nun, übrigens ist das etwas anderes: er läßt um Entschuldigung bitten. Aber erlauben Sie, Gerasimowitsch, wie geht denn das zu, Gerasimowitsch?"

"Erlauben Sie, erlauben Sie!" versetzte Gerasimowitsch und hielt Herrn Goljadkin sehr entschieden mit der Hand zurück, während er gleichzeitig zwei Herren, die in demselben Augenblicke in das Vorzimmer traten, den Weg weit freigab. Die eintretenden Herren waren Andrei Filippowitsch und sein Neffe Wladimir Semjonowitsch. Beide blickten Herrn Goljadkin erstaunt an. Andrei Filippowitsch wollte etwas sagen; aber Herr Goljadkin hatte bereits seinen Entschluß gefaßt: mit niedergeschlagenen Augen, errötend, lächelnd, mit ganz verstörtem Gesichte verließ er schon Olsufi Iwanowitschs Vorzimmer. "Ich werde nachher noch einmal herankommen, Gerasimowitsch; ich werde die Sache aufklären; ich hoffe, daß sich alles unverzüglich und rechtzeitig aufklären wird," sagte er auf der Schwelle und zum Teil schon auf der Treppe.

"Jakow Petrowitsch, Jakow Petrowitsch!" ... erscholl Andrei Filippowitschs Stimme, der Herrn Goljadkin nacheilte.

Herr Goljadkin befand sich in diesem Augenblicke schon auf dem unteren Treppenflur. Er wandte sich schnell zu Andrei Filippowitsch um.

"Was steht zu Ihren Diensten, Andrei Filippowitsch?" fragte er in ziemlich entschiedenem Tone.

"Was ist Ihnen denn, Jakow Petrowitsch? Wie hängt denn das zusammen?"

"Es ist nichts Besonderes, Andrei Filippowitsch. Ich bin hier als Privatmann. Es ist meine persönliche Angelegenheit, Andrei Filippowitsch."

"Was gibt es denn?"

"Ich sage ja, Andrei Filippowitsch, daß es meine persönliche Angelegenheit ist, und daß sich meines Erachtens hier nichts Tadelnswertes in bezug auf meine amtliche Stellung finden läßt."

"Wie? In bezug auf Ihre amtliche ... Was haben Sie denn nur, mein Herr?"

"Nichts, Andrei Filippowitsch, gar nichts; ein dreistes junges Mädchen, weiter nichts ..."

"Was? ... Was?" fragte Andrei Filippowitsch in verständnislosem Staunen. Herr Goljadkin hatte bis dahin vom Fuße der Treppe hinauf mit Andrei Filippowitsch gesprochen und dabei eine Miene gemacht, als ob er Lust hätte, ihm gerade ins Gesicht zu springen; als er nun sah, daß sein Abteilungschef einigermaßen in Verwirrung geraten war, tat er fast unbewußt einen Schritt nach vorwärts. Andrei Filippowitsch wich zurück. Herr Goljadkin kam eine Stufe und noch eine Stufe wieder herauf. Andrei Filippowitsch blickte unruhig um sich. Herr Goljadkin kam auf einmal schnell die Treppe heraufgelaufen. Noch schneller sprang Andrei Filippowitsch ins Zimmer hinein und schlug die Tür hinter sich zu. Herr Goljadkin blieb allein stehen. Es wurde ihm dunkel vor den Augen. Er hatte alle Fassung verloren und stand nun in einer Art von sinn- und verstandloser Unentschlossenheit da und dachte an das ebenfalls sinn- und verstandlose Ereignis, das sich soeben zugetragen hatte. "Ach, ach!" flüsterte er mit einem gezwungenen Lächeln. Unterdessen wurden auf der Treppe unten Stimmen und Schritte vernehmbar, wahrscheinlich von neuen Gästen, die von Olsufi Iwanowitsch eingeladen waren. Herr Goljadkin kam wieder ein wenig zur Besinnung, schlug schnell den Kragen seines Schuppenpelzes in die Höhe, verbarg sich darin nach Möglichkeit und begann mit schlappenden, trippelnden Schritten eilig und strauchelnd die Treppe wieder hinabzusteigen. Er hatte ein Gefühl der Schwäche und Stumpfheit. Seine Verwirrung war so hochgradig, daß, als er vor die Tür kam, er nicht auf das Vorfahren seines Wagens wartete, sondern selbst quer über den schmutzigen Hof zu ihm hinging. Als er hingelangt war und sich anschickte einzusteigen, wünschte Herr Goljadkin innerlich, mitsamt seiner Kutsche in die Erde zu versinken oder sich wenigstens in einem Mauseloche verstecken zu können. Er glaubte, daß alle Menschen in Olsufi Iwanowitschs Hause jetzt aus allen Fenstern nach ihm hinsähen. Er wußte, daß er unfehlbar auf dem Flecke sterben würde, wenn er sich umschaute.

"Was lachst du denn, Tölpel?" sagte er hastig zu Petruschka, der ihm beim Einsteigen in die Kutsche behilflich sein wollte.

"Worüber sollte ich denn lachen? Ich lache nicht. Wohin fahren wir jetzt?"

"Nach Hause! Vorwärts!"

"Vorwärts, nach Hause!" schrie Petruschka und kletterte hinten auf das Wagenbrett.

"Eine Stimme hat dieser Mensch – wie eine Krähe!" dachte Herr Goljadkin. Unterdessen hatte sich der Wagen bereits ziemlich weit von der Ismailowski-Brücke entfernt. Auf einmal zog unser Held aus aller Kraft an der Schnur und rief seinem Kutscher zu, er solle sofort zurückfahren. Der Kutscher wendete um und fuhr zwei Minuten darauf wieder bei Olsufi Iwanowitsch auf den Hof. "Es ist nicht nötig, du Dummkopf, es ist nicht nötig! Zurück!" rief Herr Goljadkin, – und der Kutscher schien einen solchen Befehl erwartet zu haben: ohne ein Wort zu erwidern und ohne am Portal anzuhalten, fuhr er rings um den Hof herum und wieder auf die Straße hinaus.

Indes fuhr Herr Goljadkin nicht nach Hause; sondern nachdem er die Semjonowski-Brücke passiert hatte, befahl er in eine Seitenstraße einzubiegen und ließ vor einem Restaurant von ziemlich bescheidenem Äußern halten. Unser Held stieg aus dem Wagen, lohnte den Kutscher ab und wurde so endlich seines Wagens ledig. Seinem Diener Petruschka befahl er, nach Hause zu gehen und auf seine Rückkehr zu warten; er selbst trat in das Restaurant, nahm sich ein separates Zimmer und bestellte sich ein Mittagessen. Er fühlte sich sehr unwohl und hatte die Empfindung, daß in seinem Kopfe eine chaotische Verwirrung herrsche. Lange ging er aufgeregt im Zimmer auf und ab; endlich setzte er sich auf einen Stuhl, stützte die Stirn in die Hände und bemühte sich aus aller Kraft nachzudenken und zur Klarheit über seine jetzige Lage zu gelangen.

4. Kapitel

Dieser Tag, der festliche Geburtstag Klara Olsufjewnas, der einzigen Tochter des Staatsrates Berendejew, des ehemaligen Wohltäters des Herrn Goljadkin, dieser Tag, der durch ein glänzendes, prächtiges Diner verherrlicht wurde, ein Diner, wie man es in den Beamtenwohnungen an der Ismailowski-Brücke und in weitem Umkreise seit langer Zeit nicht erlebt hatte, ein Diner, das mehr einem sardanapalischen Schmause als einem Diner glich und, was Glanz, Luxus und Anstand anlangte, so etwas Babylonisches an sich hatte, ein Diner mit Champagner Cliquot, mit Austern und mit Früchten aus den Geschäften von Jelisejew und den Gebrüdern Miljutin und mit allerlei Mastkälbern und mit Gästen von allen Stufen der Rangliste, – dieser festliche Tag, der durch ein so festliches Diner verherrlicht wurde, schloß mit einem glänzenden Balle, glänzend in bezug auf guten Geschmack, seine Sitte und Anstand, obwohl es nur ein kleiner Familien- und Verwandtenball war. Gewiß, ich gebe zu, daß es solche Bälle auch sonst gibt, aber doch nur selten. Solche Bälle, die mehr mit Familienvergnügungen als mit Bällen Ähnlichkeit haben, können nur in solchen Häusern gegeben werden, wie es z. B. das Haus des Staatsrates Berendejew war. Ich will noch mehr sagen: ich bezweifle sogar, daß bei allen Staatsräten solche Bälle gegeben werden konnten. O wenn ich ein Dichter wäre! selbstverständlich mindestens ein solcher wie Homer oder Puschkin (mit minderem Talente würde ich es mir nicht getrauen): dann würde ich unfehlbar mit leuchtenden Farben und breitem Pinsel Ihnen, verehrte Leser, diesen ganzen hochfestlichen Tag schildern! Ich würde mein Gedicht mit dem Diner beginnen und besonderen Nachdruck auf den ergreifenden, feierlichen Augenblick legen, wo der erste Toast zu Ehren der Königin des Festes ausgebracht wurde. Ich würde Ihnen zuerst diese Gäste schildern, wie sie in ein andächtiges, erwartungsvolles Stillschweigen versunken dasaßen, das mehr Ähnlichkeit mit demosthenischer Beredsamkeit hatte als mit Stillschweigen. Ich würde Ihnen dann Andrei Filippowitsch schildern als den vornehmsten Gast, der sogar ein gewisses Anrecht auf den ersten Platz besaß, wie er im Schmucke seiner grauen Haare und der zu diesen grauen Haaren passenden Orden von seinem Platze aufstand und das Glas mit funkelndem Weine glückwünschend über den Kopf hob, mit einem Weine, der extra aus einem fernen Königreiche eingeführt war, um bei ähnlichen Gelegenheiten getrunken zu werden, mit einem Weine; der göttlichem Nektar ähnlicher war als irdischem Weine. Ich würde Ihnen die Gäste und die glücklichen Eltern der Königin des Festes schildern, wie sie, dem Beispiele Andrei Filippowitschs folgend, ebenfalls ihre Gläser erhoben und erwartungsvoll die Augen auf ihn gerichtet hielten. Ich würde Ihnen schildern, wie dieser mehrfach erwähnte Andrei Filippowitsch zuerst eine Träne in sein Glas fallen ließ, seinen Glückwunsch aussprach, einen Toast ausbrachte und auf die Gesundheit des Geburtstagskindes trank... Aber ich bekenne, bekenne rückhaltlos, daß ich nicht imstande wäre, die ganze Feierlichkeit jenes Augenblickes zu schildern, als die Königin des Festes selbst, Klara Olsufjewna, glückselig und schamhaft errötend wie eine Frühlingsrose, in überströmendem Gefühle in die Arme ihrer zärtlichen Mutter sank, wie die zärtliche Mutter Tränen vergoß, und wie bei diesem Anlaß der Vater selbst schluchzte, der ehrwürdige alte Staatsrat Olsufi Iwanowitsch, der in seiner langjährigen Dienstzeit des Gebrauches der Beine verlustig gegangen war und vom Schicksal als Belohnung für so viel Eifer ein hübsches Kapital, ein Haus, ein paar Dörfer und eine außerordentlich schöne Tochter erhalten hatte; auch er schluchzte wie ein Kind und tat zwischen den Tränen den Ausspruch, daß Seine Exzellenz seine Freude daran habe, anderen Gutes zu tun. Ich wäre außerstande, ja, ich wäre entschieden außerstande, Ihnen die unmittelbar auf diesen Augenblick folgende allgemeine herzliche Begeisterung zu schildern, eine Begeisterung, die sogar in dem Verhalten eines jungen Registrators deutlich zum Ausdruck kam, der in diesem Augenblicke mehr einem Staatsrate als einem Registrator glich und, als er Andrei Filippowitschs Rede anhörte, ebenfalls in Tränen ausbrach. Seinerseits glich Andrei Filippowitsch in diesem feierlichen Augenblicke gar nicht einem Kollegienrate und Abteilungschef in einem Departement, nein, er hatte Ähnlichkeit mit etwas anderem, ich weiß nur nicht, womit eigentlich, aber nicht mit einem Kollegienrate. Er glich etwas Höherem! Endlich ... o warum verstehe ich mich nicht auf die geheime Kunst des hohen, kräftigen Stiles, des feierlichen Stiles, damit ich all diese schönen, erbaulichen Momente des menschlichen Lebens darstellen könnte, die absichtlich dazu geschaffen zu sein scheinen, um zu beweisen, wie manchmal die Tugend über die Böswilligkeit, die Freigeisterei, das Laster und den Neid triumphiert! Ich werde nichts sagen, sondern schweigend (und das wird besser sein als alle Redekunst) Ihnen auf diesen glücklichen Jüngling hindeuten, der in seinen sechsundzwanzigsten Frühling eintritt, auf Wladimir Sewjonowitsch, Andrei Filippowitschs Neffen, der, als er an der Reihe war, sich von seinem Platze erhob und einen Toast ausbrachte, und auf den die weinenden Augen der Eltern der Königin des Festes, die stolzen Augen Andrei Filippowitschs, die verschämten Augen der Königin des Festes selbst, die entzückten Augen der Gäste und sogar die einen wohlanständigen Neid bekundenden Augen mehrerer junger Kollegen dieses vortrefflichen Jünglings gerichtet waren. Ich werde nichts sagen, obwohl ich nicht umhin kann zu bemerken, daß alles an diesem Jüngling (der mehr einem Greise als einem Jüngling glich, was in einem für ihn vorteilhaften Sinne gesagt sein soll), alles, von den blühenden Wangen bis zu dem Assessorrange, den er bekleidete, daß dies alles in diesem feierlichen Augenblicke davon Zeugnis ablegte, zu einer wie hohen Stufe gute Gesittung einen Menschen emporheben kann! Ich werde nicht beschreiben, wie endlich Anton Antonowitsch Sjetotschkin, der Tischvorsteher eines Departements, ein Kollege Andrei Filippowitschs und ehemals auch Olsufi Iwanowitschs und gleichzeitig ein alter Freund des Hauses und Klara Olsufjewnas Pate, ein ganz grauköpfiger alter Herr, im rechten Augenblicke einen Toast ausbrachte, dabei wie ein Hahn krähte und lustige Knüttelverse sprach, wie er durch eine so wohlanständige Vernachlässigung des Anstandes (wenn man sich so ausdrücken kann) die ganze Gesellschaft dahin brachte, bis zu Tränen zu lachen, und wie Klara Olsufjewna selbst zur Belohnung für diesen lustigen, liebenswürdigen Toast ihm auf Befehl ihrer Eltern einen Kuß gab. Ich werde nur sagen, daß endlich die Gäste, die nach einem solchen Diner natürlich gegeneinander wie Verwandte und Brüder gesinnt sein mußten, vom Tische aufstanden; wie dann die älteren, gesetzten Leute zunächst eine kurze Zeit zu freundschaftlichem Gespräche benutzten und dabei sogar recht offenherzig miteinander redeten, selbstverständlich in durchaus anständiger, liebenswürdiger Weise, dann aber sich ehrbar in ein anderes Zimmer begaben, sich, ohne die kostbare Zeit zu verlieren, in Partien verteilten und sich im Gefühl ihrer eigenen Würde an die mit grünem Tuche bezogenen Tische setzten; wie die Damen im Salon Platz nahmen, auf einmal alle außerordentlich liebenswürdig wurden und sich miteinander über verschiedene Gegenstände zu unterhalten begannen; wie schließlich der hochverehrte Hausherr selbst, welcher, während er im Dienste die Sache der Wahrheit und des Rechtes vertrat, des Gebrauches der Beine verlustig gegangen und dafür mit all den oben erwähnten Dingen belohnt worden war, auf Krücken unter seinen Gästen umherging, gestützt von Wladimir Semjonowitsch und Klara Olsufjewna, und wie er, auf einmal ebenfalls außerordentlich liebenswürdig werdend, sich trotz der Kosten entschloß, einen kleinen, bescheidenen Ball zu improvisieren; wie zu diesem Zwecke ein gewandter junger Mann (eben der, welcher bei dem Diner mehr einem Staatsrate als einem jungen Manne ähnlich gewesen war) abgeschickt wurde, um Musikanten herbeizuschaffen; wie dann die Musikanten in einer Anzahl von ganzen elf Mann ankamen, und wie endlich Punkt halb neun Uhr die lockenden Töne einer französischen Quadrille erklangen, welcher verschiedene andere Tänze folgten ... Ich brauche nicht erst zu sagen, daß meine Feder zu schwach, zu matt und zu stumpf ist für eine anständige Schilderung des durch die außerordentliche Liebenswürdigkeit des grauhaarigen Hausherrn improvisierten Balles. Und wie, frage ich, wie kann ich, der bescheidene Erzähler der in ihrer Art allerdings sehr interessanten Abenteuer des Herrn Goljadkin, wie kann ich diese außerordentliche, wohlanständige Mischung von Schönheit, Eleganz, Anstand, Heiterkeit, liebenswürdiger Gesetztheit und gesetzter Liebenswürdigkeit, Mutwillen und Frohsinn schildern, all dies Scherzen und Lachen all dieser Beamtendamen, die mehr mit Feen als mit Damen Ähnlichkeit hatten (was in einem für sie vorteilhaften Sinne gesagt sein soll), mit ihren lilien- und rosenfarbenen Schultern und Gesichtchen, mit ihren ätherischen Gestalten, mit ihren mutwillig spielenden und (um im höheren Stil zu reden) homöopathischen Füßchen? Wie soll ich Ihnen endlich diese eleganten Kavaliere aus dem Beamtenstande schildern, sowohl die heiteren, soliden Jünglinge, als auch die gesetzten, frohsinnigen und in wohlanständiger Art finsteren Männer, diese Kavaliere, die in den Pausen zwischen den Tänzen teils in einem kleinen, abgelegenen, grünen Zimmer eine Pfeife rauchten, teils keine Pfeife rauchten, diese Kavaliere, die vom ersten bis zum letzten einen anständigen Rang besaßen und anständigen Familien angehörten, diese Kavaliere, die von dem Gefühl der Eleganz und von dem Gefühle ihrer eigenen Würde tief durchdrungen waren, diese Kavaliere, die mit den Damen meist französisch sprachen und, wenn sie von der russischen Sprache Gebrauch machten, sich nur gewählter Ausdrücke des höchsten Stiles, feiner Komplimente und geistreicher Redewendungen bedienten, diese Kavaliere, die höchstens im Rauchzimmer sich ein paar liebenswürdige Abweichungen von der Sprache des feinsten Tones, ein paar Redewendungen voll freundschaftlicher, liebenswürdiger Intimität gestatteten, etwa von folgender Art: "Na, Petja, du Schwerenöter, du hast ja die Polka famos heruntergehopst!" oder: "Wasja, du Schlingel, du hast ja deine Dame gehörig vorgenommen!" Zu alledem ist, wie ich Ihnen, meine verehrten Leser, schon oben die Ehre hatte mitzuteilen, meine Feder unfähig, und darum schweige ich. Wenden wir uns lieber zu Herrn Goljadkin, dem einzigen, wirklichen Helden unserer durchaus wahrhaften Erzählung!

Die Sache war die, daß er sich augenblicklich in einer sehr sonderbaren (um keinen stärkeren Ausdruck zu gebrauchen) Lage befand. Er war ebenfalls dort, meine Herrschaften, d. h. nicht auf dem Balle, aber beinah auf dem Balle; seine Situation, meine Herren, war keine glänzende; er war zwar für sich allein, stand aber in diesem Augenblicke an einem nicht ganz ordnungsmäßigen Platze; er stand nämlich (es kommt einem sonderbar vor, es auch nur zu sagen), er stand auf dem Flur, auf der Hintertreppe der Wohnung Olsufi Iwanowitschs. Aber das machte ihm nichts aus, daß er da stand; er fühlte sich da ganz wohl. Er stand in einem Winkel, meine Herrschaften, versteckt an einem Plätzchen, wo es zwar nicht besonders warm, aber dafür ziemlich dunkel war, teilweise verborgen durch einen gewaltigen Schrank und einen alten Wandschirm, zwischen allerlei Trödelkram, Gerümpel und altem Hausrat; vorläufig hielt er sich noch versteckt und beobachtete den Verlauf des allgemeinen Vergnügens nur in der Eigenschaft eines unbeteiligten Zuschauers. Er beobachtete jetzt nur, meine Herrschaften; er hätte ja ebenfalls hineingehen können, meine Herrschaften ... warum hätte er denn nicht hineingehen sollen? Er brauchte nur ein paar Schritte zu tun, dann ging er hinein und ging mit großer Gewandtheit hinein. Eben erst (nachdem er übrigens schon über zwei Stunden in der Kälte zwischen dem Schranke und dem Wandschirm, zwischen allerlei Gerümpel, Trödelkram und altem Hausrat gestanden hatte) hatte er im stillen zu seiner eigenen Rechtfertigung einen Ausspruch des französischen Ministers Villèle seligen Angedenkens zitiert: "Alles kommt zu seiner Zeit, wenn man nur zu warten versteht." Diesen Ausspruch hatte Herr Goljadkin einmal in einem übrigens ganz gleichgültigen Buche gelesen; aber jetzt rief er ihn sich zu sehr passender Zeit ins Gedächtnis zurück. Dieser Ausspruch paßte erstens sehr gut zu seiner augenblicklichen Lage, und zweitens, was kommt nicht alles einem Menschen in den Kopf, der auf eine glückliche Lösung der ihn beschäftigenden Schwierigkeiten fast schon drei geschlagene Stunden auf dem Flur in der Dunkelheit und Kälte wartet? Nachdem Herr Goljadkin den Ausspruch des früheren französischen Ministers Villèle, wie schon oben gesagt, zu sehr passender Zeit im stillen zitiert hatte, erinnerte er sich ebendaselbst aus unbekanntem Grunde auch an den ehemaligen türkischen Vezier Marzimiris, sowie auch an die schöne Markgräfin Luise, deren Geschichte er gleichfalls einmal in einem Buche gelesen hatte. Dann kam ihm ins Gedächtnis, daß die Jesuiten sogar den Grundsatz aufgestellt hätten, man müsse alle Mittel für zulässig erachten, wenn nur der Zweck dadurch erreicht werde. Nachdem Herr Goljadkin aus dieser historischen Erinnerung etwas Mut geschöpft hatte, sagte er zu sich selbst, was seien denn die Jesuiten für Leute? Die Jesuiten seien alle ohne Ausnahme die größten Dummköpfe; er selbst stecke sie allesamt in den Sack; wenn das Büfettzimmer auch nur für einen Augenblick leer werde (dasjenige Zimmer, dessen Tür direkt auf den Flur, nach der Hintertreppe hinausführte, wo Herr Goljadkin sich jetzt befand), dann werde er, unbekümmert um alle Jesuiten, ohne weiteres geradezu hindurchgehen, zuerst aus dem Büfettzimmer in das Teezimmer, dann in dasjenige Zimmer, wo jetzt Karte gespielt werde, und dann geradezu in den Saal, wo jetzt Polka getanzt werde. Und er werde hindurchgehen, unbedingt hindurchgehen; allem zum Trotz werde er hindurchgehen, hindurchschlüpfen, und damit basta, und niemand werde es bemerken, und dann werde er schon selbst wissen, was er weiter zu tun habe. In dieser Lage, meine Herrschaften, finden wir also jetzt den Helden unserer durchaus wahrhaften Geschichte, wiewohl es schwer ist zu erklären, was mit ihm eigentlich im gegenwärtigen Augenblicke vorging. Die Sache war die, daß er verstanden hatte bis zur Treppe und bis zum Flur zu gelangen; denn er hatte sich gesagt, warum sollte er nicht dahin gelangen, wohin alle gelangen könnten; aber weiter vorzudringen wagte er nicht; das zu tun wagte er offenbar nicht ... nicht weil er irgend etwas nicht gewagt hätte, sondern einfach, weil er es selbst nicht wollte, weil er mehr Lust hatte im verborgenen zu bleiben. So, meine Herrschaften, wartete er also jetzt im verborgenen und wartete schon genau zwei und eine halbe Stunde. Warum sollte er auch nicht warten? Hatte doch auch Villèle selbst gewartet. "Aber was soll hier Villèle?" dachte Herr Goljadkin; "was kümmert mich hier Villèle? Wie wär's, wenn ich jetzt ... hm ... so ohne weiteres eindränge? ... Ach, was bist du für ein elender Statist!" sagte Herr Goljadkin zu sich selbst und kniff sich mit der erstarrten Hand in die erstarrte Backe; "was bist du für ein Dummkopf, was bist du für ein armer Schlucker; das besagt ja schon dein Name!..." Übrigens belegte er seine eigene Person mit diesen Kosenamen im gegenwärtigen Augenblicke nur so beiläufig, ohne jeden besonderen Zweck. Aber jetzt, jetzt schickte er sich an, es zu unternehmen und vorzudringen; der günstige Augenblick war gekommen; das Büfettzimmer war leer geworden und niemand darin; Herr Goljadkin sah dies alles durch ein Fensterchen; mit zwei Schritten befand er sich an der Tür und war bereits im Begriffe, sie zu öffnen. "Soll ich hingehen oder nicht? Na, soll ich hingehen oder nicht? Ich will hingehen ... warum sollte ich nicht hingehen? Dem Mutigen gehört die Welt!" Nachdem unser Held sich in dieser Weise Mut gemacht hatte, retirierte er auf einmal ganz unerwartet wieder hinter den Wandschirm. "Nein," dachte er, "wenn nun aber jemand hereinkommt? Da haben wir's; da ist schon jemand hereingekommen! Warum habe ich auch gezaudert, als niemand darin war? Ich hätte ohne Umstände eindringen sollen! ... Nein, wie ist es möglich einzudringen, wenn ein Mensch so einen Charakter hat! Das ist eine ganz schlechte Veranlagung! Ich habe es mit der Angst bekommen wie ein Hase! Die Ängstlichkeit liegt in meiner Natur; das ist es! Ich verderbe immer alles; das ist keine Frage. Da stehe ich nun hier ganz zwecklos wie ein Tölpel! Zu Hause könnte ich jetzt ein Täßchen Tee trinken ... Das wäre ganz angenehm, so ein Täßchen zu trinken. Wenn ich spät nach Hause komme, wird Petruschka am Ende wieder brummen. Soll ich nicht lieber nach Hause gehen? Hole hier alles der Teufel! Ich gehe nach Hause, abgemacht!" Aber nachdem Herr Goljadkin diesen Entschluß gefaßt hatte, ging er, wie wenn jemand in seinem Innern eine Feder berührt hätte, schnell vorwärts; mit zwei Schritten befand er sich im Büfettzimmer, zog den Mantel aus, nahm den Hut ab, schob dies alles in eine Ecke, machte seinen Anzug zurecht und strich sich das Haar glatt; dann ... dann ging er ins Teezimmer, aus dem Teezimmer glitt er noch in ein anderes Zimmer und schlüpfte fast unbemerkt zwischen den in Eifer geratenen Kartenspielern hindurch; dann... dann ... hier vergaß Herr Goljadkin alles, was um ihn herum geschah, und erschien plötzlich ganz unerwartet im Tanzsaale.

Es traf sich, daß gerade in diesem Augenblicke nicht getanzt wurde. Die Damen promenierten in malerischen Gruppen im Saale. Die Herren drängten sich zu einzelnen Kreisen zusammen oder schwärmten durch den Saal, um Damen zu engagieren. Herr Goljadkin bemerkte nichts davon. Er sah nur Klara Olsufjewna, neben ihr Andrei Filippowitsch, ferner Wladimir Semjonowitsch und noch zwei oder drei Offiziere sowie noch zwei oder drei gleichfalls sehr interessante junge Leute, die, wie man auf den ersten Blick sehen konnte, zu schönen Hoffnungen berechtigten oder solche bereits erfüllten ... Er sah auch sonst noch diesen oder jenen. Oder nein; er sah niemand mehr und blickte nach niemand hin ... Durch jene selbe Feder getrieben, mittels deren er uneingeladen sich in einen fremden Ball eingedrängt hatte, schritt er vorwärts, dann noch weiter vorwärts und noch weiter vorwärts, stieß im Vorbeigehen an irgendeinen Rat und trat ihm auf den Fuß, benutzte die Gelegenheit, einer hochachtbaren alten Dame auf das Kleid zu treten und etwas daran zu zerreißen, stieß einen Diener, der ein Präsentierbrett trug, an, stieß noch jemand an, schritt, dies alles nicht bemerkendoder, richtiger gesagt, es nur so obenhin bemerkend, ohne jemand anzusehen, immer weiter und weiter vorwärts und stand plötzlich vor Klara Olsufjewna selbst. Ohne allen Zweifel wäre er, ohne mit den Wimpern zu zucken, in diesem Augenblicke mit dem größten Vergnügen in die Erde versunken; aber was geschehen ist, kann man nicht rückgängig machen; das ist schlechterdings unmöglich. Was war zu tun? "Mißlingt's, dann nicht verzagen; gelingt's, dann weiter wagen," dachte er bei sich. Herr Goljadkin war eben kein Intrigant und verstand sich nicht darauf, "das Parkett mit den Stiefeln zu polieren". Es war nun einmal geschehen. Zudem hatten sich auch die Jesuiten da irgendwie hineingemischt ... Aber was gingen Herrn Goljadkin die Jesuiten an! Alles, was da umherging und lärmte und redete und lachte, das verstummte plötzlich wie auf ein gegebenes Zeichen und drängte sich allmählich um Herrn Goljadkin zusammen. Aber Herr Goljadkin schien nichts zu hören und zu sehen; er vermochte nicht um sich zu schauen, nichts anzublicken; er schlug die Augen zu Boden und stand so da; nebenbei gab er sich übrigens das Ehrenwort darauf, sich noch in dieser Nacht zu erschießen. Nachdem er sich darauf das Ehrenwort gegeben hatte, sagte Herr Goljadkin in Gedanken zu sich selbst: "Nun komme, was kommen will!" und fing zu seinem eigenen größten Erstaunen auf einmal ganz unerwartet zu reden an.

Herr Goljadkin begann mit einer Gratulation und mit dem Ausdruck seiner guten Wünsche. Die Gratulation ging gut vonstatten; aber bei dem Ausdruck seiner guten Wünsche stieß unser Held an. Er hatte schon vorher gefühlt, daß, wenn er anstieße, alles mit einem Mal zum Teufel gehen werde. Und so kam es auch: er stieß an und blieb stecken; er blieb stecken und errötete; er errötete und geriet aus der Fassung; er geriet aus der Fassung und blickte auf; er blickte auf und schaute rings um sich; er schaute rings um sich und wurde starr ... Alle standen da, alle schwiegen, alle warteten; etwas weiter weg wurde geflüstert, in etwas größerer Nähe gelacht. Herr Goljadkin warf einen demütigen, verlegenen Blick nach Andrei Filippowitsch hin. Andrei Filippowitsch antwortete Herrn Goljadkin mit einem solchen Blicke, daß, wäre unser Held nicht schon gänzlich und vollständig niedergeschmettert gewesen, dieser Blick ihn unfehlbar niedergeschmettert hätte. Das Schweigen dauerte an.

"Das gehört mehr zu meinen persönlichen Verhältnissen und zu meinem Privatleben, Andrei Filippowitsch," sagte Herr Goljadkin, der mehr tot wie lebendig war, mit kaum vernehmbarer Stimme; "das ist keine amtliche Handlung, Andrei Filippowitsch ..."

"Schämen Sie sich, mein Herr, schämen Sie sich!" sagte Andrei Filippowitsch fast flüsternd mit einer Miene unbeschreiblicher Entrüstung, bot Klara Olsufjewna seinen Arm und wandte sich von Herrn Goljadkin ab.

"Ich habe keinen Anlaß mich zu schämen, Andrei Filippowitsch," antwortete Herr Goljadkin ebenfalls fast flüsternd, ließ seine kläglichen Blicke verlegen umherschweifen und versuchte dabei, sich in der erstaunten Menge zu orientieren und sich über seine eigene gesellschaftliche Stellung in ihr klar zu werden.

"Nun, das tut nichts, das tut nichts, meine Herren! Was ist denn dabei? Das kann ja jedem passieren," flüsterte Herr Goljadkin, indem er sich ein wenig von seinem Flecke fortbewegte und aus der ihn umgebenden Menge herauszukommen suchte. Man machte ihm Platz. Unser Held schritt, so gut es ging, zwischen zwei Reihen von neugierigen, verwunderten Zuschauern hindurch. Sein Verhängnis riß ihn fort. Herr Goljadkin fühlte das selbst, daß ihn sein Verhängnis fortriß. Er hätte natürlich viel für die Möglichkeit gegeben, sich jetzt ohne Verletzung des Anstandes auf seinem früheren Standplatze auf dem Flur bei der Hintertreppe zu befinden; aber da dies entschieden unmöglich war, so versuchte er, sich in irgendein Winkelchen zu verkriechen, wo er für sich, bescheiden, anständig, abgesondert, ohne mit jemand in Berührung zu kommen und ohne die allgemeine Aufmerksamkeit auf sich zuziehen, stehen könnte; so hoffte er, sich zugleich das Wohlwollen der Gäste und des Hausherrn zu erwerben. Übrigens hatte Herr Goljadkin die Empfindung, als ob ihm der Boden unter den Füßen weggespült werde und er schwanke und falle. Endlich erreichte er mit Mühe ein Winkelchen und stellte sich dort wie ein unbeteiligter, ziemlich gleichmütiger Zuschauer hin; die Arme stützte er auf die Lehnen zweier Stühle, die er auf diese Art völlig in seinen Besitz nahm, und versuchte, mit möglichst mutigem Blicke die sich in seiner Nähe gruppierenden Gäste Olsufi Iwanowitschs anzusehen. Am nächsten von allen stand ihm ein Offizier, ein hochgewachsener, schöner junger Mann, dem gegenüber sich Herr Goljadkin wie ein richtiges kleines Käferchen vorkam.

"Diese beiden Stühle sind reserviert, Leutnant, der eine für Klara Olsufjewna und der andere für die hier ebenfalls tanzende junge Fürstin Tschewtschechanowa; ich behüte sie jetzt für die beiden Damen, Leutnant," sagte Herr Goljadkin mühsam atmend, indem er einen flehenden Blick auf den Herrn Leutnant richtete. Der Leutnant wandte sich schweigend mit einem vernichtenden Lächeln von ihm ab. Nach diesem Mißerfolge an der einen Stelle versuchte unser Held sein Glück auf einer anderen Seite und wandte sich geradezu an einen würdevoll aussehenden Rat mit einem hohen Orden am Halse. Aber der Rat maß ihn mit einem so kalten Blicke, daß Herr Goljadkin die deutliche Empfindung hatte, als ob man ihm auf einmal einen ganzen Zuber kaltes Wasser über den Kopf gegossen habe. Herr Goljadkin verstummte. Er entschied sich dafür, lieber zu schweigen und keine Gespräche mehr anzuknüpfen, sondern zu zeigen, daß er sich ganz wohl fühle, daß er ebensogut sei wie alle andern, und daß seine Lage wenigstens nach seinem Urteile eine ebenso anständige sei. Mit dieser Absicht heftete er seine Augen auf die Ärmelaufschläge seiner Uniform, schaute dann wieder auf und ließ seine Blicke auf einem Herrn von sehr achtbarem Äußern ruhen. "Dieser Herr trägt eine Perücke," dachte Herr Goljadkin; "wenn er diese Perücke abnimmt, wird ein Kopf so kahl wie meine Handfläche sichtbar werden." Nachdem er diese wichtige Entdeckung gemacht hatte, erinnerte sich Herr Goljadkin auch an die arabischen Emire, bei denen, wenn sie den grünen Turban abnehmen, den sie zum Zeichen ihrer Abstammung von dem Propheten Mohammed tragen, ebenfalls der kahle, haarlose Kopf herauskommt. Dann kam Herr Goljadkin, wahrscheinlich infolgeeiner eigentümlichen Ideenverknüpfung, die in seinem Kopfe hinsichtlich der Türken vorging, in Gedanken auch auf die türkischen Pantoffeln und erinnerte sich bei dieser Gelegenheit daran, daß Andrei Filippowitsch Stiefel zu tragen pflegte, die mehr wie Pantoffeln als wie Stiefel aussahen. Man konnte bemerken, daß Herr Goljadkin sich zum Teil in seine Lage hineinfand. Nun ging ihm der Gedanke durch den Kopf: "Wenn dieser Kronleuchter da jetzt abrisse und auf die Gesellschaft herunterfiele, dann würde ich sofort hineilen und Klara Olsufjewna retten. Und wenn ich sie gerettet hätte, würde ich zu ihr sagen: "Beunruhigen Sie sich nicht, mein Fräulein; es hat nichts auf sich; ich aber bin Ihr Retter." Dann ..." Hier wandte Herr Goljadkin die Augen zur Seite, um nach Klara

Olsufjewna zu suchen, und erblickte Gerasimowitsch, Olsufi Iwanowitschs alten Kammerdiener. Gerasimowitsch steuerte mit sehr ernster, feierlicher Amtsmiene gerade auf ihn los. Herr Goljadkin fuhr zusammen und runzelte infolge einer unklaren und zugleich sehr unangenehmen Empfindung die Stirn. Mechanisch blickte er um sich: er dachte schon daran, sich so ganz sachte seitwärts unvermerkt aus dem Staube zu machen und zu verschwinden, d. h. so zu tun, als ob es sich um ihn ganz und gar nicht handle. Ehe jedoch unser Held irgendwelchen Entschluß fassen konnte, stand Gerasimowitsch schon vor ihm.

"Sehen Sie mal, Gerasimowitsch," sagte unser Held, indem er sich lächelnd an den Kammerdiener wandte, "veranlassen Sie doch ... sehen Sie doch die Kerze da auf dem Kronleuchter, Gerasimowitsch ... die wird gleich herunterfallen ... veranlassen Sie also doch, daß sie in Ordnung gebracht wird; sie wird wahrhaftig gleich herunterfallen, Gerasimowitsch ..."

"Die Kerze da? Nicht doch, die Kerze steht gerade; aber es fragt da jemand nach Ihnen."

"Wer fragt denn da nach mir, Gerasimowitsch?"

"Wer es eigentlich ist, weiß ich wirklich nicht. Es ist ein Bote von jemandem. Er sagt: "Befindet sich Jakow Petrowitsch Goljadkin hier? Dann rufen Sie ihn doch einmal heraus; es handelt sich um eine sehr notwendige, eilige Angelegenheit ..." So verhält sich das."

"Nein, Gerasimowitsch, Sie irren sich; darin irren Sie sich, Gerasimowitsch."

"Wohl kaum ..."

"Nein, Gerasimowitsch, nicht "wohl kaum"; hier gibt es kein "wohl kaum", Gerasimowitsch. Niemand fragt nach mir, Gerasimowitsch; niemand hat Anlaß nach mir zu fragen; ich bin hier zu Hause, ich will sagen: an meinem richtigen Platze, Gerasimowitsch."

Herr Goljadkin holte tief Atem und blickte um sich. Wahrhaftig! Alle im Saale Anwesenden schauten und horchten in einer Art von feierlicher Erwartung nach ihm hin. Die Männer drängten sich näher heran, um das

Gespräch mit anzuhören; weiter davon flüsterten die Damen unruhig miteinander. Der Hausherr selbst erschien in sehr geringer Entfernung von Herrn Goljadkin, und obgleich an seiner Miene nicht zu erkennen war, daß auch er an Herrn Goljadkins Affäre direkt und unmittelbar Anteil nahm (denn alles vollzog sich mit größter Diskretion), so konnte der Held unserer Erzählung doch aus alledem mit Sicherheit entnehmen, daß für ihn der entscheidende Augenblick nahe herbeigekommen war. Herr Goljadkin erkannte klar, daß der rechte Zeitpunkt da sei, um einen kühnen Schlag auszuführen und seine Feinde zu beschämen. Er war in großer Aufregung. Er fühlte eine Art von Begeisterung und begann von neuem mit zitternder, feierlicher Stimme, indem er sich an den wartenden Gerasimowitsch wandte:

"Nein, mein Freund, niemand läßt mich rufen. Du irrst dich. Ich will noch mehr sagen: du hast dich auch heute nachmittag geirrt, als du mir gegenüber behauptetest ... ich sage, als du mir gegenüber zu behaupten wagtest" (Herr Goljadkin erhob die Stimme), "daß Olsufi Iwanowitsch, der seit undenklichen Jahren mein Wohltäter gewesen ist und in gewissem Sinne an mir Vaterstelle vertreten hat, mir am Tage eines für sein Vaterherz so hocherfreulichen Familienfestes den Eintritt in sein Haus verboten habe." (Herr Goljadkin blickte selbstzufrieden, aber mit tiefer Empfindung um sich; an seinen Wimpern zeigten sich Tränen.) "Ich wiederhole, mein Freund," schloß unser Held, "du hast dich geirrt, hast dich arg und unverzeihlich geirrt ..."

Es war ein feierlicher Augenblick. Herr Goljadkin hatte das Gefühl, daß er einen tiefen Eindruck gemacht habe. Er stand, die Augen bescheiden niederschlagend, da und wartete darauf, daß Olsufi Iwanowitsch ihn umarme. Unter den Gästen war eine starke Erregung und Verwunderung wahrnehmbar; selbst der unerschütterliche, schreckliche Gerasimowitsch stotterte bei den Worten "Wohl kaum" ... als plötzlich das erbarmungslose Orchester, wie wenn nichts vorgefallen wäre, eine Polka intonierte. Alles war in den Wind gesprochen, alles vergeblich geredet. Herr Goljadkin fuhr zusammen; Gerasimowitsch trat zurück; alles, was im Saale war, wogte wie ein Meer durcheinander, und Wladimir Semjonowitsch trat schon als erstes Paar mit Klara Olsufjewna an und der schöne Leutnant mit der jungen

Fürstin Tschewtschechanowa als zweites. Neugierig und entzückt drängten sich die Zuschauer herum, um bei der Polka zuzusehen, diesem interessanten, neuen, modernen Tanze, der allen die Köpfe verdrehte. Herr Goljadkin war vorläufig vergessen. Aber auf einmal geriet alles in Aufregung, Verwirrung und Unruhe; die Musik brach ab... es hatte sich etwas Sonderbares begeben. Von dem Tanze erschöpft war Klara Olsufjewna, vor Ermüdung nur mühsam atmend, mit glühenden Wangen und hochwogender Brust, endlich ganz kraftlos auf einen Stuhl gesunken. Alle blickten mit herzlicher Freude auf das reizende, bezaubernde Mädchen; alle beeilten sich wetteifernd, ihr Liebenswürdigkeiten zu sagen und ihr für das Vergnügen, das sie ihnen bereitet habe, zu danken, – da stand auf einmal Herr Goljadkin vor ihr. Er war blaß und ganz verstört; er schien sich ebenfalls in einem Schwächezustande zu befinden; er konnte sich kaum bewegen. Er lächelte verlegen und streckte bittend die Hand aus. In ihrem Erstaunen hatte Klara Olsufjewna nicht Zeit, ihre Hand fortzuziehen, und erhob sich mechanisch auf Herrn Goljadkins Aufforderung hin. Herr Goljadkin neigte sich wankend nach vorn, zuerst einmal, dann ein zweites Mal; dann hob er das Bein und machte eine Art Scharrfuß; dann stampfte er polkamäßig auf; dann stolperte er ... er hatte ebenfalls mit Klara Olsufjewna tanzen wollen. Klara Olsufjewna schrie auf; alle stürzten zu ihr hin, um ihre Hand aus Herrn Goljadkins Hand zu befreien, und auf einmal sah sich unser Held durch die Menge etwa zehn Schritte weit weggedrängt. Um ihn herum bildete sich ebenfalls ein Kreis. Man hörte das Kreischen und Schreien zweier alter Damen, die Herr Goljadkin bei seinem Rückzuge beinah umgestoßen hatte. Die Verwirrung war entsetzlich; alle fragten, alle schrien, alle schalten. Das Orchester verstummte. Unser Held drehte sich in seinem Kreise hin und her und murmelte mechanisch, ab und zu lächelnd, etwas vor sich hin, worin folgende Bruchstücke vorkamen: warum er denn nicht ... und die Polka sei, wenigstens nach seinem Urteil, ein neuer, sehr interessanter Tanz, der zum Vergnügen der Damen erfunden sei ... aber unter diesen Umständen sei er gern bereit zu erklären, daß er verzichte. Aber eine solche Erklärung schien niemand von Herrn Goljadkin zu verlangen. Unser Held fühlte, daß sich plötzlich eine Hand auf seinen Arm legte, daß eine andere Hand sich ein wenig gegen seinen Rücken stemmte, und daß er mit besonderer Sorgfalt nach einer bestimmten Seite dirigiert wurde. Endlich bemerkte er, daß es geradeswegs auf die Tür zu ging. Herr Goljadkin wollte schon etwas sagen, etwas tun ... Aber nein, er wollte nichts mehr. Er lächelte nur mechanisch. Dann merkte er, daß man ihm seinen Mantel anzog und ihm seinen Hut auf die Augen drückte. Dann fühlte er sich auf dem Flur, in der Dunkelheit und Kälte, und dann auf der Treppe. Zuletzt stolperte er, und es kam ihm vor, als fiele er in einen Abgrund; er wollte aufschreien... plötzlich befand er sich auf dem Hofe. Die frische Luft schlug ihm entgegen, und er blieb einen Augenblick stehen; gerade in diesem Augenblick schlugen die Klänge des von neuem einsetzenden Orchesters an sein Ohr. Auf einmal erinnerte Herr Goljadkin sich an alles; es schien, als ob alle seine gesunkenen Kräfte ihm wieder zurückkehrten. Er riss sich von der Stelle los, an der er bis dahin wie angenagelt gestanden hatte, und stürzte Hals über Kopf hinaus, irgendwohin, in die Luft, ins Freie, wohin ihn die Beine trugen.

5. Kapitel

Auf allen Petersburger Türmen, auf denen Uhren die Stunden zeigten und schlugen, schlug es gerade Mitternacht, als Herr Goljadkin ganz außer sich dicht bei der Ismailowski-Brücke auf die Uferstraße an der Fontanka hinausgelaufen kam, nachdem er sich vor seinen Feinden gerettet hatte, und vor den Verfolgungen, und vor dem Hagel von Püffen, der auf ihn niedergeprasselt war, und vor dem Geschrei der aufgeregten alten Damen, und vor den Ach's und Oh's der übrigen Weiblichkeit, und vor Andrei Filippowitschs vernichtenden Blicken. In Herrn Goljadkin war gar kein Leben mehr, im vollen Sinne des Wortes kein Leben mehr, und wenn ihm in diesem Augenblicke noch die Fähigkeit zu laufen verblieben war, so war das nur durch ein Wunder geschehen, durch ein Wunder, an das er selbst nicht glauben wollte. Es war eine schreckliche Nacht, eine richtige Novembernacht, feucht, neblig, mit Regen und Schnee, eine Nacht, in der man auf dasleichteste zu Rheumatismus, Schnupfen, Bräune und allen möglichen Arten und Gattungen von Fiebern gelangen konnte, kurz eine Nacht, die alle Annehmlichkeiten des Petersburger Novembers in sich vereinigte. Der Wind heulte in den öden Straßen, staute das schwarze Wasser der Fontanka auf und rüttelte ingrimmig an den schlanken Laternen der Uferstraße, die ihrerseits sein Geheul mit einem hellen, durchdringenden Getön beantworteten, was ein jedem Einwohner von Petersburg wohlbekanntes schrilles, klirrendes Konzert ergab. Es regnete und schneite gleichzeitig. Vom Winde getrieben fuhren die Regenstrahlen beinah in horizontaler Richtung einher wie aus einer Feuerspritze und stachen dem unglücklichen Herrn Goljadkin ins Gesicht wie tausend Nadeln. Inmitten der nächtlichen Stille, die nur durch das ferne Wagenrollen, das Geheul des Windes und das Klirren der Laternen unterbrochen wurde, ließ sich trübselig das Plätschern und Rauschen des Wassers vernehmen, das von allen Dächern und Gesimsen und aus allen Dachrinnen auf das granitne Trottoir strömte. Weit und breit war keine Menschenseele zu erblicken; ja, dies schien zu solcher Zeit und bei solchem Wetter von vornherein unmöglich zu sein. So trabte denn Herr Goljadkin jetzt allein mit seiner Verzweiflung auf dem Trottoir an der Fontanka in seiner gewöhnlichen trippelnden, eiligen Gangart dahin, mit dem Wunsche, möglichst schnell nach seiner Schestilawotschnaja-Straße, nach seiner vierten Etage und nach seiner Wohnung zu gelangen.

Obwohl der Schnee, der Regen und alle sonstigen unnennbaren Unannehmlichkeiten einer feuchten, stürmischen Petersburger Novembernacht zugleich auf den ohnehin schon durch das Unglück tief gebeugten Herrn Goljadkin eindrangen und ihm nicht die geringste Erholungspause vergönnten, ihn bis auf die Knochen durchpusteten, ihm die Augen verklebten, ihn von allen Seiten umwehten, ihn beinah umwarfen und ihm die letzte Besinnung raubten, obwohl all dies zusammen auf Herrn Goljadkin einstürmte, als ob es sich mit all seinen Feinden verschworen hätte, ihm den Garaus zu machen: so blieb trotz alledem Herr Goljadkin doch gegen diesen letzten Feindschaftsbeweis des Schicksals fast unempfindlich; so stark hatte alles, was ihm einige Minuten vorher bei dem Herrn Staatsrat Berendejew begegnet war, ihn ergriffen und erschüttert. Wenn jetzt ein fremder, unbeteiligter Zuschauer im stillen von der Seite her Herrn Goljadkins gramvolle Flucht beobachtet hätte, so hätte auch der einen furchtbaren Schreck über die Nöte des Armen bekommen und sicherlich gesagt, Herr Goljadkin sehe jetzt so aus, als wolle er sich vor sich selbst irgendwohin verstecken, als wolle er vor sich selbst irgendwohin fliehen! Ja, es war wirklich so. Wir können noch mehr sagen: Herr Goljadkin wünschte nicht nur vor sich selbst zu fliehen, sondern sogar gänzlich vernichtet zu werden, nicht zu existieren, in Staub und Asche verwandelt zu werden. Im gegenwärtigen Augenblicke nahm er nichts von dem was ihn umgab wahr; er verstand nichts, was um ihn herum geschah, und sah so aus, als ob tatsächlich für ihn weder die Unannehmlichkeiten der greulichen Nacht, noch der weite Weg, noch der Regen, noch der Schnee, noch der Wind, noch das ganze gräßliche Wetter existierten. An Herrn Goljadkins rechtem Bein war der Gummischuh vom Stiefel abgegangen und auf dem Trottoir an der Fontanka im Schmutze und im Schnee stecken geblieben; aber es kam Herrn Goljadkin gar nicht in den Sinn, seinetwegen umzukehren; er hatte den Verlust überhaupt nicht bemerkt. Er war so verstört, dass er trotz allem, was ihn umgab, ganz erfüllt von dem Gedanken an die schreckliche Katastrophe, von der er soeben betroffen war, mehrere Male plötzlich regungslos wie ein Pfahl mitten auf dem Trottoir stehen blieb; in solchen Augenblicken war er dem Tode, dem Verscheiden nahe; dann riss er sich auf einmal wie ein Wahnsinniger von dem Platze los und lief ohne sich umzusehen davon, wie wenn er sich vor irgendwelchen Verfolgern, vor irgendwelchem noch furchtbareren Unglück retten wollte ... Wirklich, seine Lage war schrecklich!... Endlich als seine Kräfte völlig erschöpft waren, blieb Herr Goljadkin stehen, stützte sich auf das Geländer am Ufer in der Haltung jemandes, der plötzlich ganz unerwartet von Nasenbluten befallen ist, und begann starr in das trübe, schwarze Wasser der Fontanka hinabzublicken. Es ist unbekannt, wieviel Zeit er mit dieser Beschäftigung verbrachte. Bekannt ist nur, dass Herr Goljadkin in diesem Augenblicke so verzweifelt, so abgequält, abgemartert und abgemattet war und dermaßen die an sich schon schwachen Überreste von Lebensmut verloren hatte, dass er alles vergaß: die Ismailowski-Brücke und die Schestilawotschnaja-Straße und seine jetzige Lage... In der Tat was konnte ihm noch weiter begegnen? Es war ihm ja jetzt alles gleich: die Sache war geschehen, sein Entschluß unerschütterlich gefaßt; was konnte ihm noch widerfahren? ... Plötzlich ... plötzlich zuckte er mit dem ganzen Körper zusammen und sprang unwillkürlich ein paar Schritte zur Seite. Mit einer unerklärlichen Unruhe begann er um sich zu blicken; aber es war niemand da, es hatte sich nichts Besonderes ereignet, und doch... und doch war es ihm so gewesen, als hätte jemand soeben, in diesem Augenblicke bei ihm gestanden, dicht neben ihm, ebenfalls auf das Ufergeländer gelehnt, und hätte (wunderbar!) sogar etwas zu ihm gesagt, schnell, abgebrochen und nicht ganz verständlich, aber über einen ihn angehenden, ihn sehr nahe angehenden Gegenstand. "Ach was, es wird mir nur so vorgekommen sein, nicht wahr?" sagte Herr Goljadkin, indem er sich noch einmal rings umschaute. "Aber wo stehe ich denn hier? ... Ach ja, ach ja!" schloss er, den Kopf hin und her wiegend, begann aber mit einem unruhigen, traurigen Gefühle, ja mit Angst in die trübe, feuchte Ferne zu blicken, wobei er seine Augen aufs äußerste anstrengte und sich unter Aufbietung aller Kraft bemühte, mit seinem kurzsichtigen Blicke den nassen Dunst, der sich vor ihm ausbreitete, zu durchdringen. Indessen fiel Herrn Goljadkin nichts Neues und nichts Besonderes in die Augen. Alles schien in gehöriger Ordnung zu sein, d. h. der Schnee fiel noch stärker, noch dichter und in noch größeren Flocken; in einer Entfernung von zwanzig Schritten war nicht das geringste zu sehen; die Laternen klirrten noch schärfer als vorher, und der Wind schien sein trauriges Lied in noch weinerlicherem, kläglicherem Tone zu singen, wie ein zudringlicher Bettler, der um ein Kupferstückchen bittet, um sich zu ernähren. "Ach ja, ach ja! Aber was ist denn mit mir?" wiederholte Herr Goljadkin noch einmal, machte sich von neuem auf den Weg und warf fortwährend flüchtige Blicke rings um sich. Aber unterdessen machte sich in Herrn Goljadkins ganzem Wesen eine neue Empfindung geltend, ein Mittelding zwischen Kummer und Angst... Ein fieberhaftes Zittern lief durch seine Glieder. Es war ein unerträglich peinvoller Augenblick! "Nun, es ist ja nichts Schlimmes," sagte er, um sich Mut zu machen; "nun, es ist ja nichts Schlimmes; vielleicht ist die Sache überhaupt nicht schlimm, und niemandes Ehre ist befleckt. Vielleicht mußte es so kommen," fuhr er fort, ohne selbst zu verstehen, was er sagte; "vielleicht wird das alles sich seinerzeit gut gestalten, und es werden gegen niemand Vorwürfe erhoben werden, und alle werden gerechtfertigt dastehen." Während er so sprach und sich mit Worten das Herz leichter machte, rüttelte Herr Goljadkin sich ein wenig und schüttelte sich die Schneeflocken ab, die ihm in dichter Schicht den Hut, den Kragen, den Mantel, das Halstuch, die Stiefel und alles bedeckten; aber das sonderbare Gefühl, seine seltsame, unklare Schwermut konnte er immer noch nicht loswerden, nicht von sich abschütteln. Irgendwo in der Ferne ertönte ein Kanonenschuß. "Das ist mal ein Wetter!" dachte unser Held. "Horch! Es wird doch keine Überschwemmung geben? Offenbar ist das Wasser sehr stark gestiegen." Kaum hatte Herr Goljadkin dies gesagt oder gedacht, als er vor sich einen Passanten ihm entgegenkommen sah, der sich wahrscheinlich, ebenso wie er selbst, aus irgendwelchem Anlaß verspätet hatte. Die Sache hätte als etwas ganz Unbedeutendes, Zufälliges erscheinen können; aber aus einem nicht verständlichen Grunde regte sich Herr Goljadkin darüber auf und wurde sogar etwas ängstlich und verwirrt. Nicht eigentlich, daß er sich vor einem schlechten Menschen gefürchtet hätte, sondern vielleicht nur so, ohne rechten Grund ... "Aber wer kennt ihn schließlich, diesen verspäteten Wanderer," dachte Herr Goljadkin flüchtig; "vielleicht hat er es auch gerade auf mich abgesehen, und ich bin hier die Hauptsache, und er geht nicht zwecklos, sondern hat seine bestimmte Absicht und kreuzt geflissentlich meinen Weg und wird mit mir anbinden." Vielleicht dachte übrigens Herr Goljadkin das eigentlich nicht, sondern hatte nur für einen Augenblick eine ähnliche, sehr unangenehme Empfindung. Übrigens hatte er zu Gedanken und Empfindungen keine Zeit mehr; der Fußgänger war schon nur noch zwei Schritte von ihm entfernt. Herr Goljadkin beeilte sich sofort nach seiner steten Gewohnheit eine ganz besondere Miene anzunehmen, eine Miene, die deutlich zum Ausdruck brachte, daß er, Goljadkin, still für sich dahingehe und sich um nichts kümmere, und daß der Weg für alle breit genug sei, und daß er selbst, Goljadkin, niemandem etwas zuleide tue. Plötzlich blieb er wie angenagelt, wie vom Blitz gerührt stehen, drehte sich dann schnell um und blickte dem Passanten nach, der soeben an ihm vorbeigegangen war, und zwar drehte er sich mit einer solchen Miene um, als wenn ihn eine fremde Kraft rückwärts zöge, als wenn ihn der Wind wie eine Wetterfahne umdrehte. Der Fußgänger war schnell in dem Schneegestöber verschwunden. Auch er ging eilig, auch er war wie Herr Goljadkin gekleidet und vom Kopf bis zu den Füßen eingehüllt und trippelte ebenso wie dieser mit schnellen, kleinen Schritten in einer Art von Trab auf dem Trottoir an der Fontanka dahin. "Was ist das?" flüsterte Herr Goljadkin, mißtrauisch lächelnd, aber am ganzen Leibe zitternd. Ein kalter Schauder lief ihm den Rücken entlang. Unterdessen war der Passant gänzlich verschwunden, auch seine Schritte waren nicht mehr zu hören; aber Herr Goljadkin stand immer noch da und sah ihm nach. Endlich indes kam er allmählich wieder zur Besinnung. "Aber was soll denn das heißen?" dachte er ärgerlich; "bin ich denn wirklich verrückt geworden?" Er wandte sich um und setzte seinen Weg fort, wobei er seine Schritte mehr und mehr beschleunigte und sich bemühte, überhaupt an nichts mehr zu denken. Zuletzt schloss er sogar in dieser Absicht die Augen. Auf einmal schlug mitten in dem Geheul des Windes und dem Geräusch des Unwetters wieder der Schall sehr naher Schritte an sein Ohr. Er fuhr zusammen und machte die Augen auf. Vor ihm war in einer Entfernung von ungefähr zwanzig Schritten wieder die dunkle Gestalt eines Menschen sichtbar, der sich ihm schnell näherte. Dieser Mensch eilte und hastete; die Entfernung verminderte sich rasch. Herr Goljadkin konnte seinen neuen verspäteten Gefährten sogar schon ganz deutlich sehen; er blickte hin und schrie vor Erstaunen und Schreck auf; die Beine brachen unter ihm zusammen. Es war jener selbe ihm bekannte Fußgänger, den er etwa zehn Minuten vorher an sich hatte vorbeigehen sehen, und der plötzlich ganz unerwartet jetzt wieder vor ihm erschien. Indes war dieses Wunder nicht der einzige Grund, weswegen Herr Goljadkin erstaunt war; erstaunt aber war Herr Goljadkin in so hohem Grade, dass er stehen blieb, aufschrie und etwas sagen wollte. Er machte sich daran, dem Unbekannten nachzulaufen; er rief ihm sogar etwas zu, wahrscheinlich in dem Wunsche, ihn schneller zum Stehenbleiben zu veranlassen. Der Unbekannte blieb wirklich ungefähr zehn Schritte von Herrn Goljadkin entfernt stehen, und zwar so, dass das Licht einer nahestehenden Laterne vollständig auf seine ganze Gestalt fiel; er blieb stehen, wandte sich zu Herrn Goljadkin um und wartete mit ungeduldiger, ernster Miene darauf, was dieser ihm sagen werde. "Entschuldigen Sie; ich habe mich wohl geirrt," sagte unser Held mit zitternder Stimme. Der Unbekannte drehte sich schweigend und ärgerlich wieder um und setzte schnell seinen Weg fort, wie wenn er sich beeilen wollte, die mit Herrn Goljadkin verlorenen zwei Sekunden wieder einzubringen. Was Herrn Goljadkin betrifft, so zitterten ihm alle Glieder, die Knie wurden ihm schwach und knickten ein, und er setzte sich stöhnend auf einen neben dem Trottoir stehenden Prellstein. Übrigens hatte er wirklich allen Grund, in solche Bestürzung zu geraten. Die Sache war die, dass dieser Unbekannte ihm jetzt gewissermaßen bekannt vorkam. Und das wäre alles noch nichts gewesen. Aber er erkannte diesen Menschen, erkannte ihn jetzt fast mit Sicherheit. Er hatte ihn häufig gesehen, diesen Menschen, hatte ihn irgendwann gesehen, sogar erst ganz vor kurzem; wo war das doch gewesen? Etwa gestern? Übrigens war auch das wieder nicht die Hauptsache, dass Herr Goljadkin ihn häufig gesehen hatte: es war auch an diesem Menschen fast nichts Besonderes; er konnte entschieden beim ersten Blicke niemandes besondere Aufmerksamkeit erregen. Er war eben ein Mensch wie alle andern, selbstverständlich ein ordentlicher Mensch wie alle ordentlichen Menschen und besaß vielleicht irgendwelche, sogar recht erheblichen guten Eigenschaften; kurz, er war ein gewöhnlicher Mensch. Herr Goljadkin hegte sogar keinen Haß, keine Feindschaft, ja nicht einmal den leisesten Widerwillen gegen diesen Menschen, es hätte sogar scheinen können, daß das Gegenteil der Fall sei; und doch (und in diesem Umstande lag das Hauptgewicht), und doch hätte er für keine Schätze der Welt gewünscht, ihm zu begegnen und besonders ihm so zu begegnen wie z. B. jetzt. Wir können noch mehr sagen: Herr Goljadkin kannte diesen Menschen genau: er wußte sogar, wie er mit dem Vatersnamen und dem Familiennamen hieß: aber doch hätte er um keinen Preis und, um den Ausdruck zu wiederholen, für keine Schätze der Welt ihn nennen oder zugeben mögen, daß der Mensch da so heiße, diesen Vatersnamen und diesen Familiennamen führe. Wie lange Herrn Goljadkins verständnisloses Brüten dauerte, ob er lange auf dem Prellstein saß, das kann ich nicht sagen; aber als er endlich ein wenig zur Besinnung gekommen war, begann er auf einmal aus Leibeskräften zu laufen, ohne sich umzublicken; der Atem ging ihm aus; er stolperte zweimal und wäre beinah hingefallen, und bei dieser Gelegenheit verwaiste auch Herrn Goljadkins zweiter Stiefel, indem er ebenfalls seinen Gummischuh verlor. Endlich mäßigte Herr Goljadkin seinen Schritt ein wenig, um wieder zu Atem zu kommen, blickte eilig um sich und sah, daß er bereits, ohne es zu merken, seinen ganzen Weg an der Fontanka entlang zurückgelegt, die Anitschkow-Brücke überschritten, einen Teil des Newski-Prospektes entlang gegangen war und jetzt an der Kreuzung mit der Liteinaja-Straße stand. Herr Goljadkin bog in die Liteinaja-Straße ein. Seine Lage glich in diesem Augenblicke der Lage eines

Menschen, der am Rande eines furchtbaren Abgrundes steht, wenn die Erde unter seinen Füßen sich loslöst, sich schon geneigt, sich schon in Bewegung gesetzt hat, zum letzten Male schwankt, fällt und ihn in den Abgrund hinabreißt, während der Unglückliche nicht genug geistige Kraft und Energie besitzt, um zurückzuspringen und seine Augen von dem gähnenden Schlunde abzuwenden; der Abgrund zieht ihn an, und er springt schließlich selbst in ihn hinein und beschleunigt selbst den Augenblick seines eigenen Unterganges. Herr Goljadkin wußte, fühlte und war völlig überzeugt, daß ihm unbedingt unterwegs noch etwas Übles zustoßen, daß ihm noch irgendwelche Unannehmlichkeit widerfahren, daß er z. B. seinem Unbekannten wieder begegnen werde; aber seltsam: er wünschte diese Begegnung sogar, hielt sie für unvermeidlich und wünschte nur, daß alles möglichst schnell zu Ende gehen, seine Lage sich irgendwie entscheiden möchte, aber nur recht bald. Dabei aber lief und lief er immer, und zwar wie von einer fremden Kraft getrieben; denn in seinem ganzen Wesen fühlte er eine Art von Taubheit und Schwäche; er konnte nichts überlegen, obgleich seine Gedanken sich wie ein Dorngesträuch an alles anhakten. Ein verlaufenes Hündchen, ganz naß und zitternd, schloß sich an Herrn Goljadkin an und lief eilig neben ihm her; es hatte den Schwanz und die Ohren angedrückt und blickte von Zeit zu Zeit schüchtern und mit leicht verständlichem Ausdruck zu ihm hin. Ein ferner, längst schon vergessener Gedanke, die Erinnerung an ein weit zurückliegendes Ereignis, kam ihm jetzt in den Kopf, klopfte wie ein Hammer darin umher, ärgerte ihn und wollte nicht wieder weichen. "Ach, der widerwärtige kleine Hund!" flüsterte Herr Goljadkin vor sich hin, ohne sich selbst zu begreifen. Endlich erblickte er seinen Unbekannten an der Ecke der Italjanskaja-Straße. Aber jetzt kam der Unbekannte ihm nicht mehr entgegen, sondern er bewegte sich in derselben Richtung wie er und lief ebenfalls einige Schritte vor ihm. Endlich kamen sie in die Schestilawotschnaja-Straße. Herr Goljadkin war ganz außer Atem. Der Unbekannte blieb gerade vor dem Hause stehen, in welchem Herr Goljadkin wohnte. Die Klingel ertönte und fast gleichzeitig das Kreischen des eisernen Riegels. Das Pförtchen öffnete sich; der Unbekannte bückte sich, schlüpfte hinein und war verschwunden. Fast in demselben Augenblicke kam auch Herr Goljadkin eilig herbei und flog wie ein Pfeil durch das Tor. Ohne auf den brummenden Hausknecht zu hören, lief er atemlos auf den Hof und erblickte sogleich seinen interessanten Gefährten wieder, den er einen Augenblick aus den Augen verloren gehabt hatte. Der Unbekannte wurde ihm an dem Eingange zu derjenigen Treppe flüchtig sichtbar, die zu Herrn Goljadkins Wohnung führte. Herr Goljadkin stürzte ihm nach. Die Treppe war dunkel, feucht und schmutzig. Auf allen Absätzen war eine Menge verschiedenartigen Gerümpels aufgehäuft, das den Mietern gehörte, so daß ein ortsunkundiger Fremder, der im Dunkeln auf diese Treppe geriet, wohl eine halbe Stunde gebrauchte, um sich hinaufzuarbeiten, Gefahr lief, sich die Beine zu brechen, und zugleich mit der Treppe auch seine Bekannten verwünschte, die in einem so gräßlichen Hause Wohnung genommen hatten. Aber Herrn Goljadkins Gefährte schien gut bekannt und ein Hausangehöriger zu sein; er lief, ohne Schwierigkeiten zu finden, behende und mit völliger Ortskenntnis hinauf. Herr Goljadkin hatte ihn beinah ganz eingeholt; zwei- oder dreimal schlug ihm sogar der Saum des Mantels des Unbekannten an die Nase. Sein Herzschlag drohte auszusetzen. Der geheimnisvolle Mensch blieb gerade vor der Tür zu Herrn Goljadkins Wohnung stehen, klopfte, und (was übrigens zu anderer Zeit Herrn Goljadkin in Erstaunen versetzt hätte) Petruschka öffnete, wie wenn er gewartet und sich nicht schlafen gelegt hätte, sogleich die Tür und empfing den Eintretenden mit einer Kerze in der Hand. Ganz außer sich lief der Held unserer Erzählung in seine Wohnung hinein; ohne Mantel und Hut abzulegen, durchschritt er den Flur und blieb wie vom Donner gerührt auf der Schwelle seines Zimmers stehen. Herrn Goljadkins Ahnungen waren sämtlich in Erfüllung gegangen. Alles, was er befürchtet und vorher vermutet hatte, war jetzt zur vollen Wirklichkeit geworden. Der Atem stockte ihm, der Kopf schwindelte ihm. Der Unbekannte saß vor ihm, ebenfalls in Mantel und Hut, auf seinem eigenen Bette, lächelte leise, kniff die Augen ein wenig zusammen und nickte ihm freundschaftlich zu. Herr Goljadkin wollte aufschreien, aber er konnte es nicht; er wollte irgendwie Einspruch erheben, aber seine Kraft reichte dazu nicht aus. Die Haare auf seinem Kopfe sträubten sich, und er knickte, vor Schreck besinnungslos, da wo er stand, zusammen. Und er hatte auch allen Grund entsetzt zu sein. Herr Goljadkin hatte seinen nächtlichen Freund vollständig erkannt. Sein nächtlicher Freund war kein anderer als er selbst, Herr Goljadkin selbst, ein anderer Herr Goljadkin, aber vollständig derselbe wie er selbst, mit einem Worte, was man nennt, sein Doppelgänger in jeder Beziehung –

6. Kapitel

Am andern Tage, genau um acht Uhr, erwachte Herr Goljadkin auf seinem Bette. All die außerordentlichen Erlebnisse des gestrigen Tages und die ganze unglaubliche, seltsame Nacht mit ihren fast unmöglichen Abenteuern stellten sich sofort mit einem Male seiner Denkkraft und seinem Gedächtnisse dar. Eine derartige grimmige, höllische Bosheit seiner Feinde und namentlich der letzte Beweis dieser Bosheit ließen Herrn Goljadkins Herz zu Eis erstarren. Aber zugleich war dies alles so seltsam, unbegreiflich, absonderlich, es erschien so unmöglich, daß es tatsächlich schwer war, an diese ganze Sache zu glauben; Herr Goljadkin neigte sogar selbst dazu, dies alles für einen wesenlosen Fiebertraum, für eine augenblickliche Verwirrung der Einbildungskraft, für eine Verdunkelung des Verstandes zu halten; aber glücklicherweise wußte er aus eigener bitterer Erfahrung, wieweit manchmal die Bosheit einen Menschen zu bringen vermag, und wieweit manchmal die Grausamkeit eines Feindes gehen kann, der sich für eine Kränkung seiner Ehre oder seines Ehrgeizes rächen möchte. Dazu kam, daß Herrn Goljadkins wie zerschlagene Glieder, sein benommener Kopf, sein steifes Kreuz und sein bösartiger Schnupfen bestätigendes Zeugnis dafür ablegten, daß es mit der gestrigen nächtlichen Wanderung und dem, was sich bei dieser Wanderung zugetragen hatte, seine Richtigkeit habe. Und schließlich hatte Herr Goljadkin auch schon längst gewußt, daß seine Feinde etwas gegen ihn planten, und daß da noch ein anderer mit ihnen unter einer Decke steckte. Aber was, was hatten sie vor? Nach gründlicher Überlegung entschied sich Herr Goljadkin dafür, zu schweigen, sich zu fügen und vorläufig nicht dagegen zu protestieren. "Vielleicht beabsichtigen sie nur, mich zu erschrecken, und wenn sie sehen, daß ich nicht darauf reagiere, nicht protestiere, sondern mich ganz ruhig verhalte und alles ruhig ertrage, so werden sie auch aufhören, von selbst aufhören und sogar die ersten sein, die aufhören."

Solche Gedanken gingen Herrn Goljadkin durch den Kopf, als er, sich in seinem Bette ausstreckend und die gelähmten Glieder wieder zurechtbringend, darauf wartete, daß Petruschka wie gewöhnlich ins Zimmer käme. Er wartete schon eine Viertelstunde lang; er hörte, wie der faule Petruschka hinter der Scheidewand mit dem Samowar herumhantierte, konnte sich aber nicht dazu entschließen, ihn zu rufen. Wir können noch mehr sagen: Herr Goljadkin fürchtete sich jetzt sogar ein wenig davor, seinem Petruschka Auge in Auge gegenüberzutreten. "Gott weiß," dachte er, "Gott weiß, wie dieser Schlingel jetzt die ganze Sache ansieht. Er schweigt und schweigt, macht sich aber gewiß seine eigenen Gedanken darüber." Endlich knarrte die Tür, und Petruschka erschien mit einem Präsentierbrett in den Händen. Herr Goljadkin schielte schüchtern nach ihm hin und wartete ungeduldig darauf, was nun kommen werde, und ob er endlich etwas über den bewußten Vorgang sagen werde. Aber Petruschka sagte nichts, sondern war im Gegenteil noch schweigsamer, mürrischer und ärgerlicher als gewöhnlich und schielte finster um sich her; überhaupt war zu merken, daß er mit irgend etwas äußerst unzufrieden war; er blickte seinen Herrn sogar nicht ein einziges Mal an (was, beiläufig gesagt, bei Herrn Goljadkin eine peinliche Empfindung hervorrief), setzte alles, was er trug, auf den Tisch, drehte sich um und ging schweigend wieder zurück hinter seine Scheidewand. "Er weiß es, er weiß es, er weiß alles, der Taugenichts!" murmelte Herr Goljadkin, während er sich anschickte, seinen Tee zu trinken. Aber unser Held richtete an seinen Diener keinerlei Fragen, obgleich Petruschka nachher noch mehrere Male zur Erledigung von allerlei Obliegenheiten ins Zimmer kam. Herr Goljadkin befand sich in sehr aufgeregter Gemütsverfassung. Er ängstigte sich auch davor, in die Kanzlei zu gehen. Er hatte ein starkes Vorgefühl, als werde ihm dort etwas Unangenehmes begegnen. "Wenn man da hinkommt," dachte er, "kann einem leicht etwas passieren! Ist es nicht besser, noch ein Weilchen hierzubleiben und zu warten? Mögen siesich dort ohne mich behelfen; ich will heute hierbleiben, neue Kraft sammeln, mich erholen, über diese ganze Geschichte ordentlich nachdenken und dann den richtigen Augenblick abpassen und sie alle durch mein Erscheinen überraschen." Während Herr Goljadkin diese Überlegungen anstellte, rauchte er eine Pfeife nach der andern; die Zeit verging; es war beinah halb zehn. "Sieh mal an, es ist ja schon halb zehn," dachte Herr Goljadkin; "nun ist es sowieso zu spät zum Hingehen. Und überdies bin ich krank; selbstverständlich bin ich krank, unbedingt krank; wer will sagen, daß ich nicht krank wäre? Was kann mir passieren? Und wenn sie auch herschicken, um es feststellen zu lassen, und wenn auch der Inspektor kommt: was kann mir denn in der Tat passieren? Ich habe ja Rückenschmerzen und Husten und Schnupfen; und schließlich darf ich bei diesem Wetter schlechterdings nicht ausgehen, unter keinen Umständen; ich könnte ernstlich krank werden und am Ende gar sterben; die Sterblichkeit ist zurzeit überhaupt eine besonders große…" Durch solche Erwägungen beruhigte Herr Goljadkin endlich sein Gewissen vollkommen und rechtfertigte sich im voraus vor sich selbst gegen den Verweis, den er von Andrei Filippowitsch wegen Nachlässigkeit im Dienste zu erwarten hatte. Überhaupt liebte in allen ähnlichen Lagen unser Held es sehr, sich durch allerlei unwiderlegliche Argumente in seinen eigenen Augen zu rechtfertigen und auf diese Art sein Gewissen zu beruhigen. Nachdem er dies also auch jetzt getan hatte, griff er von neuem nach der Pfeife, stopfte sie und fing gerade an ordentlich zu rauchen, da sprang er schnell vom Sofa auf, warf die Pfeife hin, wusch, rasierte und kämmte sich schnell, zog die Uniform und alles übrige an, ergriff einige Akten und eilte nach der Kanzlei.

Herr Goljadkin betrat sein Dienstlokal in der unruhigen Erwartung von irgend etwas sehr Üblem, in einer Erwartung, die zwar unbewußt und unklar, dabei aber doch recht unangenehm war; bescheiden setzte er sich auf seinen festen Platz neben dem Tischvorsteher Anton Antonowitsch Sjetotschkin. Ohne jemand anzusehen oder mit jemand ein paar freundliche Worte zu wechseln, vertiefte er sich in den Inhalt der vor ihm liegenden Papiere. Er hatte sich entschlossen und fest vorgenommen, allem aus dem Wege zu gehen, was ihn zu kompromittierenden Äußerungen herausfordern konnte, also unbescheidenen Fragen, Späßen und unpassenden Anspielungen auf die Ereignisse des gestrigen Abends; er hatte sich sogar vorgenommen, den Austausch der gewöhnlichen Höflichkeiten mit den Kollegen, d. h. Fragen nach dem Befinden und dergleichen, zu unterlassen. Aber es war auch klar, daß er das auf die Dauer unmöglich aushalten konnte. Die Unruhe und die Ungewißheit über ein ihm nahe bevorstehendes Ungemach quälten ihn stets mehr als das Ungemach selbst. Dies war der Grund, weswegen er trotz seines festen Vorsatzes, sich auf nichts einzulassen und allem aus dem Wege zu gehen, doch manchmal verstohlen und sachte den Kopf in die Höhe hob, heimlich zur Seite nach rechts und links blickte, die Gesichter seiner Kollegen musterte und aus ihnen zu entnehmen suchte, ob etwas Neues, Besonderes vorliege, das ihn beträfe und ihm in irgendwelcher bösen Absicht verheimlicht würde. Er nahm mit Sicherheit an, daß alles, was er gestern erlebt hatte, mit allem, was ihn jetzt umgab, in Verbindung stehe. Er begann endlich in seiner Aufregung zu wünschen, es möchte sich doch alles irgendwie entscheiden, nur recht bald; wenn es auch auf ein Unglück hinausliefe, immerhin! Wie gut verstand das Schicksal Herrn Goljadkins Wunsch: kaum war dieser in ihm rege geworden, als seine Zweifel auf einmal gelöst wurden, aber freilich auf eine sehr seltsame und unerwartete Weise.

Die Tür nach dem Nachbarzimmer knarrte auf einmal leise und bescheiden, wie wenn sie dadurch zum Ausdruck bringen wollte, daß die eintretende Person von sehr geringer Bedeutung sei, und eine Gestalt, die Herrn Goljadkin sehr bekannt vorkam, erschien schüchtern gerade vor dem Tische, an welchem unser Held Platz genommen hatte. Unser Held hob den Kopf nicht in die Höhe; nein, er sah diese Gestalt nur ganz flüchtig von unten her an; aber schon hatte er alles bis auf die kleinsten Einzelheiten erkannt und begriffen. Er erglühte vor Scham und beugte ganz in derselben Absicht seinen armen Kopf in das Aktenstück, mit welcher der von dem Jäger verfolgte Strauß seinen Kopf in den heißen Sand steckt. Der Neuangekommene verbeugte sich vor Andrei Filippowitsch, und darauf ließ sich dessen Stimme in förmlich-freundlichem Tone vernehmen, in demjenigen Tone, in dem an allen Dienststellen die Vorgesetzten zu neu eingetretenen Untergebenen reden. "Setzen Sie sich hierher," sagte Andrei Filippowitsch und wies den Neuling nach Anton Antonowitschs Tisch hin; "hierher, Herrn Goljadkin gegenüber; mit Arbeit werden wir Sie sofort versehen." Zum Schluß machte Andrei Filippowitsch dem Neuangekommenen eine höflich ermahnende Handbewegung und vertiefte sich dann schleunigst in den Inhalt einiger Aktenstücke, deren ein ganzer Haufe vor ihm lag.

Herr Goljadkin hob endlich doch die Augen auf, und wenn er nicht in Ohnmacht fiel, so geschah dies nur deshalb nicht, weil er alles schon vorher geahnt, alles schon von vornherein gewußt und in seinem Herzen schon erraten hatte, wer der Ankömmling war. Herrn Goljadkins erste Bewegung war, schnell um sich zu blicken, ob nicht ein Geflüster entstanden sei, ob nicht Witzeleien von der in Bureaus üblichen Art gemacht würden, ob nicht jemand vor Erstaunen das Gesicht verziehe oder gar vor Schreck unter den Tisch gefallen sei. Aber zu seiner größten Verwunderung war an niemandem etwas Derartiges zu bemerken. Das Verhalten seiner Herren Kollegen überraschte ihn. Es schien ihm ganz ohne Sinn und Verstand zu sein. Herr Goljadkin erschrak sogar über dieses auffällige Stillschweigen. Die Wirklichkeit sprach für sich selbst; die Sache war seltsam, absonderlich, ungeheuerlich. Es war aller Grund zur Aufregung vorhanden. All diese Gedanken gingen Herrn Goljadkin selbstverständlich nur ganz flüchtig durch den Kopf. Er selbst hatte die Empfindung, als ob er auf gelindem Feuer geröstet würde. Und das war sehr erklärlich. Derjenige, der Herrn Goljadkin jetzt gegenübersaß, war der, welcher Herrn Goljadkin gestern so erschreckt, geängstigt, gepeinigt hatte, mit einem Worte, es war Herr Goljadkin selbst, nicht jener Herr Goljadkin, der jetzt mit offenem Munde, die trocken gewordene Feder in der Hand, auf dem Stuhle saß, nicht jener, der als Gehilfe seines Tischvorstehers fungierte, nicht jener, der gern in der Menge untertauchte und verschwand, nicht jener endlich, dessen Gang deutlich sagte: "Tut mir nichts zuleide, dann werde ich euch auch nichts zuleide tun," oder: "Tut mir nichts zuleide; ich tue euch ja auch nichts zuleide," nein, dies war ein anderer Herr Goljadkin, ein ganz anderer, der aber gleichzeitig dem ersten völlig ähnlich war, von derselben Größe, von demselben Wuchse, ebenso gekleidet, mit einer ebensolchen Glatze; kurz, nichts, geradezu nichts war zur vollständigen Ähnlichkeit vergessen, so daß, wenn man sie nebeneinander gestellt hätte, niemand, entschieden niemand gewagt haben würde zu entscheiden, wer eigentlich der wirkliche Goljadkin und wer der falsche sei, wer der alte und wer der neue, wer das Original und wer die Kopie.

Unser Held befand sich, wenn dieser Vergleich möglich ist, jetzt in der Lage eines Menschen, über den sich ein Schalk lustig macht, indem er zum Spaß heimlich ein Brennglas auf ihn richtet. "Was ist das nun? Ist es ein Traum oder nicht?" dachte er; "ist es Wirklichkeit oder eine Fortsetzung des gestrigen Erlebnisses? Aber mit welchem Rechte geschieht eigentlich dies alles? Wer hat die Anstellung eines solchen Beamten gestattet? Wer hat dazu eine Berechtigung erteilt? Schlafe ich? Träume ich?" Herr Goljadkin versuchte ins klare zu kommen, indem er sich selbst kniff; er dachte sogar daran, dies mit irgendeinem andern vorzunehmen... Nein, es war kein Traum; das stand fest. Herr Goljadkin fühlte, daß der Schweiß stromweis an ihm herunterfloß, daß mit ihm etwas noch nie Dagewesenes, bisher Unerhörtes vorging, und daß dieser Vorgang, um das Unglück voll zu machen, eben wegen dieser Neuheit unschicklich war; denn Herr Goljadkin begriff und fühlte, wie nachteilig es war, bei einem Vorgange, der in dieser Weise den Spott herausforderte, das erste Beispiel zu sein. Er begann endlich sogar an seiner eigenen Existenz zu zweifeln, und obgleich er vorher auf alles vorbereitet gewesen war und selbst gewünscht hatte, daß seine Zweifel auf irgendeine Weise gelöst werden möchten, so war ihm das Eintreten dieses Ereignisses selbst schließlich doch unerwartet gekommen. Der Kummer drückte ihn nieder und quälte ihn. Zeitweilig war er der Denkkraft und des Gedächtnisses völlig beraubt. Wenn er nach einem solchen Augenblicke wieder zur Besinnung kam, so merkte er, daß er mit der Feder mechanisch und bewußtlos über das Papier fuhr. Da er sich selbst nicht traute, so begann er alles Geschriebene nachzuprüfen; aber er verstand nichts davon. Endlich stand der andere Herr Goljadkin, der bisher still und friedlich dagesessen hatte, auf und verschwand zum Zwecke irgendwelcher Besorgung hinter der Tür, die in eine andere Abteilung führte. Herr Goljadkin blickte um sich; aber es war nichts zu bemerken; alles war still; man hörte nur das Kratzen der Federn, das Geräusch der umgeschlagenen Blätter und in den von Andrei Filippowitschs Sitze weiter entfernten Winkeln leises Gespräch. Herr Goljadkin blickte Anton Antonowitsch an, und da aller Wahrscheinlichkeit nach das Gesicht unseres Helden seine jetzige Stimmung widerspiegelte und mit dem ganzen Charakter des Vorgangs harmonierte, folglich in gewisser Beziehung sehr merkwürdig war, so legte der gutmütige Anton Antonowitsch die Feder hin und erkundigte sich in besonders teilnahmsvoller Art nach Herrn Goljadkins Gesundheit.

"Gott sei Dank, Anton Antonowitsch, ich ..." erwiderte Herr Goljadkin stotternd, "ich bin ganz gesund, Anton Antonowitsch; ich kann augenblicklich nicht klagen, Anton Antonowitsch," fügte er in unsicherem Tone hinzu, da er diesem Anton Antonowitsch, dessen Namen er so häufig angebracht hatte, noch immer nicht ganz traute.

"So so! Und ich hatte schon geglaubt, Sie wären nicht wohl. Übrigens wäre das ja auch kein Wunder, im Gegenteil! Es herrschen jetzt allerlei ansteckende Krankheiten, wissen Sie ...!"

"Ja, ich weiß, Anton Antonowitsch, daß solche Krankheiten herrschen ... Aber, Anton Antonowitsch, das ist nicht der Grund, weswegen ich ..." fuhr Herr Goljadkin, seinen Tischvorsteher unverwandt anblickend; fort. "Sehen Sie, Anton Antonowitsch, ich weiß nicht einmal, wie ich Ihnen ... d. h. ich will sagen, von welcher Seite ich diese Sache anfassen soll, Anton Antonowitsch..."

"Was meinen Sie? Ich habe Sie ... wissen Sie ... ich muß bekennen, ich verstehe Sie noch nicht recht; bitte, erklären Sie deutlicher, was Sie so in Verlegenheit setzt," sagte Anton Antonowitsch, der selbst ein wenig verlegen wurde, da er sah, daß Herrn Goljadkin sogar Tränen in die Augen getreten waren. "Ich weiß wirklich nicht, Anton Antonowitsch ... hier ... da ist ein Beamter, Anton Antonowitsch ..."

"Na! Ich verstehe immer noch nicht."

"Ich will sagen, Anton Antonowitsch, es ist hier ein neu eingetretener Beamter."

"Ja freilich; ein Namensvetter von Ihnen."

"Wie?" rief Herr Goljadkin.

"Ich sage: ein Namensvetter von Ihnen; er heißt ebenfalls Goljadkin. Ist er kein Verwandter von Ihnen?"

"Nein, Anton Antonowitsch, ich ..."

"Hm! Nun sagen Sie mal! Und ich hatte geglaubt, er wäre gewiß ein naher Verwandter von Ihnen. Wissen Sie, es ist da so eine gewisse Familienähnlichkeit."

Herr Goljadkin war starr vor Erstaunen, und eine Weile versagte ihm die Zunge den Dienst. Wie konnte der andre eine in ihrer Art so seltene, eine so ungeheuerliche, unerhörte Sache so leichthin behandeln, eine Sache, die sogar einen ganz unbeteiligten Zuschauer befremden mußte! Wie konnte er von Familienähnlichkeit sprechen, wo ein reines Spiegelbild vorlag!

"Wissen Sie, was ich Ihnen raten möchte, Jakow Petrowitsch?" fuhr Anton Antonowitsch fort. "Sie sollten zu einem Arzte gehen und den befragen. Wissen Sie, Sie sehen ganz krank aus. Besonders Ihre Augen ... wissen Sie, Ihre Augen haben so einen besonderen Ausdruck."

"Nicht doch, Anton Antonowitsch; ich fühle allerdings ... d. h. ich wollte noch fragen, wie es mit diesem Beamten steht."

"Wieso?" "Das heißt, haben Sie an ihm nicht etwas Besonderes bemerkt, Anton Antonowitsch ... etwas sehr Auffälliges?"

"Inwiefern?"

"Ich meine zum Beispiel eine überraschende Ähnlichkeit mit jemand, Anton Antonowitsch, d. h. zum Beispiel mit mir. Sie sprachen soeben von einer Familienähnlichkeit, Anton Antonowitsch, und machten darüber so eine beiläufige Bemerkung ... Wissen Sie, es kommen manchmal Zwillinge vor, die sich ähnlich sehen wie ein Ei dem andern, so daß man sie gar nicht unterscheiden kann. Nun also, von solcher Ähnlichkeit rede ich."

"Ja," versetzte Anton Antonowitsch nach kurzem Nachdenken, und wie wenn ihm dieser Umstand jetzt zum ersten Male auffiele, "ja, allerdings! Sie haben recht, die Ähnlichkeit ist wirklich erstaunlich; und Sie urteilen ganz richtig: sie ist so groß, daß man wirklich den einen für den andern nehmen kann," fuhr er fort, indem er die Augen immer weiter öffnete. "Und wissen Sie, Jakow Petrowitsch, es ist sogar eine wunderbare Ähnlichkeit, eine märchenhafte Ähnlichkeit, wie man zu sagen pflegt, d. h. er sieht vollständig so aus wie Sie... Haben Sie das bemerkt, Jakow Petrowitsch? Ich wollte Sie schon selbst bitten, es mir zu erklären; aber ich muß bekennen, ich habe es anfänglich nicht gebührend beachtet. Es ist ein Wunder, in der Tat ein Wunder! Sagen Sie mal, Jakow Petrowitsch, Sie sind ja wohl nicht hier geboren, wie?"

"Nein."

"Er ist auch kein Hiesiger. Vielleicht stammt er aus demselben Orte wie Sie. Gestatten Sie die Frage: wo hat Ihre Mutter meistens gelebt?"

"Sie sagten ... Sie sagten, Anton Antonowitsch, er sei kein Hiesiger?"

"Allerdings, er ist nicht von hier. Aber wirklich, es ist ein reines Wunder," fuhr der redselige Anton Antonowitsch fort, für den es das größte Vergnügen war, wenn er über irgendetwas plaudern konnte. "In der Tat, die Sache kann einen neugierig machen; wie oft geht man an dergleichen vorüber, streift daran an, stößt daran an und bemerkt es nicht! Beunruhigen Sie sich übrigens nicht! So etwas kommt vor! Wissen Sie, da möchte ich Ihnen erzählen: ganz dasselbe begegnete meiner Tante von mütterlicher Seite; die sah sich auch vor ihrem Tode doppelt..."

"Nein, ich ... entschuldigen Sie, daß ich Sie unterbreche, Anton Antonowitsch ... ich wollte mich erkundigen, was es mit diesem Beamten für eine Bewandtnis hat, d. h. aus welchen Gründen er hier ist."

"Er ist an Stelle des verstorbenen Semjon Iwanowitsch hier; in dessen vakanten Platz ist er eingerückt; es war eine Vakanz entstanden, und da hat man ihn eingestellt. War doch ein prächtiger Mensch, dieser Semjon Iwanowitsch; drei Kinder hat er hinterlassen, wie man sagt, eines immer kleiner als das andere. Die Witwe hat sich Seiner Exzellenz zu Füßen geworfen. Man sagt übrigens, sie verberge Geld; sie habe welches, verberge es aber..."

"Nein, Anton Antonowitsch, ich wollte gern noch mehr über jenen eigentümlichen Fall hören." "Was meinen Sie? Ach ja! Aber warum interessieren Sie sich so dafür? Ich sage Ihnen: beunruhigen Sie sich nicht darüber! Das geht alles vorüber. Was ist denn dabei? Sie können ja nichts dafür; das hat nun einmal unser Herrgott selbst so eingerichtet; das ist sein Wille gewesen, und darüber zu murren ist Sünde. Darin erkennt man seine Weisheit.

Sie aber, Jakow Petrowitsch, sind, soviel ich davon verstehe, in keiner Weise schuld daran. Was gibt es nicht alles für Wunderdinge auf der Welt! Mutter Natur ist freigebig, und Sie werden dafür nicht zur Rechenschaft gezogen werden; Sie werden das nicht zu verantworten brauchen. Da fällt mir zum Beispiel ein. Sie haben ja wohl gehört, wie die.. wie nennt man sie doch?... ja, die siamesischen Zwillinge, wie die mit dem Rücken zusammengewachsen sind und so zusammen leben und essen und schlafen; es heißt, sie nehmen eine Menge Geld ein."

"Erlauben Sie, Anton Antonowitsch..."

"Ich verstehe Sie, ich verstehe Sie! Ja! Nun ja, was ist dabei? Gar nichts! Ich sage: nach meiner vollen Überzeugung haben Sie keinen Anlaß, sich zu beunruhigen. Was liegt denn vor? Er ist ein Beamter wie andere, und es scheint ja, daß er ein tüchtiger Arbeiter ist. Er sagt, er heiße Goljadkin und sei nicht von hier und sei Titularrat. Er hat persönlich mit Seiner Exzellenz gesprochen."

"Und wie hat sich Seine Exzellenz dazu gestellt?"

"Es ist nichts Besonderes darüber zu sagen. Der Mensch hat sich, wie man sagt, hinreichend ausgewiesen und seine Gründe dargelegt. Er hat gesagt: "So und so, Exzellenz; ich besitze kein Vermögen und möchte gern amtlich tätig sein, und es wäre mir eine besondere Ehre, wenn mir das unter Ihrer Leitung vergönnt wäre;" ... na, und alles, wie es sich gehört; wissen Sie, er hat sich ganz geschickt ausgedrückt. Es muß ein kluger Mensch sein. Na, selbstverständlich hat er auch eine Empfehlung mitgebracht; ohne eine solche wäre es ja nicht gegangen ..."

"Von wem war die denn? ... Das heißt, ich meine, wer hat denn eigentlich bei dieser schändlichen Sache seine Hand im Spiele gehabt?"

"Ja, man sagt, es sei eine gute Empfehlung gewesen; man sagt, Seine Exzellenz habe mit Andrei Filippowitsch zusammen gelacht."

"Mit Andrei Filippowitsch gelacht?"

"Jawohl; er habe gelächelt und gesagt, es sei gut, und er seinerseits sei nicht abgeneigt, wenn er nur seine dienstlichen Obliegenheiten treu erfüllen wolle ..."

"Bitte, weiter! Sie beruhigen mich einigermaßen, Anton Antonowitsch; ich bitte Sie inständig: weiter!"

"Gestatten Sie, ich wundere mich wieder über Sie ... Na ja, na, die Sache ist ja ganz unwichtig; das Ereignis ist weiter nicht wunderbar; ich sage: beunruhigen Sie sich nicht; man braucht daran nichts bedenklich zu finden ..."

"Nein. Ich möchte Sie noch fragen, Anton Antonowitsch, ob Seine Exzellenz weiter nichts hinzugefügt hat ... zum Beispiel etwas, was mich betrifft."

"Das heißt, gewiß! Ja freilich! Oder vielmehr nein, nichts, Sie können ganz beruhigt sein. Wissen Sie, das ist ja selbstverständlich, daß die Sache sehr auffallend ist, und zuerst ... ja, sehen Sie, ich zum Beispiel habe sie zuerst fast gar nicht beachtet. Ich weiß wirklich nicht, warum ich sie nicht eher beachtet hatte, als bis Sie mich darauf aufmerksam machten. Aber übrigens, Sie können ganz beruhigt sein. Seine Exzellenz hat nichts Besonderes gesagt, gar nichts gesagt," fügte der gutmütige Anton Antonowitsch hinzu, indem er sich von seinem Stuhle erhob.

"Also, Anton Antonowitsch, ich möchte ..."

"Bitte, entschuldigen Sie mich! Ich habe schon zu viel Zeit mit diesen Kleinigkeiten verplaudert, und da ist eine wichtige, eilige Sache. Die muß ich notwendig fertigmachen."

"Anton Antonowitsch!" rief Andrei Filippowitschs Stimme in höflichem Tone. "Seine Exzellenz wünscht Sie zu sprechen."

"Sofort, sofort, Andrei Filippowitsch; ich komme sofort." Anton Antonowitsch ergriff einen Pack Akten und lief zuerst zu Andrei Filippowitsch und dann in das Arbeitszimmer Seiner Exzellenz.

"Also wie liegt denn die Sache?" dachte Herr Goljadkin bei sich. "Also wie steht mein Spiel? Was macht der Himmel jetzt für ein Gesicht? ... Es steht nicht übel; die Sache hat eine sehr angenehme Wendung genommen," sagte unser Held im stillen, indem er sich die Hände rieb und vor Freuden den Stuhl unter seinem Leibe nicht spürte. "Also ist meine Sache eine ganz gewöhnliche Sache. Also wird alles ein harmloses Ende nehmen und keine schlimmen Folgen haben. Es hat tatsächlich niemand etwas gemerkt, und meine Kollegen, diese Banditen, haben sich keine Dreistigkeiten herausgenommen; sie sitzen still da und beschäftigen sich mit ihren Akten; prächtig, prächtig! Ich habe diesen guten Menschen, unsern Anton Antonowitsch, sehr gern; ich habe ihn immer sehr gern gehabt und hochgeschätzt ... Übrigens, ja ... wenn man bedenkt ... dieser Anton Antonowitsch ... verlassen kann man sich doch nicht auf ihn: er ist doch schon ganz grau und vor Alter recht wackelig geworden. Das beste und wichtigste ist übrigens, daß Seine Exzellenz nichts gesagt hat und die Sache so hat vorübergehen lassen. Das ist gut; das freut mich! Nur, warum mischt sich Andrei Filippowitsch da mit seinem Gelächter hinein? Was kümmert ihn die Sache? Dieser alte Fuchs! Immer ist er mir im Wege; immer sucht er einem einen Strich durch die Rechnung zu machen; immer kommt er einem in die Quere und ist einem hinderlich; immer ist er einem hinderlich und kommt einem in die Quere..."

Herr Goljadkin blickte wieder rings um sich und wurde wieder von neuer Hoffnung belebt. Er fühlte aber doch, daß ihn trotzdem eine ferne Ahnung von Unheil beunruhigte. Es kam ihm sogar der Einfall, sich selbst irgendwie an die Beamten heranzumachen, das Prävenire zu spielen, also etwa beim Herausgehen nach Schluß der Bureaustunden, oder indem er unter dem Vorwande einer geschäftlichen Anfrage an sie heranträte, gesprächsweise Andeutungen in folgender Art zu machen: "So und so, meine Herren, da ist so eine auffällige Ähnlichkeit, ein seltsamer Fall, die reine Komödie," also sich selbst über die ganze Sache lustig zu machen und auf diese Weise die Tiefe der Gefahr zu sondieren. Aber unser Held sagte sich zum Schluß in Gedanken, in einem stillen, tiefen Pfuhl hätten die Teufel ihr Wesen. Übrigens war das bei Herrn Goljadkin nur ein vorübergehender Gedanke; er wurde noch rechtzeitig anderen Sinnes. Er sah ein, daß das so viel hieße, als die Gefahr herausfordern. "Das liegt nun einmal in deinem Charakter," sagte er zu sich selbst und klopfte sich leicht mit der Hand gegen die Stirn;

"gleich bist du wieder fröhlich und treibst Mutwillen! Du bist eine biedere Seele! Nein, jetzt ist es schon das beste zu warten, Jakow Petrowitsch; jetzt wollen wir uns gedulden und warten!" Nichtsdestoweniger war Herr Goljadkin, wie wir bereits erwähnt haben, wieder hoffnungsvoll und hatte ein Gefühl, als ob er von den Toten auferstanden wäre. "Es macht sich," dachte er; "es ist mir, wie wenn mir eine Zentnerlast von der Brust gefallen wäre! Nein, so ein Erlebnis! "Das Kästchen war nur einfach aufzuklappen". Krylow hat recht ... Krylow hat recht; dieser Krylow ist ein Fuchs, ein Schlaukopf und ein großer Fabeldichter! Aber was diesen Menschen anlangt, so mag er meinetwegen hier amtieren, und möge es ihm wohl bekommen, wenn er nur niemandem in die Quere kommt und mit niemandem Streit anfängt; mag er hier amtieren, ich habe nichts dagegen, ich bin einverstanden!"

Unterdessen verging die Zeit wie im Fluge, und ehe Herr Goljadkin sich dessen versah, schlug es vier. DieAmtsstunden waren zu Ende; Andrei Filippowitsch griff nach seinem Hute, und alle folgten wie üblich seinem Beispiele. Herr Goljadkin blieb unter dem Vorwande eines notwendigen Bedürfnisses noch eine kleine Weile zurück und ging absichtlich erst nach allen andern, als letzter, weg, als sich bereits alle nach verschiedenen Richtungen verteilt hatten. Als er auf die Straße hinaustrat, fühlte er sich wie im Paradiese, so daß bei ihm sogar der Wunsch rege wurde, einen Umweg zu machen und eine Strecke auf dem Newski-Prospekte zu gehen. "So geht es in der Welt!" sagte unser Held. "Ein unerwarteter Umschwung der ganzen Sache! Auch das Wetter hat sich aufgeklärt; Kälte und Schlittenfahrt. Und die Kälte taugt für den Russen; der Russe verträgt sich mit der Kälte prächtig. Ich liebe den Russen. Auch ein bißchen Schnee ist da, der erste Spurschnee, wie ein Jäger sagen würde; da müßte man im ersten Spurschnee auf die Hasenjagd gehen! Ei weih! Na, wenn's nicht ist, so schadet's auch nichts!"

So gab Herr Goljadkin seinem Entzücken Ausdruck; aber dabei hatte er doch immer noch ein kitzelndes Gefühl im Kopfe, das mit Kummer Ähnlichkeit hatte, und manchmal verspürte er am Herzen ein Saugen, gegen das er kein Linderungsmittel wußte. "Übrigens, wir wollen noch einen Tag warten und uns dann erst freuen. Was ist denn eigentlich los? Na, wir wollen die Sache überlegen, die Sache ansehen. Na, also laß uns einmal überlegen, mein junger Freund, laß uns einmal überlegen! Also da ist ein ebensolcher Mensch wie du, ein ganz ebensolcher. Na, was hat es damit auf sich? Wenn ein solcher Mensch da ist, brauche ich darüber zu weinen? Was geht es mich an? Ich habe damit nichts zu schaffen; ich pfeife darauf, Punktum! Er ist nun einmal da, Punktum! Mag er amtieren! Na, da wird nun gesagt, das sei ein Wunder und eine Seltsamkeit wie die siamesischen Zwillinge... Na, was sollen dabei die Siamesen? Allerdings, die sind Zwillinge; aber auch große Männer haben manchmal ihre Wunderlichkeiten gehabt. Es ist sogar aus der Geschichte bekannt, daß der berühmte Suworow wie ein Hahn krähte... Na, das tat er alles aus Politik; auch große Feldherrn ... aber was sollen hier die Feldherrn? Ich bin ein gewöhnlicher Mensch und weiter nichts und will niemanden kennen und verachte im Gefühle meiner Unschuld den Feind. Ich bin kein Intrigant und bin stolz darauf. Mein Charakter ist rein, aufrichtig, anständig, freundlich, sanft..."

Plötzlich verstummte Herr Goljadkin, brach ab und zitterte wie ein Blatt; ja, er schloß sogar für einen Augenblick die Augen. Da er jedoch hoffte, daß der Gegenstand seiner Furcht einfach eine Augentäuschung sei, so öffnete er schließlich die Augen wieder und schielte schüchtern nach rechts. Nein, es war keine Augentäuschung!... Neben ihm trippelte sein Bekannter vom Vormittag, lächelte, schaute ihm ins Gesicht und wartete, wie es schien, auf eine Gelegenheit, um ein Gespräch anzufangen. Es kam jedoch nicht dazu. Auf diese Art gingen sie beide etwa fünfzig Schritte. Herrn Goljadkins ganzes Bemühen ging dahin, sich möglichst fest in seinen Mantel einzuhüllen, sich möglichst tief in ihn zu vergraben und den Hut so weit als nur irgend möglich auf die Augen herabzuziehen. Um die Beleidigung vollständig zu machen, waren auch der Mantel und der Hut seines Freundes genau von derselben Art wie diejenigen, die Herr Goljadkin auf den Schultern und auf dem Kopfe trug.

"Mein Herr," sagte unser Held endlich, indem er sich bemühte, fast im Flüstertone zu sprechen, und seinen Freund nicht ansah, "es scheint, daß wir verschiedene Wege haben ... Ich bin sogar überzeugt davon," sagte er, nachdem er einen Augenblick geschwiegen hatte. "Ich bin auch überzeugt, daß Sie mich vollständig verstanden haben," fügte er zum Schluß in ziemlich strengem Tone hinzu.

"Ich möchte gern ..." erwiderte endlich Herrn Goljadkins Freund, "ich möchte gern ... ich hoffe, Sie werden mich großmütig entschuldigen ... ich weiß nicht, an wen ich mich hier wenden soll ... meine Umstände ... ich hoffe, Sie werden meine Dreistigkeit verzeihen ... es schien mir sogar, als ob Sie heute morgen, von Mitleid bewegt, an mir Anteil nahmen. Ich meinerseits habe mich gleich beim ersten Blick zu Ihnen hingezogen gefühlt; ich ..." Hier wünschte Herr Goljadkin in Gedanken, sein neuer Kollege möchte in die Erde versinken.

"Wenn ich wagen könnte zu hoffen, daß Sie, Jakow Petrowitsch, mir gütiges Gehör schenken würden ..."

"Wir ... wir sind hier nicht ungestört. Wir ... wollen lieber in meine Wohnung gehen," versetzte Herr Goljadkin. "Wir wollen jetzt auf die andre Seite des Newski hinübergehen; dort werden wir beide bequemer gehen können. Und dann wollen wir eine Seitengasse einschlagen ... das wird das beste sein."

"Schön. Schlagen wir die Seitengasse ein, wenn es Ihnen so gefällig ist!" erwiderte Herrn Goljadkins demütiger Gefährte schüchtern, wie wenn er durch den Ton seiner Antwort zum Ausdruck bringen wollte, daß er nicht wählerisch sein dürfe und in seiner Lage bereit sei, sich auch mit einer Seitengasse zu begnügen. Was Herrn Goljadkin anlangt, so begriff er gar nicht, was mit ihm vorging. Er traute seinen eigenen Sinnen nicht. Er war von seinem Erstaunen noch nicht wieder zu sich gekommen.

7. Kapitel

Erst auf der Treppe und vor der Eingangstür zu seiner Wohnung gewann er einigermaßen seine Fassung wieder. "Ach, ich Schafskopf!" schimpfte er sich selbst in Gedanken; "wohin führe ich ihn nun? Ich stecke selbst den Kopf in die Schlinge. Was wird Petruschka denken, wenn er uns zusammen sieht? Was wird dieser Halunke sich jetzt zu denken erdreisten? Und er ist so argwöhnisch ..." Aber zur Reue war es bereits zu spät; Herr Goljadkin klopfte, die Tür öffnete sich, und Petruschka nahm dem Gaste und dem Hausherrn die Mäntel ab. Herr Goljadkin warf aus dem Augenwinkel flüchtige Blicke nach Petruschka und bemühte sich, seine Miene zu ergründen und seine Gedanken daraus zu erraten. Aber zu seinem größten Erstaunen sah er, daß sein Diener gar nicht daran dachte, sich zu wundern, sondern im Gegenteil so etwas erwartet zu haben schien. Allerdings machte er auch jetzt ein Gesicht wie ein Wolf, schielte zur Seite hin und tat, als ob er jemand fressen wollte. "Hat sie denn heute alle jemand behext?" dachte unser Held. "Es ist, als ob ein Dämon herumgegangen wäre! Es muß unbedingt mit dem ganzen Volke heute etwas Besonderes los sein. Hol's der Teufel, was ist das für ein qualvoller Zustand!" Während Herr Goljadkin dergleichen dachte und überlegte, führte er den Gast zu sich ins Zimmer und forderte ihn höflich auf, Platz zu nehmen. Der Gast befand sich anscheinend in äußerster Verlegenheit; er war sehr schüchtern, verfolgte unterwürfig alle Bewegungen seines Wirtes, haschte nach seinen Blicken und bemühte sich, wie es schien, aus diesen zu entnehmen, was derselbe denke. Eine gewisse Gedrücktheit, Niedergeschlagenheit und Ängstlichkeit kam in allen seinen Gebärden zum Ausdruck, so daß er, wenn der Vergleich gestattet ist, in diesem Augenblicke große Ähnlichkeit mit einem Menschen hatte, der aus Mangel an eigenen Kleidern fremde angezogen hat: die Ärmel rutschen hinauf; die Taille sitzt beinah im Genick, und er schiebt alle Augenblicke die kurze Weste auf seinem Leibe zurecht; bald windet und dreht er sich rechts und links, bald sucht er sich irgendwo zu verstecken, bald sieht er allen in die Augen und horcht, ob die Leute nicht von seiner Situation sprechen, sich über ihn lustig machen, sich seiner schämen, – er errötet und wird fassungslos, und sein Ehrgefühl leidet schwer ... Herr Goljadkin hatte seinen Hut auf das Fensterbrett gestellt; durch eine unvorsichtige Bewegung fiel der Hut auf den Boden. Der Gast stürzte sofort hin, um ihn aufzuheben, reinigte ihn sorgsam vom Staube und stellte ihn vorsichtig auf den früheren Platz; seinen eigenen aber stellte er auf den Fußboden, neben den Stuhl, auf dessen äußerstem Rande er demütig Platz genommen hatte. Dieser geringfügige Vorgang öffnete Herrn Goljadkin einigermaßen die Augen; er sah nun ein, daß der andere ihn sehr nötig hatte, und zerbrach sich daher nicht mehr den Kopf darüber, wie er mit seinem Gaste ein Gespräch anfangen solle, sondern überließ, wie es sich gebührte, alles diesem selbst. Aber der Gast seinerseits fing nicht an zu reden; ob er zu schüchtern war oder sich ein wenig schämte oder aus Höflichkeit darauf wartete, daß der Wirt den Anfang mache, blieb dahingestellt und war schwer zu entscheiden. In diesem Augenblicke kam Petruschka herein, blieb in der Tür stehen und blickte nach derjenigen Seite hin, die der, wo sich sein Herr und der Gast befanden, ganz entgegengesetzt war.

"Befehlen Sie, daß ich zwei Portionen Mittagessen hole?" fragte er mit seiner heiseren Stimme in nachlässigem Tone.

"Ich ... ich weiß nicht ... Sie ... ja, hole zwei Portionen, mein Lieber!"

Petruschka ging weg. Herr Goljadkin sah seinen Gast an. Der Gast errötete bis über die Ohren. Herr Goljadkin war ein gutmütiger Mensch und legte sich daher in der Güte seines Herzens sogleich eine Anschauung zurecht:

"Er ist ein armer Mensch", dachte er, "und erst einen Tag in seiner Stelle; wahrscheinlich hat er vorher viel leiden müssen; nur gut, daß er einen anständigen Anzug besitzt; aber Geld zum Mittagessen wird er nicht haben. Ach mein Gott, wie niedergeschlagen er aussieht! Na, das schadet nichts: das hat sogar sein Gutes ..." – "Verzeihen Sie, daß ich ..." begann Herr Goljadkin, "gestatten Sie übrigens die Frage, wie ich Sie nennen darf!"

"Ich ... ich ... heiße Jakow Petrowitsch," erwiderte der Gast fast flüsternd, als wenn er sich schämte und um Verzeihung dafür bäte, daß er ebenfalls Jakow Petrowitsch heiße.

"Jakow Petrowitsch," wiederholte unser Held, der nicht imstande war, seine Aufregung zu verbergen.

"Ja, ganz richtig ... Ich bin Ihr Namensvetter," antwortete Herrn Goljadkins demütiger Gast, indem er sich dazu aufraffte, zu lächeln und in scherzendem Tone zu reden. Aber er fiel sogleich in seine unterwürfige Haltung wieder zurück, als er die sehr ernste und etwas bestürzte Miene seines Wirtes wahrnahm und merkte, daß dieser jetzt zu Scherzen nicht aufgelegt sei.

"Gestatten ... gestatten Sie mir die Frage, welchem Umstande ich die Ehre zu verdanken habe ..."

"Da ich Ihre Großmut und Wohltätigkeit kenne," unterbrach ihn der Gast schnell, aber in schüchternem Tone, indem er sich ein wenig von seinem Stuhle erhob, "so habe ich es gewagt, mich an Sie zu wenden und Sie um Ihre ... um Ihre Bekanntschaft und Gönnerschaft zu bitten ..." schloß der Gast, der es schwierig fand sich auszudrücken und nach Worten suchte, die einerseits nicht zu schmeichlerisch und unterwürfig klängen, um nicht sein eigenes Ehrgefühl zu verletzen, andrerseits aber auch nicht zu kühn wären und ungehörigerweise den Anspruch auf Gleichstellung erhöben. Im allgemeinen konnte man sagen, daß Herrn Goljadkins Gast sich wie ein Bettler aus gutem Stande in einem geflickten Frack und mit einem ordnungsmäßigen Paß in der Tasche benahm, der noch keine Übung darin gewonnen hat, wie es sich gehört, die Hand auszustrecken.

"Sie setzen mich in Verlegenheit," erwiderte Herr Goljadkin, indem er sich selbst, seine Wände und den Gast betrachtete; "womit könnte ich denn ... das heißt, ich will sagen, in welcher Beziehung kann ich Ihnen eigentlich mit irgend etwas dienen?"

"Ich habe mich gleich beim ersten Blick zu Ihnen hingezogen gefühlt, Jakow Petrowitsch, und habe (verzeihen Sie mir großmütig!) meine Hoffnung auf Sie gesetzt ... habe gewagt, meine Hoffnung auf Sie zu setzen, Jakow Petrowitsch. Ich ... ich fühle mich hier ganz wie verloren, Jakow Petrowitsch; ich bin arm, habe sehr viel gelitten, Jakow Petrowitsch, und bin hier noch neu. Da ich erfahren hatte, daß Sie zu den Ihnen angeborenen vortrefflichen Eigenschaften Ihrer schönen Seele auch noch mit mir denselben Namen führen ..."

Herr Goljadkin runzelte die Stirn.

"... auch noch mit mir denselben Namen führen und mit mir aus demselben Orte stammen, so entschloß ich mich, mich an Sie zu wenden und Ihnen meine schwierige Lage vorzutragen."

"Gut, gut, ich weiß wirklich nicht, was ich Ihnen darauf erwidern soll," antwortete Herr Goljadkin verlegen. Wissen Sie, wir wollen nach Tische darüber reden ..."

Der Gast verbeugte sich; das Mittagessen wurde gebracht. Petruschka stellte alles in Ordnung auf den Tisch, und Gast und Wirt schickten sich an, sich zu sättigen. Das Essen dauerte nicht lange, denn sie beeilten sich: der Wirt, weil er sich unbehaglich fühlte und sich außerdem über das schlechte Mittagessen schämte (er schämte sich zum Teil deswegen, weil er den Gast gern gut bewirtet hätte, teils deswegen, weil er zu zeigen wünschte, daß er nicht wie ein Bettler lebe), und der Gast seinerseits, weil er sich in schrecklicher Verwirrung und äußerster Verlegenheit befand. Nachdem er einmal Brot genommen und seine Schnitte aufgegessen hatte, scheute er sich, die Hand nach einer zweiten Schnitte auszustrecken; er genierte sich, von den Speisen ein besseres Stückchen zu nehmen, und versicherte alle Augenblicke, er sei gar nicht hungrig, das Mittagessen sei vorzüglich, er für seine Person sei völlig zufrieden und werde bis zum Grabe daran denken. Als das Essen zu Ende war, zündete Herr Goljadkin sich seine Pfeife an und offerierte die andere, die er sich für Freundesbesuch hielt, dem Gaste; beide setzten sich einander gegenüber, und der Gast begann seine Erlebnisse zu erzählen.

Die Erzählung des jüngeren Herrn Goljadkin dauerte drei oder vier Stunden. Die Geschichte seiner Erlebnisse setzte sich übrigens aus den unbedeutendsten und, wenn man sich so ausdrücken kann, miserabelsten Einzelheiten zusammen. Es handelte sich dabei um amtliche Tätigkeit irgendwo bei einem Gerichte, bei einer Gouvernementsregierung; um Staatsanwälte und Präsidenten; um irgendwelche Bureau-Intrigen; um die Schändlichkeit eines Tischvorstehers; um einen Revisor; um einen plötzlichen Wechsel der Person des Chefs; darum, daß Herr Goljadkin der zweite ganz unschuldig hatte leiden müssen; um seine alte Tante Pelageja Semjonowna; darum, daß er infolge verschiedener Intrigen seiner Feinde seine Stelle verloren hatte und zu Fuß nach Petersburg gewandert war; darum, daß er hier in Petersburg viel Not und Elend durchgemacht, lange erfolglos eine Stelle gesucht, sich auf das kümmerlichste beholfen, beinah auf der Straße gewohnt, altes, vertrocknetes Brot gegessen und dazu seine

Tränen geschluckt, auf dem nackten Fußboden geschlafen hatte, und daß endlich irgendein guter Mensch es übernommen hatte, für ihn zu sorgen, ihn empfohlen und ihm großmütig seine jetzige Stellung verschafft hatte. Herrn Goljadkins Gast weinte bei dieser Erzählung und trocknete sich die Tränen mit einem blaukarierten Taschentuche ab, das große Ähnlichkeit mit Wachstuch hatte. Er schloß damit, daß er Herrn Goljadkin seine derzeitige Lage mit völliger Offenheit darlegte und ihm gestand, daß er kein Geld habe, um davon in nächster Zeit zu leben und sich anständig einzurichten, ja nicht einmal um sich ordentlich zu equipieren. Er fügte noch hinzu, er könne nicht einmal das Geld für Stiefel auftreiben, und die Uniform habe er sich von jemand auf kurze Zeit geliehen.

Herr Goljadkin war gerührt und fühlte aufrichtiges Mitleid. Obgleich die Geschichte seines Gastes eine so öde Geschichte war, fielen alle Worte derselben auf sein Herz wie himmlisches Manna. Die Sache war die, daß Herr Goljadkin nun seine letzten Zweifel vergaß, sein Herz wieder dem Gefühl der Freiheit und der Freude überließ und sich schließlich im stillen selbst einen Dummkopf schalt. Alles war so natürlich! Was hatte er da für Anlaß sich zu grämen und zu beunruhigen? Nun ja, es war da tatsächlich ein kitzlicher Punkt vorhanden, gewiß; aber das war ja kein Unglück: das konnte einen Menschen nicht in Unehre bringen, seinen Ruf nicht beflecken, ihm seine Karriere nicht verderben, wenn doch der betreffende Mensch keine Schuld trug, sondern die Natur selbst die Hand im Spiele hatte. Außerdem bat der Gast um seine Protektion; der Gast weinte; der Gast klagte das Schicksal an; er schien so harmlos zu sein, so ohne Bosheit und Falsch, ein kläglicher, unbedeutender Mensch, und wie es schien, schämte er sich jetzt selbst, obgleich vielleicht in anderer Hinsicht, über die seltsame Ähnlichkeit seines Gesichtes mit dem seines Wirtes. Er benahm sich auf die denkbar beste Weise, bemühte sich eifrig, seinem Wirte alles zu dank zu machen, und zwar wie jemand, der von Gewissensbissen gequält wird und fühlt, daß er sich dem andern gegenüber schuldig gemacht hat. Wenn z. B. die Rede auf irgendeinen zweifelhaften Punkt kam, so stimmte der Gast sogleich Herrn Goljadkins Meinung zu. Wenn er durch ein Versehen mit seiner Meinung irgendwie in Gegensatz zu Herrn

Goljadkin geriet und dann bemerkte, daß er vom richtigen Wege abgekommen war, so korrigierte er das, was er gesagt hatte, sofort, interpretierte es und gab unverzüglich zu verstehen, daß er alles genau in derselben Weise beurteile wie sein Wirt, ebenso denke wie dieser und alles mit ganz denselben Augen ansehe wie dieser. Kurz, der Gast machte alle möglichen Anstrengungen, um sich Herrn Goljadkins Wohlwollen zu erwerben, so daß dieser schließlich zu der Ansicht gelangte, sein Gast sei in jeder Hinsicht ein sehr liebenswürdiger Mensch. Inzwischen wurde Tee gebracht; es war zwischen acht und neun Uhr. Herr Goljadkin fühlte sich in vortrefflicher Stimmung; er war heiter geworden, machte Scherze, ging ein wenig aus sich heraus und ließ sich endlich in ein sehr lebhaftes, angeregtes Gespräch mit seinem Gaste ein. Herr Goljadkin liebte es, wenn er guter Laune war, manchmal etwas Unterhaltendes zu erzählen. Das tat er auch jetzt: er erzählte seinem Gaste viel von der Residenz, von ihren Vergnügungen und Schönheiten, vom Theater, von den Klubs, von dem Brülowschen Gemälde, daß zwei Engländer expreß aus England nach Petersburg gekommen seien, um das Gitter des Sommergartens zu besehen, und sogleich wieder zurückgefahren seien, vom Dienste, von Olsufi Iwanowitsch und von Andrei Filippowitsch, daß sich Rußland von Stunde zu Stunde mehr der Vollkommenheit nähere, und daß jetzt hier die schönen Wissenschaften in Blüte ständen, von einer Anekdote, die er kürzlich in der "Nordischen Biene" gelesen hatte, und daß es in Indien eine ganz außerordentlich starke Riesenschlange gebe, zuletzt von dem Baron Brambäus usw. usw. Kurz, Herr Goljadkin war völlig zufrieden, erstens weil er ganz beruhigt war, zweitens weil er seine Feinde nicht nur nicht mehr fürchtete, sondern sogar bereit war, sie jetzt alle zum Entscheidungskampfe herauszufordern, drittens weil er jetzt selbst in eigener Person jemandes Protektor geworden war, und schließlich weil er ein gutes Werk tat. Er war sich übrigens innerlich bewußt, daß er in diesem Augenblicke noch nicht ganz glücklich war, daß in ihm noch ein Wurm saß, wenn auch nur ein ganz kleiner, der auch jetzt noch sein Herz quälte. Die Erinnerung an den gestrigen Abend bei Olsufi Iwanowitsch war ihm äußerst peinlich. Er hätte jetzt viel darum gegeben, wenn manches von dem, was gestern geschehen war, nicht geschehen wäre. "Indessen es hat ja nicht viel zu bedeuten!" sagte unser Held sich schließlich und nahm sich im stillen fest vor, sich künftig gut zu führen und ähnliche Fehler nicht wieder zu begehen. Da Herr Goljadkin jetzt sehr gut gelaunt war und sich auf einmal fast völlig glücklich fühlte, so kam er sogar auf den Einfall, das Leben zu genießen. Petruschka mußte Rum bringen, und es wurde ein Punsch gebraut. Gast und Wirt leerten jeder ein Glas und ein zweites. Der Gast benahm sich noch liebenswürdiger als vorher und gab viele Beweise seiner Aufrichtigkeit und seines trefflichen Charakters; er ging kräftig auf Herrn Goljadkins vergnügte Stimmung ein, schien sich nur über dessen Freude zu freuen und blickte ihn wie seinen wahren und einzigen Wohltäter an. Eine Feder und ein Blättchen Papier ergreifend, bat er Herrn Goljadkin nicht zuzusehen, was er schreiben werde, und zeigte dann, als er fertig war, selbst seinem Wirte alles, was er geschrieben hatte. Es ergab sich, daß es eine vierzeilige Strophe war, von sehr gefühlvollem Inhalt, in schönem Stil und mit guter Handschrift geschrieben und augenscheinlich von dem liebenswürdigen Gaste selbst verfaßt. Die Verse lauteten:

"Solltest je du mein vergessen,
Niemals doch vergeß ich dein;
Viel begibt sich wohl im Leben,
Doch vergiß auch du nicht mein!"

Mit Tränen in den Augen umarmte Herr Goljadkin seinen Gast, und nachdem er seinen Gefühlen völlig freien Lauf gelassen hatte, weihte er selbst seinen Gast in mehrere seiner Geheimnisse ein, wobei Andrei Filippowitsch und Klara Olsufjewna die Hauptthemata waren. "Na, du und ich, wir passen zusammen, Jakow Petrowitsch," sagte unser Held zu seinem Gaste; "wir beide, Jakow Petrowitsch, wollen leben wie die Fische im Wasser, wie zwei leibliche Brüder; wir wollen List anwenden, Freundchen, wollen zusammen List anwenden; wir wollen unsererseits eine Intrige gegen sie einfädeln ... gegen sie eine Intrige einfädeln. Aber von denen vertraue du dich niemandem an! Ich kenne dich ja, Jakow Petrowitsch, und verstehe deinen Charakter; du erzählst einem gleich alles; du bist eine redliche Seele! Halte dich von denen allen fern, Bruder!" Der Gast war damit völlig einverstanden, dankte Herrn Goljadkin und vergoß zuletzt ebenfalls Tränen. "Weißt du was, lieber Jakow," sagte Herr Goljadkin mit leiser, zitternder Stimme, "zieh für einige Zeit zu mir, oder auch für immer! Wir passen zusammen. Wie denkst du darüber, Bruder? Rege dich nicht darüber auf und murre nicht darüber, daß zwischen uns jetzt ein so sonderbares Verhältnis besteht; zu murren ist Sünde, Bruder; die Natur hat es so gewollt. Und Mutter Natur ist freigebig; ja, so ist es, Bruder Jakow! Ich sage das, weil ich dich liebe, dich brüderlich liebe. Aber wir beide, lieber Jakow, wollen mit List verfahren und unsererseits Minen anlegen und es ihnen gehörig besorgen." Von dem Punsche waren schließlich drei, ja vier Gläser auf jeden der beiden gekommen, und nun wurde sich Herr Goljadkin zweier Empfindungen bewußt: der einen, daß er außerordentlich glücklich sei, und der andern, daß er nicht mehr auf den Beinen stehen könne. Der Gast wurde selbstverständlich eingeladen, dort zu übernachten. Ein Bett wurde, so gut es ging, aus zwei Reihen von Stühlen zusammengestellt. Herr Goljadkin der jüngere sprach den Gedanken aus, daß man unter einem befreundeten Dache selbst auf dem nackten Fußboden sanft schlafe; er jedenfalls werde, wo es sich auch träfe, mit Ergebenheit und Dankbarkeit schlafen; jetzt fühle er sich wie im Paradiese; er schloß mit der Bemerkung, er habe in seinem Leben viel Unglück und Leid zu ertragen gehabt; alles habe er ruhig hingenommen und geduldig ausgehalten, und wer kenne die Zukunft? Vielleicht werde er noch mehr zu leiden haben. Herr Goljadkin der ältere machte dagegen Einwendungen und wies darauf hin, daß man all seine Hoffnung auf Gott setzen müsse. Der Gast stimmte ihm völlig bei und sagte, daß natürlich niemand so gut und mächtig sei wie Gott. Hier bemerkte Herr Goljadkin der ältere, daß die Türken in gewisser Hinsicht recht daran täten, den Namen Gottes sogar im Schlafe anzurufen. Darauf äußerte er, er sei mit manchen Gelehrten nicht einverstanden, die gegen den türkischen Propheten Mohammed allerlei Verleumdungen vorbrächten, erkannte ihn als einen großen Politiker in seiner Art an und ging dann zu einer sehr interessanten Beschreibung einer Barbierstube in Algier über, von der er in einem Büchelchen unter "Allerlei" gelesen hatte. Der Gast und der Wirt lachten herzlich über die Einfalt der Türken, konnten aber nicht umhin, ihren durch das Opium hervorgerufenen Fanatismus zu bewundern ... Der Gast begann endlich sich zu entkleiden, und Herr Goljadkin ging hinaus hinter die Scheidewand, zum Teil aus Gutherzigkeit, um den Gast, der vielleicht kein anständiges Hemd anhabe, nicht in Verlegenheit zu setzen, da er ohnehin schon genug gelitten habe, und zum andern Teil um sich nach Möglichkeit Petruschkas zu vergewissern, ihn zu sondieren und ihn wenn möglich durch freundliche Worte aufzuheitern, damit alle glücklich waren und keine Spur von Verstimmung zurückbliebe. Es muß bemerkt werden, daß Herr Goljadkin sich immer noch ein wenig über Petruschka beunruhigte.

"Lege dich jetzt schlafen, Petruschka!" sagte Herr Goljadkin sanft, indem er in die Abteilung seines Dieners hereintrat. "Lege dich jetzt schlafen, und morgen um acht Uhr wecke mich! Hörst du, Petruschka?"

Herr Goljadkin sprach in außerordentlich mildem, freundlichem Tone. Aber Petruschka schwieg. Er war in diesem Augenblick damit beschäftigt, sein Bett zu machen, und wendete sich nicht einmal zu seinem Herrn um, was er doch schon aus Respekt gegen ihn hätte tun müssen.

"Hast du gehört, was ich sage, Petruschka?" fuhr Herr Goljadkin fort. "Lege dich jetzt schlafen, und morgen, Petruschka, wecke mich um acht Uhr; verstehst du?"

"Ich werde schon daran denken; große Sache!" brummte Petruschka vor sich hin.

"Nun, nun, Petruschka; ich sage das ja nur so, damit auch du ruhig und glücklich sein kannst. Siehst du, wir sind jetzt alle glücklich; da möchte ich, daß auch du ruhig und glücklich wärest. Jetzt aber wünsche ich dir Gute Nacht. Schlaf dich aus, Petruschka, schlaf dich aus: es hat ein jeder von uns seine Mühe und Arbeit ... Und weißt du, lieber Freund, mach dir keine Gedanken darüber, daß ..."

Herr Goljadkin hatte den Satz angefangen, hielt dann aber inne. "Sage ich auch nicht zu viel?" dachte er. "Fordere ich auch nicht die Gefahr heraus? So mache ich das immer; ich gehe immer zu weit." Unser Held ging, sehr unzufrieden mit sich selbst, aus Petruschkas Raume hinaus. Außerdem fühlte er sich durch Petruschkas Respektlosigkeit und Grobheit etwas beleidigt. "Man redet freundlich mit einem solchen Halunken, der Herr erweist ihm eine Ehre, und er hat kein Gefühl dafür," dachte Herr Goljadkin. "Übrigens findet man diese gemeine Gesinnung bei dieser ganzen Menschenklasse!" Etwas schwankend kehrte er in das Zimmer zurück, und da er sah, daß sein Gast sich schon vollständig hingelegt hatte, setzte er sich für einen Augenblick zu ihm auf das Bett. "Aber das mußt du doch bekennen, lieber Jakow" begann er flüsternd und mit dem Kopfe wackelnd, "du hast dich doch mir gegenüber vergangen, du schändlicher Mensch! Weißt du, Namensvetter, du hast doch ... hm ..." fuhr er in familiärem, scherzendem Tone fort. Nachdem er endlich freundschaftlich seinem Gaste Gute Nacht gesagt hatte, schickte sich Herr Goljadkin an, schlafen zu gehen. Der Gast schnarchte unterdessen schon. Herr Goljadkin seinerseits begann sich ins Bett zu legen und flüsterte dabei lächelnd vor sich hin: "Du bist heute betrunken, mein Täubchen, Jakow Petrowitsch, du Lump, du armer Schlucker; daß du ein armer Schlucker bist, besagt ja schon dein Familienname!! Na, worüber freust du dich denn? Morgen wirst du ja weinen, du Plärrliese! Was soll ich mit dir anfangen?" Nun aber machte sich eine recht sonderbare Empfindung in Herrn Goljadkins ganzem Wesen geltend, etwas, was mit Zweifel oder Reue Ähnlichkeit hatte. "Ich habe des Guten zuviel getan," dachte er; "nun brummt mir der Kopf, und ich bin betrunken; und du hast dich nicht beherrschen können, du Dummkopf! Was hast du für einen Haufen dummes Zeug zusammengeschwatzt, und dabei möchtest du noch intrigieren, du Halunke! Allerdings ist Beleidigungen zu verzeihen und zu vergessen die erste Tugend; aber die Sache steht doch schlecht! Ja, so ist das!" Hier stand Herr Goljadkin auf, nahm das Licht und ging auf den Zehen noch einmal hin, um seinen schlafenden Gast zu betrachten. Lange stand er in tiefem Nachdenken über ihn gebeugt da. "Ein unangenehmes Bild! Der reine Spott, der reine Spott; das steht fest!"

Endlich legte sich Herr Goljadkin definitiv schlafen. In seinem Kopfe brummte, sauste und summte es. Das Bewußtsein schwand ihm ... Er machte Anstrengungen, an etwas zu denken, sich an etwas sehr Interessantes zu erinnern, eine sehr wichtige, heikle Frage zu lösen; aber er konnte es nicht. Der Schlummer senkte sich auf sein armes Haupt herab, und er schlief ein, wie gewöhnlich Leute einschlafen, die nicht gewohnt sind, bei einem freundschaftlichen abendlichen Zusammensein fünf Gläser Punsch zu trinken.

8. Kapitel

Wie gewöhnlich erwachte Herr Goljadkin am andern Tage um acht Uhr; nachdem er erwacht war, erinnerte er sich sogleich an alle Ereignisse des gestrigen Abends; bei dieser Erinnerung runzelte er die Stirn. "Wie ein rechter Dummkopf habe ich mich gestern benommen!" dachte er, während er sich vom Bett erhob, und blickte nach dem Bette seines Gastes hin. Aber wie groß war sein Erstaunen, als nicht nur der Gast, sondern sogar auch das Bett, auf dem der Gast geschlafen hatte, aus dem Zimmer verschwunden war! "Was stellt das vor?" schrie Herr Goljadkin beinah laut auf. "Wie geht das zu? Was hat jetzt dieses neue Ereignis zu bedeuten?" Während Herr Goljadkin noch verständnislos mit offenem Munde nach dem leeren Fleck hinsah, knarrte die Tür, und Petruschka kam mit dem Teebrett herein. "Wo ist er, wo ist er?" fragte unser Held kaum hörbar und zeigte mit dem Finger nach der Stelle hin, die gestern dem Gaste angewiesen worden war. Petruschka gab zuerst keine Antwort und sah seinen Herrn sogar nicht einmal an, sondern wandte seine Augen nach der Ecke rechts, so daß Herr Goljadkin selbst genötigt war, nach der Ecke rechts hinzublicken. Nach einigem Stillschweigen indes antwortete Petruschka grob mit heiserer Stimme: "Der Herr ist nicht zu Hause."

"Du Dummkopf! Ich bin ja doch dein Herr, Petruschka!" stotterte Herr Goljadkin und sah seinen Diener mit weit geöffneten Augen an.

Petruschka antwortete nichts, blickte aber Herrn Goljadkin so an, daß dieser bis über die Ohren errötete; denn dieser beleidigende, vorwurfsvolle Blick konnte die Stelle eines wirklichen Schimpfwortes vertreten. Herr Goljadkin streckte die Waffen. Endlich erklärte Petruschka, "der andere" sei schon vor anderthalb Stunden weggegangen und habe nicht warten wollen. Diese Antwort klang allerdings wahrscheinlich und glaubwürdig; es war klar, daß Petruschka nicht log, und daß sein beleidigender Blick und der von ihm gebrauchte Ausdruck "der andere" nur eine Folge des ganzen bekannten widerwärtigen Umstandes waren; aber dennoch verstand Herr Goljadkin, wenn auch nur undeutlich, daß da etwas nicht geheuer war, und daß das Schicksal für ihn noch irgendeine nicht ganz angenehme Gabe bereit hielt. "Nun gut, wir werden sehen," dachte er bei sich; "wir werden seinerzeit das alles durchschauen ... Ach, Herr du mein Gott," stöhnte er zum Schlusse in ganz anderem Tone, "warum habe ich ihn eingeladen? Wozu habe ich das getan? Ich stecke ihnen ja selbst meinen Kopf in die Schlinge und ziehe die Schlinge selbst zu! Ach, du Dummkopf, du Dummkopf! Daß du doch auch gar nicht das Maul halten kannst; nein, du mußt dich verplappern wie so ein dummer Junge, wie ein Kanzlist, wie ein Plebejer ohne Rang und Würden, wie ein jämmerlicher Waschlappen, du Schwätzer, du altes Weib!... All ihr Heiligen! Und sogar Verse hat er geschrieben, der Gauner, und mir seine Liebe erklärt! Wie könnte ich nun, hm ... Wie könnte ich nun dem Gauner in anständiger Manier die Tür weisen, wenn er wiederkommt? Es gibt ja da natürlich viele verschiedene Redewendungen und Hilfsmittel. Ich könnte sagen: "So und so, bei meinem geringen Gehalte..."; Oder ich könnte ihm bange machen und sagen: "In Erwägung dieses und dieses Umstandes sehe ich mich genötigt, Ihnen mitzuteilen, daß Sie die Kosten der Wohnung und der Beköstigung zur Hälfte tragen und das Geld im voraus zahlen müssen"; Hm! nein, hol's der Teufel, nein! Das würde meine Ehre beflecken. Das ist nicht recht zartfühlend! Vielleicht könnte ich es so machen: ich könnte Petruschka instruieren, daß er ihn irgendwie ärgern, ihn nachlässig und grob behandeln solle, und ihn mir auf diese Art vom Halse schaffen? Ich müßte sie so zusammenhetzen ... Nein, hol's der Teufel, nein! Das ist gefährlich, und ferner, wenn man es aus einem andern Gesichtspunkte betrachtet ... es ist ganz und gar nicht schön! Ganz und gar nicht schön! Aber wenn er nun nicht wieder herkommt? Auch das wäre übel! Ich habe ihm gestern abend gar zu viel ausgeschwatzt!... Ach, schlimm, schlimm! Ach, wie schlimm steht meine Sache! Ach, ich Dummkopf, ich verdammter Dummkopf! Kannst du nicht lernen, wie du dich benehmen mußt? Kannst du nicht endlich zur Vernunft kommen? Na, wenn er nun aber herkommt und absagt? Ach, gebe Gott, daß er käme! Ich würde sehr froh sein, wenn er käme ..." So überlegte Herr Goljadkin, während er seinen Tee trank und fortwährend nach der Wanduhr blickte. "Jetzt ist es drei Viertel auf neun; nun ist es Zeit zu gehen. Aber was wird nun geschehen? Was wird mir passieren? Ich möchte gern wissen, was sich da eigentlich Besonderes hinter dem Vorhang verbirgt, was für Absichten und Pläne sie haben, und was für Steine sie mir in den Weg werfen wollen. Es wäre gut, wenn ich erfahren könnte, was für ein Ziel eigentlich diese ganze Bande im Auge hat, und welches der erste

Schritt ist, den sie unternehmen wollen ..." Herr Goljadkin konnte es nicht länger aushalten; er warf die noch nicht ausgerauchte Pfeife hin, zog sich an und ging in den Dienst, um womöglich die Gefahr aufzudecken und sich über alles durch seine persönliche Anwesenheit Gewißheit zu verschaffen. Aber Gefahr war vorhanden: das wußte er selbst, daß Gefahr vorhanden war. "Aber auch diese Nuß werden wir schon knacken!" sagte Herr Goljadkin, indem er den Mantel und die Überschuhe im Vorzimmer ablegte; "nun werden wir all diese Dinge sofort durchschauen." Nachdem er in dieser Weise zu handeln beschlossen hatte, machte unser Held seinen Anzug zurecht, nahm eine wohlanständige Dienstmiene an und wollte eben in das anstoßende Zimmer treten, als plötzlich gerade in der Tür sein Bekannter und Freund von gestern mit ihm zusammenstieß. Herr Goljadkin der jüngere schien Herrn Goljadkin den älteren nicht zu bemerken, obwohl sich beinahe ihre Nasen berührten. Herr Goljadkin der jüngere war, wie es schien, sehr beschäftigt, hatte es eilig, irgendwohin zu kommen, und war außer Atem; er hatte eine solche Amts- und Geschäftsmiene, daß, wie es schien, jeder auf seinem Gesichte lesen konnte: "Mit einem besonderen Auftrage betraut ..."

"Ach, Sie sind es, Jakow Petrowitsch!" sagte unser Held und ergriff seinen gestrigen Gast am Arme.

"Später, später! Entschuldigen Sie mich; sagen Sie mir später, was Sie wünschen!" rief Herr Goljadkin der jüngere, indem er vorwärts strebte.

"Aber erlauben Sie, Jakow Petrowitsch; ich meine, Sie wollten ... hm ..."

"Was gibt's denn? Sagen Sie schneller, was Sie wünschen!"

Hier blieb Herrn Goljadkins gestriger Gast, anscheinend nur ungern und mit großem Widerstreben, stehen und hielt sein Ohr Herrn Goljadkin gerade an die Nase.

"Ich muß Ihnen sagen, Jakow Petrowitsch, daß ich über Ihr Benehmen erstaunt bin ... ein Benehmen, wie ich es ja wohl nicht erwarten konnte."

"Alles hat seine gewiesene Form. Melden Sie sich bei dem Sekretär Seiner Exzellenz, und wenden Sie sich dann, wie es in der Ordnung ist, an den Herrn Kanzleivorsteher. Haben Sie eine Bittschrift? ..."

"Sie ... ich weiß gar nicht, Jakow Petrowitsch ... Sie setzen mich einfach in Verwunderung, Jakow Petrowitsch! Sie erkennen mich gewiß nicht, oder Sie machen infolge Ihres angeborenen heiteren Temperamentes einen Scherz."

"Ah, Sie sind es!" erwiderte Herr Goljadkin der jüngere, als wenn er Herrn Goljadkin den älteren eben erst erkannt hätte. "Also Sie sind es? Na also, haben Sie gut geschlafen?"

Hier lächelte Herr Goljadkin der jüngere ein wenig; aber er lächelte in einer amtlichen, förmlichen Manier und durchaus nicht so, wie es sich gehört hätte, da er doch jedenfalls Herrn Goljadkin dem älteren zu Dank verpflichtet war; und nachdem er so in amtlicher, förmlicher Manier gelächelt hatte, fügte er hinzu, er seinerseits freue sich sehr, daß Herr Goljadkin gut geschlafen habe. Dann verbeugte er sich ein wenig, trippelte ein wenig an ein und derselben Stelle umher, blickte nach rechts und nach links, schlug darauf die Augen zu Boden, richtete sie nach der Seitentür, und nachdem er hastig flüsternd bemerkt hatte, er habe einen besonderen Auftrag, schlüpfte er in das Nachbarzimmer und war verschwunden.

"Ist das eine tolle Geschichte! ..." flüsterte unser Held, der einen Augenblick ganz starr war; "ist das eine tolle Geschichte! Was soll das nur vorstellen? ..." Herr Goljadkin hatte ein Gefühl, als ob ihm Ameisen über den ganzen Leib liefen. "Übrigens," fuhr er im stillen fort, während er in sein Dienstlokal ging, "übrigens habe ich so etwas ja schon lange gesagt; ich habe schon lange geahnt, daß er mit besonderen Aufträgen werde betraut werden ... gerade gestern habe ich gesagt, daß er unzweifelhaft ein Mensch sei, den man zu besonderen Aufträgen gebrauchen werde."

"Haben Sie Ihr gestriges Aktenstück fertiggestellt, Jakow Petrowitsch?" fragte Anton Antonowitsch Sjetotschkin Herrn Goljadkin, als dieser sich neben ihn setzte. "Haben Sie es hier?"

"Jawohl," erwiderte Herr Goljadkin flüsternd und sah seinen Tischvorsteher mit etwas verwirrter Miene an.

"Nun gut! Ich erkundige mich deswegen danach, weil Andrei Filippowitsch schon zweimal danach gefragt hat. Seine Exzellenz kann das Aktenstück jeden Augenblick verlangen..."

"Es ist fertig."

"Na, das ist schön!"

"Anton Antonowitsch, ich meine, ich habe meine Pflicht immer ordnungsmäßig erfüllt, und ich freue mich über die Aufträge, die mir von meinen Vorgesetzten erteilt werden, und erledige sie mit aller Sorgfalt."

"Jawohl. Nun, was wollen Sie denn damit sagen?"

"Nichts Besonderes, Anton Antonowitsch. Ich möchte nur bemerken, Anton Antonowitsch, daß ich ... d. h. ich wollte sagen, daß Übelwollen und Neid täglich ihre widerwärtige Nahrung suchen und niemanden verschonen..."

"Entschuldigen Sie, ich verstehe Sie nicht ganz. Das heißt, wen meinen Sie denn mit Ihren Andeutungen?"

"Das heißt, ich wollte nur sagen, Anton Antonowitsch, daß ich meinen geraden Weg gehe und es verachte, Schleichwege zu benutzen, daß ich kein Intrigant bin, und daß ich, wenn anders es mir erlaubt ist, dies auszusprechen, mit gutem Grunde darauf stolz sein darf..."

"Jawohl. Alles ganz richtig, und ich stimme Ihrer Meinung aus voller Überzeugung bei; aber gestatten Sie auch mir, Ihnen zu bemerken, Jakow Petrowitsch, daß persönliche Anzüglichkeiten in guter Gesellschaft nicht erlaubt sind. Was man hinter meinem Rücken von mir sagt, das will ich gern ertragen; denn auf wen wird nicht hinter seinem Rücken geschimpft? Aber ins Gesicht (nehmen Sie es mir nicht übel!) lasse ich mir keine Grobheiten sagen, mein Herr. Ich bin im Staatsdienst grau geworden, mein Herr, und lasse mir auf meine alten Tage keine Grobheiten sagen ..."

"Nein, Anton Antonowitsch, ich ... Sehen Sie doch, Anton Antonowitsch, Sie haben mich, wie es scheint, nicht ganz verstanden, Anton Antonowitsch. Aber ich bitte Sie, Anton Antonowitsch, ich kann es mir meinerseits nur zur Ehre anrechnen ..."

"Nun bitte ich aber, auch mich zu entschuldigen. Ich habe meine Lebensart noch nach der alten Mode gelernt. Nach Ihrer neuen Mode umzulernen, damit ist es für mich zu spät. Für den Dienst des Vaterlandes hat mein Verstand bisher, wie es scheint, ausgereicht. Ich besitze, wie Sie selbst wissen, mein Herr, das Ehrenzeichen für fünfundzwanzigjährige vorwurfsfreie dienstliche Tätigkeit ..."

"Ich empfinde das alles ... ich empfinde das alles meinerseits vollkommen, Anton Antonowitsch. Aber davon redete ich nicht; ich sprach von der Maske, Anton Antonowitsch ..."

"Von der Maske?"

"Das heißt, Sie scheinen wieder ... ich fürchte, daß Sie auch hier wieder den Sinn unrichtig auffassen, das heißt den Sinn meiner Worte, wie Sie selbst sagen, Anton Antonowitsch. Ich behandle nur das Thema, das heißt, ich stelle den Gedanken hin, Anton Antonowitsch, daß die Menschen, die eine Maske tragen, heutzutage recht häufig geworden sind, und daß es jetzt schwer ist, unter der Maske einen Menschen zu erkennen ..."

"Na, wissen Sie, so schwer ist das nun gerade nicht. Manchmal ist es sogar ganz leicht, und manchmal braucht man gar nicht weit zu suchen."

"Nein, wissen Sie, Anton Antonowitsch, ich sage... ich sage von mir selbst, daß ich z. B. eine Maske nur anlege, wenn es nötig ist, d. h. einzig und allein beim Karneval und in fröhlicher Gesellschaft, im eigentlichen Sinne gesprochen, daß ich aber nicht vor den Leuten alle Tage mit einer Maske umherlaufe, in einem andern, übertragenen Sinne gesagt. Das war's, was ich sagen wollte, Anton Antonowitsch."

"Na, wir wollen von dieser ganzen Sache vorläufig abbrechen, und ich für meine Person habe auch keine Zeit mehr," erwiderte Anton Antonowitsch, erhob sich von seinem Platze und suchte einige Aktenstücke zum Vortrage bei Seiner Exzellenz zusammen. "Ihre Angelegenheit wird, wie ich annehme, bald und rechtzeitig zur Klarheit gelangen. Dann werden Sie selbst sehen, gegen wen Sie Ihre Vorwürfe zu richten und wen Sie anzuklagen haben, und deshalb bitte ich Sie ganz ergebenst, mich mit weiteren privaten Erörterungen und Gesprächen, die der dienstlichen Tätigkeit Eintrag tun, zu verschonen..."

"Nein, Anton Antonowitsch," rief Herr Goljadkin, der ein wenig blaß geworden war, dem sich Entfernenden nach, "nein, Anton Antonowitsch, so etwas ist mir nicht in den Sinn gekommen!" – "Was stellt das vor?" fuhr unser Held, nachdem er allein geblieben war, im Selbstgespräche fort; "was weht hier auf einmal für ein Wind, und was bedeutet dieser neue Winkelzug?" In demselben Augenblicke, als unser bestürzter, fassungsloser Held sich anschickte, eine Antwort auf diese neue Frage zu suchen, ließ sich von dem Nachbarzimmer her Geräusch hören, eine Art von geschäftlicher Bewegung wurde wahrnehmbar, die Tür öffnete sich, und Andrei Filippowitsch, der kurz vorher in dienstlicher Angelegenheit in das Arbeitszimmer Seiner Exzellenz gegangen war, erschien atemlos in der Tür und rief Herrn Goljadkin. Dieser, der wußte, um was es sich handelte, und Andrei Filippowitsch nicht warten lassen wollte, sprang von seinem Platze auf, beeilte sich pflichtgemäß aufs äußerste, das verlangte Schriftstück endgültig zurechtzumachen und in Ordnung zu bringen, sowie auch sich selbst instand zu setzen, um sich mit dem Schriftstück und mit Andrei Filippowitsch in das Arbeitszimmer Seiner Exzellenz zu begeben. Auf einmal schlüpfte, beinahe unter Andrei Filippowitschs Armen hindurch, der währenddessen gerade in der Tür stand, Herr Goljadkin der jüngere ins Zimmer, geschäftig, atemlos, amtseifrig, mit wichtiger, streng dienstlicher Miene, und stürzte geradeswegs auf Herrn Goljadkin den älteren los, der auf nichts weniger als auf einen solchen Überfall gefaßt war...

"Die Papiere, Jakow Petrowitsch, die Papiere... Seine Exzellenz hat danach gefragt; haben Sie sie auch in Bereitschaft?" schnatterte der Freund Herrn Goljadkins des älteren halblaut und hastig. "Andrei Filippowitsch wartet auf Sie..."

"Das weiß ich auch ohne Sie, daß er auf mich wartet," erwiderte Herr Goljadkin der ältere ebenfalls eilig und flüsternd.

"Nein, Jakow Petrowitsch, ich bin nicht so; ich bin durchaus nicht so, Jakow Petrowitsch; ich bin Ihnen zugetan, Jakow Petrowitsch, und von herzlicher Teilnahme erfüllt."

"Mit dieser Teilnahme bitte ich Sie ergebenst mich zu verschonen. Erlauben Sie, erlauben Sie..."

"Sie müssen selbstverständlich einen Umschlag herummachen, Jakow Petrowitsch, und bei der dritten Seite ein Lesezeichen einlegen; erlauben Sie, Jakow Petrowitsch..."

"So erlauben Sie doch endlich..."

"Aber da ist ja ein Tintenfleck, Jakow Petrowitsch; haben Sie nicht den Tintenfleck bemerkt?"

Hier rief Andrei Filippowitsch Herrn Goljadkin zum zweiten Male.

"Sofort, Andrei Filippowitsch; ich möchte nur noch einen Augenblick ... es ist hier ... Mein Herr, verstehen Sie nicht Russisch?"

"Das beste wird sein, ihn mit dem Federmesser zu beseitigen, Jakow Petrowitsch; überlassen Sie es lieber mir; rühren Sie ihn lieber nicht selbst an, Jakow Petrowitsch, sondern überlassen Sie es mir! Ich will selbst mit dem Federmesser ..."

Andrei Filippowitsch rief Herrn Goljadkin zum dritten Male.

"Aber ich bitte Sie, wo ist denn da ein Tintenfleck? Soweit ich sehe, ist ja überhaupt keiner da!"

"Und sogar ein gewaltiger Tintenfleck! Da ist er! Da, erlauben Sie, hier habe ich ihn gesehen, da, erlauben Sie mir, Jakow Petrowitsch; ich will ihn hier mit dem Federmesser ... ich tue es aus Teilnahme, Jakow Petrowitsch ... ich will mit dem Federmesser in bester Absicht ... sehen Sie so; es wird sofort erledigt sein ..."

In einem ganz kurzen Kampfe, der zwischen ihnen entstand, überwältigte Herr Goljadkin der jüngere Herrn Goljadkin den älteren und bemächtigte sich dann plötzlich ganz unerwartet ohne weiteres und jedenfalls ganz gegen den Willen seines Gegners des von dem Vorgesetzten verlangten Schriftstückes; statt aber mit dem Federmesser "in bester Absicht" daran zu radieren, wie er Herrn Goljadkin dem älteren lügnerischerweise versichert hatte, rollte er es schnell zusammen, schob es unter den Arm, befand sich in zwei Sprüngen neben Andrei Filippowitsch, der von seinen Kniffen nichts bemerkt hatte, und eilte mit diesem in das Arbeitszimmer des Direktors hinein. Herr Goljadkin der ältere blieb wie angenagelt an seinem Fleck stehen, in der Hand das Federmesser, wie wenn er sich anschickte, etwas damit zu radieren...

Unser Held verstand sein neues Erlebnis noch nicht ganz. Er war noch nicht zur Besinnung gekommen. Er fühlte den Schlag, überlegte aber noch, was dieser zu bedeuten habe. In furchtbarer, unbeschreiblicher Erregung riß er sich endlich von seinem Platze los und stürmte davon, geradeswegs in der Richtung nach dem Arbeitszimmer des Direktors, wobei er unterwegs den Himmel anflehte, daß alles dies sich doch noch gut gestalten und weiter nichts zu bedeuten haben möge... In dem letzten Zimmer vor dem Arbeitszimmer des Direktors rannte er Nase gegen Nase mit Andrei Filippowitsch und seinem Namensvetter zusammen. Diese kamen beide bereits zurück; Herr Goljadkin trat zur Seite. Andrei Filippowitsch redete lächelnd und heiter. Herrn Goljadkins des älteren Namensvetter lächelte ebenfalls, fuchsschwänzelte, trippelte in respektvoller Entfernung von Andrei Filippowitsch einher und flüsterte ihm mit entzückter Miene etwas ins Ohr, worauf Andrei Filippowitsch sehr wohlwollend mit dem Kopfe nickte. Nun verstand unser Held auf einmal die Lage der Dinge. Die Sache war die, daß seine Arbeit (wie er später erfuhr) die Erwartungen Seiner Exzellenz beinah übertroffen hatte und wirklich zum festgesetzten Termine rechtzeitig fertig geworden war. Seine Exzellenz war außerordentlich zufrieden gewesen. Es verlautete sogar, Seine Exzellenz habe Herrn Goljadkin dem jüngeren seinen Dank, seinen warmen Dank ausgesprochen und gesagt, er werde sich bei vorkommender Gelegenheit dessen erinnern und es nicht vergessen ... Natürlich war Herrn Goljadkins erste Regung, Protest einzulegen, mit aller Macht Protest einzulegen, bis an die äußersten Grenzen der Möglichkeit. Fast ohne von sich selbst zu wissen und blaß wie der Tod stürzte er zu Andrei Filippowitsch hin. Aber als dieser hörte, daß es sich um eine Privatsache Herrn Goljadkins handle, weigerte er sich, sie anzuhören, indem er in entschiedenem Tone bemerkte, er habe sogar für seine eigenen notwendigen Angelegenheiten keine freie Minute.

Die Trockenheit des Tones und die Schärfe der Zurückweisung befremdeten Herrn Goljadkin. "Es wird das beste sein, wenn ich die Sache von einer anderen Seite versuche ... ich will lieber zu Anton Antonowitsch gehen." Zu Herrn Goljadkins Unglück war auch Anton Antonowitsch nicht anwesend; auch er war irgendwo anders irgendwie beschäftigt! "Also hat er mich nicht ohne Absicht ersucht, ihn mit Erörterungen und Gesprächen zu verschonen!" dachte unser Held. "Darauf hat er abgezielt, der alte Fuchs! Wenn's so ist, dann muß ich einfach wagen, mich mit meiner Bitte an Seine Exzellenz zu wenden."

Immer noch blaß und mit dem Gefühl, daß sein Kopf sich in arger Verwirrung befinde, und sehr unsicher, wozu er sich eigentlich entschließen solle, setzte sich Herr Goljadkin auf seinen Stuhl. "Es wäre weit besser, wenn die ganze Sache eine harmlose Aufklärung fände," dachte er unaufhörlich für sich. In der Tat, eine derartige dunkle Geschichte ist ganz unglaublich. Erstens ist es dummes Zeug, und zweitens kann es sich gar nicht begeben. Es ist wahrscheinlich nur so eine Einbildung von mir gewesen; oder die Sache hat ganz anders ausgesehen, als sie sich tatsächlich verhielt; oder ich bin gewiß selbst hingegangen ... und habe mich da irgendwie für einen ganz anderen gehalten ... Kurz, es ist eine ganz wunderliche Geschichte."

Gerade in dem Augenblicke, als Herr Goljadkin zu dem Schlusse gelangt war, daß dies eine ganz wunderliche Geschichte sei, kam plötzlich Herr Goljadkin der jüngere ins Zimmer geflogen, mit Akten in beiden Händen und unter dem Arme. Nachdem er im Vorbeigehen ein paar notwendige Worte zu Andrei Filippowitsch gesprochen, mit noch jemandem ein bißchen geredet, einem andern ein paar Liebenswürdigkeiten gesagt und zu noch einem andern einige familiäre Bemerkungen gemacht hatte, schickte Herr Goljadkin der jüngere, der vermutlich keine überflüssige Zeit zu verschwenden hatte, sich anscheinend schon an, das Zimmer zu verlassen; aber zum Glücke für Herrn Goljadkin den älteren blieb er gerade in der Tür stehen und redete im Vorbeigehen mit zwei oder drei zufällig dort stehenden jungen Beamten. Herr Goljadkin der ältere stürzte geradeswegs auf ihn los. Kaum hatte Herr Goljadkin der jüngere dieses Manöver des älteren Herrn Goljadkin bemerkt, als er sofort in größter Unruhe um sich zu schauen begann, wohin er wohl möglichst schnell verschwinden könne. Aber unser Held hatte seinen Gast vom vorhergehenden Tage schon beim Ärmel gefaßt. Die Beamten, die um die beiden Titularräte herumstanden, traten auseinander und warteten neugierig, was nun kommen werde. Der alte Titularrat wußte sehr genau, daß die allgemeine Meinung nicht auf seiner Seite war; er wußte sehr genau, daß gegen ihn intrigiert wurde; um so mehr mußte er jetzt seinen Platz behaupten. Der entscheidende Augenblick war da.

"Nun?" sagte Herr Goljadkin der jüngere, indem er Herrn Goljadkin den älteren ziemlich dreist ansah.

Herr Goljadkin der ältere konnte kaum atmen.

"Ich weiß nicht, mein Herr," begann er, "wie ich mir jetzt Ihr sonderbares Benehmen gegen mich erklären soll."

"Schön! Fahren Sie fort!" Dabei blickte Herr Goljadkin der jüngere rings um sich und blinzelte den Beamten, die um sie herumstanden, zu, wie wenn er ihnen zu verstehen geben wollte, daß jetzt gleich eine Komödie beginnen werde.

"Die Dreistigkeit und Unverschämtheit Ihres Benehmens gegen mich im jetzigen Augenblick dienen noch mehr zu Ihrer Überführung, mein Herr, als alle meine Worte. Hoffen Sie nicht, Ihr Spiel zu gewinnen; Ihr Spiel steht schlecht ..."

"Nun; Jakow Petrowitsch, dann sagen Sie mir doch einmal: wie haben Sie geschlafen?" antwortete Herr Goljadkin der jüngere und blickte Herrn Goljadkin dem älteren dabei gerade in die Augen.

"Sie vergessen sich, mein Herr," sagte der Titularrat ganz verwirrt; er fühlte kaum noch den Boden unter seinen Füßen. "Ich hoffe, daß Sie Ihren Ton ändern werden ..."

"Mein liebes Seelchen!" versetzte Herr Goljadkin der jüngere, indem er Herrn Goljadkin dem älteren eine ungezogene Grimasse schnitt und ihm auf einmal ganz unerwartet in Form einer Liebkosung mit zwei Fingern an die ziemlich fleischige rechte Backe griff. Unser Held fuhr auf wie eine Feuerflamme ... Kaum bemerkte der Freund des älteren Herrn Goljadkin, daß sein Gegner, an allen Gliedern zitternd, sprachlos vor Entrüstung, rot wie ein Krebs und bis zum äußersten gebracht, nahe daran war, sich zu einem physischen Angriff zu entschließen, als er ihm unverzüglich in der unverschämtesten Weise seinerseits zuvorkam. Nachdem er ihm noch ein paarmal auf die Backe geklopft, ihn noch ein paarmal gekitzelt und so den vor Wut Tollen und Regungslosen noch einige Sekunden lang zu nicht geringer Belustigung der umherstehenden jungen Leute geneckt hatte, versetzte Herr Goljadkin der jüngere mit empörender Unverschämtheit zu guter Letzt Herrn Goljadkin dem älteren einige Stüber auf das dralle Bäuchlein und sagte boshaft lächelnd und mit einer versteckten Anspielung zu ihm: "Was machst du für Streiche, Brüderchen Jakow Petrowitsch, was machst du für Streiche! Du hast mir ja vorgeschlagen, wir beide wollten zusammen intrigieren, Jakow Petrowitsch!" Dann, ehe unser Held noch von dem letzten Angriffe ein wenig hatte zu sich kommen können, nahm Herr Goljadkin der jüngere auf einmal, nachdem er die umherstehenden Zuschauer durch ein leises Lächeln darauf vorbereitet hatte, eine sehr geschäftige, eifrige Dienstmiene an, schlug die Augen zur Erde nieder, krümmte sich zusammen, sagte eilig: "In besonderem Auftrage!", schlug mit seinem kurzen Beinchen aus und huschte in das anstoßende Zimmer. Unser Held traute seinen Augen nicht und konnte immer noch nicht recht zur Besinnung kommen.

Endlich gelang es ihm, seine Gedanken wieder zu sammeln. Nachdem es ihm in einem Augenblicke zum Bewußtsein gekommen war, daß er zugrunde gerichtet und in gewissem Sinne vernichtet sei, daß er seine Ehre befleckt und seinen Ruf besudelt habe, daß er in Gegenwart fremder Personen verhöhnt und verspottet sei, daß ihn verräterischerweise derjenige beschimpft habe, den er noch gestern für seinen besten, zuverlässigsten Freund gehalten hatte, und daß er sich schließlich bodenlos blamiert habe: da stürzte Herr Goljadkin davon, um seinen Feind zu verfolgen. An die

Zeugen seiner Beschimpfung mochte er im gegenwärtigen Augenblicke gar nicht denken. "Die stecken alle unter einer Decke," sagte er bei sich; "einer hilft dem andern, und einer hetzt den andern gegen mich auf." Als er indessen zehn Schritte gemacht hatte, sah unser Held ein, daß die ganze Verfolgung unnütz und vergeblich sein werde, und kehrte daher wieder um. "Du wirst mir nicht entgehen!" dachte er; "du wirst seinerzeit schon deine Strafe erhalten; die Tränen der Schafe werden dem Wolfe teuer zu stehen kommen." Mit grimmiger Kaltblütigkeit und der energischsten Entschlossenheit ging Herr Goljadkin zu seinem Stuhle und setzte sich hin. "Du wirst mir nicht entgehen!" sagte er noch einmal. Jetzt handelte es sich für ihn nicht mehr um passive Verteidigung; nein, er war zu kräftiger Offensive entschlossen, und wer Herrn Goljadkin in diesem Augenblicke sah, wie er, mit rotem Kopfe und kaum seine Aufregung bemeisternd, mit der Feder in das Tintenfaß fuhr, und mit welcher Wut er sich daran machte, die Worte auf das Papier zu werfen, der konnte schon im voraus erkennen, daß die Sache keinen harmlosen Ausgang nehmen werde und nicht wie ein einfaches Weibergezänk enden könne. In der Tiefe seiner Seele faßte er einen Entschluß, und in der Tiefe seines Herzens schwur er sich, ihn auszuführen. Allerdings wußte er noch nicht ganz genau, wie er dabei verfahren solle, d. h. richtiger gesagt, er wußte es überhaupt nicht; aber das war gleichgültig, das machte nichts aus! "Annahme eines falschen Namens und unverschämtes Benehmen, mein Herr, verhelfen in unserem Zeitalter nicht zum Erfolge. Annahme eines falschen Namens und unverschämtes Benehmen, mein Herr, führen zu nichts Gutem, sondern bringen zu Schaden. Grischka Otrepjew war der einzige, der durch Annahme eines falschen Namens etwas erreichte, indem er das blinde Volk täuschte, mein Herr, und auch das dauerte nicht lange." Trotz dieses letzteren Umstandes beschloß Herr Goljadkin noch so lange zu warten, bis die Maske von einigen Gesichtern abfallen und dies und das zur Klarheit gelangen werde. Dazu war zunächst nötig, daß die Bureaustunden möglichst bald zu Ende gingen, und bis dahin beschloß unser Held nichts zu unternehmen. Dann aber, wenn die Bureaustunden zu Ende wären, dann, sagte er sich, werde er seine Maßregeln ergreifen. Dann werde er wissen, wie er bei der Durchführung dieser Maßregeln zu verfahren habe, wie er seinen ganzen Operationsplan entwerfen müsse, um das Horn des Stolzes zu zerbrechen und die Schlange zu zertreten, die sich von Moder nährt und den Kraftlosen verachtet. Daß man ihn beschmutzte wie einen Lappen, an dem man sich die unsauberen Stiefel abwischt, das konnte Herr Goljadkin nicht dulden. Dazu konnte er seine Einwilligung nicht geben, und besonders nicht in dem jetzt vorliegenden Falle. Hätte die letzte Beschimpfung nicht stattgefunden, so hätte unser Held sich vielleicht dazu entschlossen, seinem Herzen Zwang anzutun, er hätte sich vielleicht dazu entschlossen, zu schweigen, sich zu fügen und nicht allzu hartnäckig zu protestieren; er hätte dann wohl ein bißchen gestritten, sich ein bißchen beklagt, hätte bewiesen, daß er im Rechte sei; dann hätte er ein bißchen nachgegeben; dann hätte er vielleicht noch ein bißchen nachgegeben; dann hätte er ganz zugestimmt; dann, namentlich wenn die Gegenpartei feierlich erklärt hätte, daß er im Rechte sei, hätte er sich vielleicht sogar versöhnt, wäre ein bißchen gerührt geworden; es wäre vielleicht sogar (wer hätte es wissen können?) eine neue Freundschaft erwachsen, eine feste, warme Freundschaft, noch herzlicher als die gestrige Freundschaft, so daß durch diese Freundschaft schließlich die Unannehmlichkeit einer recht unziemlichen Ähnlichkeit der beiden Personen ganz übertönt worden wäre und die beiden Titularräte höchst vergnügt gewesen wären und bis zum Alter von hundert Jahren zusammen hätten leben können usw. Sprechen wir schließlich alles aus: Herr Goljadkin begann sogar, es ein bißchen zu bereuen, daß er für sich und sein Recht eingetreten war und sich dadurch sofort eine Unannehmlichkeit zugezogen hatte. "Wenn er klein beigäbe," dachte Herr Goljadkin, "wenn er sagte, daß er nur gescherzt habe, dann würde ich ihm verzeihen und um so eher, wenn er das laut eingestände. Aber ich lasse mich nicht wie einen alten Lappen beschmutzen. Ganz anderen Leuten habe ich nicht gestattet, mich zu beschmutzen; um so weniger werde ich erlauben, daß ein so heruntergekommener Mensch das versucht. Ich bin kein alter Lappen, mein Herr! ich bin kein alter Lappen!" Kurz, unser Held hatte seinen Entschluß gefaßt. "Sie selbst, mein Herr, tragen die Schuld!" Er hatte sich dazu entschlossen, Protest einzulegen, mit aller Macht Protest einzulegen, bis an die äußersten Grenzen der Möglichkeit. Das lag nun einmal in seinem Charakter! Daß man ihn beleidige, das konnte er unter keinen Umständen dulden, und noch weniger konnte er erlauben, daß man ihn wie einen alten Lappen beschmutze, und am wenigsten konnte er das einem ganz heruntergekommenen Menschen erlauben. Wir wollen übrigens nicht streiten, wir wollen nicht streiten. Wenn z. B. jemand Lust gehabt, ein starkes Verlangen verspürt hätte, Herrn Goljadkin in einen alten Lappen zu verwandeln, so wäre ihm das vielleicht gelungen, und er hätte ihn, ohne Widerstand zu finden, ungestraft in einen solchen verwandelt (Herr Goljadkin fühlte das manchmal selbst), und es wäre ein alter Lappen als Herrn Goljadkins Nachfolger herausgekommen, ein gemeiner, schmutziger, alter Lappen; aber das wäre kein gewöhnlicher alter Lappen gewesen, sondern ein alter Lappen mit Ehrgefühl, ein alter Lappen mit Begeisterung und Empfindsamkeit, wenn auch mit stummem Ehrgefühl und mit stummer Empfindsamkeit; und wenn auch diese Empfindsamkeit tief in den schmutzigen Falten dieses alten Lappens verborgen gewesen wäre, vorhanden wäre sie doch gewesen.

Die Stunden dauerten unglaublich lange; endlich schlug es vier. Gleich darauf standen alle auf und begaben sich, dem Vorgange ihres Vorgesetzten folgend, zu sich nach Hause. Herr Goljadkin mischte sich unter den Schwarm; seine Augen waren wachsam und ließen denjenigen, auf den er es abgesehen hatte, nicht aus der Acht. Endlich sah unser Held, daß sein Freund zu den Kanzleidienern hinlief, die die Mäntel austeilten, und nach seiner häßlichen Gewohnheit in Erwartung des seinigen um sie herumschwänzelte. Dies war der entscheidende Augenblick. Herr Goljadkin drängte sich, so gut es ging, durch den Schwarm hindurch und bemühte sich, um nicht zurückzubleiben, ebenfalls um seinen Mantel. Aber dem Freunde des Herrn Goljadkin wurde der seinige zuerst gereicht, weil er es auch hier fertig brachte, in seiner Weise sich einzuschmeicheln, den Liebenswürdigen zu spielen, verbindlich zu flüstern und sich unwürdig zu benehmen.

Nachdem Herr Goljadkin der jüngere seinen Mantel umgeworfen hatte, sah er Herrn Goljadkin den älteren ironisch an, mit der unverhohlenen, dreisten Absicht, ihn zu ärgern; dann blickte er mit der ihm eigenen Frechheit rings um sich, trippelte zu guter Letzt noch einmal bei den andern Beamten umher, wahrscheinlich um einen vorteilhaften Eindruck zu hinterlassen, sagte dem einen ein freundliches Wort, flüsterte einem andern etwas zu, widmete einem dritten eine Respektsbezeigung, spendierte einem vierten ein Lächeln, gab einem fünften die Hand und schlüpfte vergnügt die Treppe hinunter. Herr Goljadkin der ältere eilte hinter ihm her, holte ihn zu seiner größten Freude noch auf der letzten Stufe ein und faßte ihn am Mantelkragen. Herr Goljadkin der jüngere schien ein wenig zu erschrecken und blickte betroffen rings um sich.

"Wie soll ich das auffassen?" flüsterte er endlich Herrn Goljadkin mit schwacher Stimme zu.

"Mein Herr, wenn Sie überhaupt ein anständiger Mensch sind, so hoffe ich, Sie werden sich an unsere gestrigen freundschaftlichen Beziehungen erinnern," sagte unser Held.

"Ah, ja! Nun also: haben Sie gut geschlafen?"

Die Wut benahm Herrn Goljadkin dem älteren für einen Augenblick die Sprache. "Ich habe allerdings gut geschlafen ... Aber erlauben Sie mir, Ihnen zu sagen, mein Herr, daß Ihr Spiel gründlich verdorben ist ..."

"Wer sagt das? Das sagen meine Feinde," antwortete kurz derjenige, der sich Herr Goljadkin nannte, und befreite sich bei diesen Worten unerwartet aus den schwachen Händen des wirklichen Herrn Goljadkin. Nachdem er sich befreit hatte, eilte er hinaus, blickte um sich, sah eine Droschke, lief zu ihr hin, setzte sich hinein und war im nächsten Augenblicke den Augen Herrn Goljadkins des älteren entschwunden. Verzweifelt und von allen verlassen schaute der Titularrat sich nach allen Seiten um; aber es war keine andere Droschke da. Er machte den Versuch zu laufen; aber die Beine versagten ihm den Dienst. Mit niedergeschlagener Miene und offenem Munde, sich kraftlos zusammenkrümmend, lehnte er sich wie vernichtet an einen Laternenpfahl und blieb so einige Minuten lang auf dem Trottoir stehen. Man konnte glauben, daß es mit Herrn Goljadkin völlig aus sei.

9. Kapitel

Alles, sogar die Natur selbst, schien sich gegen Herrn Goljadkin verschworen zu haben; aber er stand noch auf seinen Füßen und war noch nicht besiegt; er fühlte, daß er nicht besiegt war. Er war bereit, weiter zu kämpfen. Als er nach der ersten Betäubung wieder zur Besinnung kam, rieb er sich mit einem solchen Gefühl der Energie die Hände, daß man schon bei seinem bloßen Anblick zu dem Schlusse kommen konnte, er werde nicht nachgeben. Übrigens war die Gefahr ihm nahe auf den Leib gerückt und offensichtlich geworden; auch dies fühlte Herr Goljadkin; aber wie sollte er ihr begegnen, dieser Gefahr? Das war die Frage. Für einen Augenblick schoß Herrn Goljadkin sogar folgender Gedanke durch den Kopf: "Wie wär's, wenn ich die ganze Sache laufen ließe und einfach verzichtete? Was wäre dabei? Na, gar nichts. Ich werde still für mich leben, als ob ich es gar nicht wäre," dachte Herr Goljadkin; "ich werde alles fahren lassen; ich bin es nicht, Punktum. Er wird ebenfalls still für sich leben und vielleicht auch verzichten; er wird scherwenzeln, der Halunke, wird scherwenzeln und sich hin und her drehen; aber er wird doch verzichten. So muß es gemacht werden! Ich werde durch Demut siegen. Und wo ist denn eine Gefahr? Nun, was für eine Gefahr besteht denn? Ich möchte wohl, daß mir jemand nachwiese, wo bei dieser Angelegenheit eine Gefahr steckt. Das Ganze ist eine Lumperei, eine ganz gewöhnliche Geschichte! ..." Hier stockte Herr Goljadkin in seinen Überlegungen; die Worte erstarben ihm auf der Zunge; er schalt sich sogar für diesen Gedanken aus und klagte sich niedriger Gesinnung und arger Feigheit wegen dieses Gedankens an; aber seine Sache kam trotzdem nicht vom Fleck. Er fühlte, daß es im gegenwärtigen Augenblicke für ihn dringend notwendig war, sich zu irgend etwas zu entschließen; er hatte sogar die Empfindung, daß er demjenigen viel geben würde, der ihm sagte, wozu er sich eigentlich entschließen müsse. Na, aber wie sollte er das erraten? Übrigens hatte er auch keine Zeit, sich mit Raten abzugeben. Auf jeden Fall nahm er, um keine Zeit zu verlieren, eine Droschke und fuhr schnell nach Hause. "Nun? Wie fühlst du dich jetzt?" dachte er bei sich; "wie ist dir jetzt zumute, Jakow Petrowitsch? Was wirst du machen? Was wirst du jetzt anfangen, du Schuft, du Halunke? Da hast du dich nun in die ärgste Lage gebracht, und jetzt weinst du, jetzt winselst du!" So verhöhnte Herr Goljadkin sich selbst, während er auf dem Sitze der rüttelnden und stoßenden Equipage seines Rosselenkers auf- und niederhüpfte. Sich zu verhöhnen und in dieser Weise seine Wunden aufzureißen war in diesem Augenblicke für Herrn Goljadkin eine Art von hohem Genusse, ja beinah eine Wonne. "Na, wenn jetzt", dachte er, "irgendein Zauberer käme oder es sich auf amtlichem Wege so gestaltete, daß man mir sagte: "Goljadkin, gib einen Finger von deiner rechten Hand her, dann sollst du quitt sein; es soll dann keinen andern Goljadkin geben, und du wirst glücklich sein; nur den Finger wirst du nicht mehr haben," – dann würdest du den Finger hingeben; du würdest ihn unbedingt hingeben, würdest ihn hingeben, ohne die Stirn zu runzeln. Hol der Teufel diese ganze Geschichte!" rief der verzweifelte Titularrat schließlich. "Wozu ist denn das alles passiert? Daß das alles auch passieren mußte, gerade das, ausgerechnet das, als ob nicht irgend etwas anderes hätte passieren können! Und alles war vorher gut; alle waren zufrieden und glücklich; aber nein, es mußte dies passieren! Übrigens ist mit Worten dabei nicht zu helfen. Da muß gehandelt werden!"

So hatte Herr Goljadkin, als er seine Wohnung betrat, sich schon beinah zu irgend etwas entschlossen; ohne zu zaudern griff er nach seiner Pfeife, und aus Leibeskräften daran saugend und Rauchwolken nach rechts und links ausstoßend, begann er in großer Aufregung in seinem Zimmer hin und her zu laufen. Unterdessen fing Petruschka an, den Tisch zu decken. Endlich war Herr Goljadkin mit seinem Entschlusse ins reine gekommen; er warf plötzlich die Pfeife hin, zog sich den Mantel an, sagte, er werde nicht zu Hause zu Mittag essen, und lief aus der Wohnung. Auf der Treppe holte ihn Petruschka ganz atemlos ein, der den von ihm vergessenen Hut in der Hand hielt. Herr Goljadkin nahm den Hut hin und wollte sich so obenhin mit ein paar Worten vor Petruschka entschuldigen, damit dieser nicht auf irgendwelche besonderen Gedanken käme (er wollte sagen, es sei etwas Derartiges vorgefallen, daß es einem leicht passieren könne, den Hut zu vergessen usw.); aber da Petruschka ihn nicht einmal ansehen mochte, sondern sogleich wieder wegging, so setzte auch Herr Goljadkin ohne weitere Auseinandersetzungen seinen Hut auf und lief die Treppe hinunter. Er sagte sich, vielleicht werde alles sich gut gestalten und die Sache sich irgendwie zurechtschieben, und obwohl er die erfrorenen Stellen an seinen Fersen unangenehm fühlte, trat er auf die Straße hinaus, nahm sich eine Droschke und fuhr schnell zu Andrei Filippowitsch. "Wäre es übrigens nicht besser, es bis morgen zu lassen?" dachte Herr Goljadkin, während er nach dem Klingelzuge an Andrei Filippowitschs Entreetür griff.

"Was habe ich ihm denn auch eigentlich Besonderes zu sagen? Etwas Besonderes liegt hier überhaupt nicht vor. Die Sache ist ja so jämmerlich, wirklichjämmerlich, ekelhaft, d. h. beinah ekelhaft... so wie dies alles, dieser ganze Vorfall..." Plötzlich zog Herr Goljadkin an dem Klingelzuge; die Klingel ertönte; von innen wurden Schritte vernehmbar ... Nun verwünschte Herr Goljadkin sich geradezu wegen seiner Übereilung und Dreistigkeit. Die Unannehmlichkeiten, die er vor kurzem gehabt, aber über den amtlichen Dingen beinahe vergessen hatte, und sein Rencontre mit Andrei Filippowitsch kamen ihm jetzt sofort wieder ins Gedächtnis. Aber zum Davonlaufen war es bereits zu spät: die Tür wurde geöffnet. Zu Herrn Goljadkins Glücke wurde ihm geantwortet, daß Andrei Filippowitsch nicht vom Dienst nach Hause gekommen sei und nicht zu Hause zu Mittag gegessen habe. "Ich weiß, wo er zu Mittag gegessen hat; er pflegt bei der Ismailowski-Brücke zu Mittag zu essen," dachte unser Held und freute sich gewaltig. Auf die Frage des Dieners, wen er seinem Herrn als dagewesen melden solle, erwiderte er: "Schon gut; ich werde später noch einmal wiederkommen, mein Freund!" und lief sogar mit einer gewissen Munterkeit die Treppe hinab. Als er auf die Straße hinaustrat, entschied er sich dafür, den Wagen zu entlassen und den Kutscher abzulehnen. Als der Kutscher um ein Trinkgeld bat, mit der Begründung: "Ich habe lange warten müssen, mein Herr, und habe meinen Traber für Euer Gnaden nicht geschont," da gab er ihm auch fünf Kopeken Trinkgeld, und sogar recht gern; er selbst ging zu Fuß.

"Die Sache ist allerdings von der Art," dachte Herr Goljadkin, "daß man sie nicht so weitergehen lassen darf; indessen, wenn man es überlegt, so recht überlegt, warum soll man sich denn eigentlich deswegen Mühe machen? Na ja, ich will nur sagen, warum soll ich mir deswegen Mühe machen? Warum soll ich mich plagen, mich quälen, mich peinigen, mir das Leben verderben? Erstens ist die Sache einmal geschehen und läßt sich nicht ungeschehen machen ... nein, ungeschehen läßt sie sich nicht machen! Erwägen wir sie einmal so: da erscheint ein Mensch... es erscheint ein Mensch mit ausreichender Empfehlung; es heißt darin, er sei ein brauchbarer Beamter, habe sich gut geführt; er ist nur arm und hat allerlei Unannehmlichkeiten auszustehen gehabt, so Klatschgeschichten und

Zänkereien; na, Armut ist ja keine Schande. Also was geht mich die Sache an? In der Tat, was ist das für dummes Zeug? Na, da trifft es sich nun, daß dieser Mensch so gestaltet ist, von der Natur selbst so gestaltet ist, daß er einem andern Menschen so ähnlich sieht wie ein Ei dem andern, daß er die vollkommene Kopie eines andern Menschen ist; soll er nun deswegen bei der Behörde keine Aufnahme finden? Wenn das Schicksal, wenn einzig und allein das Schicksal, wenn einzig und allein der blinde Zufall daran schuld ist, soll man ihn dann mißachten wie einen alten Lappen und ihm nicht gestatten, ein Amt zu verwalten... wo bleibt da bei solchem Verfahren die Gerechtigkeit? Er ist ein armer, verstörter, verängstigter Mensch; das Herz tut einem weh bei seinem Anblick; das Mitleid gebietet, daß man sich seiner annimmt! Ja! Das muß man sagen, das wäre eine nette Obrigkeit, wenn sie darüber so dächte wie ich herzloser Mensch! Nein, was habe ich für einen Kopf! Manchmal haben zehn Dummheiten zugleich darin Platz! Nein, nein! Sie haben gut getan, und es gebührt ihnen Dank dafür, daß sie sich des armen Teufels angenommen haben ... Na ja, allerdings, zum Beispiel, daß wir so ähnlich sind, daß wir eine solche zwillingshafte Ähnlichkeit haben, das ist eine tolle Geschichte! Aber, was ist dabei? Einfach gar nichts! Die Beamten können sich alle daran gewöhnen; und ein Fremder, der in unser Bureau kommt, wird gewiß in einem solchen Umstände nichts Unziemliches und Anstößiges finden. Es ist sogar gewissermaßen etwas Rührendes dabei; er wird sich sagen: "Was liegt da für ein schöner Gedanke zugrunde? Die göttliche Vorsehung hat zwei ganz ähnliche Menschen geschaffen, und die edeldenkende Behörde hat sich, da sie sah, was die göttliche Vorsehung getan hat, der beiden Zwillinge angenommen." Das ist gewiß," fuhr Herr Goljadkin fort, indem er tief Atem holte und die Stimme ein wenig senkte, "das ist gewiß, das beste wäre es, wenn all das nicht existierte, wenn nichts Rührendes da wäre und auch keine Zwillinge ... Hole der Teufel diese ganze Geschichte! Und wozu war das denn nötig? Was war denn für eine besondere, keinen Aufschub vertragende Notwendigkeit vorhanden? Herr du mein Gott! Was hat uns da der Teufel für eine Grütze gekocht! Und dabei hat dieser Mensch so einen Charakter, so ein spaßhaftes, unangenehmes Wesen, ein solcher Schuft ist er, eine solche Wetterfahne, ein Liebediener und Schmarotzer, so ein echter Goljadkin! Am Ende wird er sich gar noch schlecht führen und meinen

Familiennamen beflecken, der Schurke! Da heißt es nun jetzt auf ihn aufpassen, ihn beaufsichtigen! Ach, ist das eine Heimsuchung! Übrigens wieso denn? Es ist ja doch gar nicht nötig! Na, wenn er ein Schuft ist, dann mag er in Gottes Namen ein Schuft sein; aber dafür ist der andere ein ehrenwerter Mensch. Na, wenn er nun ein Schuft sein wird, ich aber ehrenwert, dann werden sie sagen: "Dieser Goljadkin hier ist ein Schuft; um den muß man sich nicht kümmern und darf ihn nicht mit dem andern verwechseln; der andere aber ist ehrenwert, tugendhaft, sanft, gutmütig, durchaus zuverlässig im Dienst und eines Avancements würdig. So ist das!" Na, gut ... aber wie, hm ... Aber wie werden sie, hm ... und sie werden uns doch verwechseln! Es sieht ihm ganz ähnlich, daß er es darauf anlegt! Ach du mein Herrgott! ... Und er gibt sich für einen andern Menschen aus, gibt sich für einen andern Menschen aus, dieser Schuft; als ob der andere ein alter Lappen wäre, gibt er sich für ihn aus und bedenkt nicht, daß ein Mensch kein alter Lappen ist. Ach du mein Herrgott! Ist das ein Unglück! ..."

Unter solchen Überlegungen und Wehklagen lief Herr Goljadkin dahin, ohne auf den Weg zu achten, und beinah ohne selbst zu wissen, wohin. Erst auf dem Newski-Prospekte kam er zu sich, und zwar nur infolge des zufälligen Umstandes, daß er mit einem Passanten so geschickt und kräftig zusammenstieß, daß beiden die Funken aus den Augen sprühten. Herr Goljadkin murmelte, ohne den Kopf in die Höhe zu heben, eine Entschuldigung, und erst als der andere, der etwas nicht sehr Schmeichelhaftes zurückgemurmelt hatte, sich bereits in beträchtlicher Entfernung befand, richtete er den Kopf auf und sah sich um, wo er denn sei. Als er dabei bemerkte, daß er sich gerade vor dem Restaurant befand, in dem er sich zur Vorbereitung auf das Diner bei Olsufi Iwanowitsch erholt hatte, fühlte unser Held auf einmal ein Kneifen und Zwicken im Magen und erinnerte sich, daß er noch nicht zu Mittag gegessen hatte und nirgends zum Diner eingeladen war; ohne daher seine kostbare Zeit zu verlieren, lief er die Treppe zum Restaurant hinauf, um in aller Geschwindigkeit einen Bissen zu genießen und möglichst bald wieder fortzugehen. Und obgleich in dem Restaurant alles ein bißchen teuer war, so ließ sich Herr Goljadkin doch durch diesen unbedeutenden Umstand diesmal nicht zurückschrecken; er hatte

keine Zeit, sich mit so unwichtigen Dingen aufzuhalten. In einem heller-
leuchteten Zimmer stand eine ziemlich dichte Schar von Gästen um das
Büfett herum, auf welchem eine Menge all solcher Speisen stand, wie sie
von gutsituierten Leuten als Vorgericht genossen werden. Der Büfettkell-
ner hatte alle Hände voll zu tun mit Einschenken, Hinreichen, Geldneh-
men und -herausgeben. Herr Goljadkin wartete ein Weilchen, bis er her-
ankonnte, und streckte dann bescheiden seine Hand nach einer kleinen
Fischpastete aus. Darauf ging er in eine Ecke, wendete den Anwesenden
den Rücken zu, aß mit gutem Appetite, kehrte dann wieder zu dem Büfett-
kellner zurück, stellte das Tellerchen auf den Tisch, zog, da er den Preis
kannte, ein Zehnkopekenstück heraus und legte es auf den Schenktisch,
wobei er den Blick des Kellners auffing, um ihn zu bedeuten: "Hier liegt
das Geld; eine Pastete."

"Sie haben einen Rubel zehn Kopeken zu zahlen," sagte der Kellner mür-
risch.

Herr Goljadkin war höchst erstaunt.

"Meinen Sie mich? ... Ich ... ich habe ja wohl nur eine Pastete genommen."

"Sie haben elf genommen," erwiderte der Kellner im Tone sicherer Über-
zeugung.

"Sie irren sich wohl ... meines Erachtens irren Sie sich ... Ich habe ja wohl
wirklich nur eine Pastete genommen."

"Ich habe gezählt; Sie haben elf Stück genommen. Da Sie sie genommen
haben, müssen Sie sie auch bezahlen; umsonst wird bei uns nichts verab-
folgt."

Herr Goljadkin war wie betäubt. "Was widerfährt mir da für eine Zaube-
rei?" dachte er. Unterdessen wartete der Kellner auf Herrn Goljadkins Ent-
schluß; man umdrängte neugierig Herrn Goljadkin; dieser griff schon in
die Tasche, um einen Rubel herauszuholen und unverzüglich zu bezahlen
und nur ja keine Sünde auf sein Gewissen zu laden. "Na, wenn es elf Stück
gewesen sind, meinetwegen!" dachte er und wurde rot wie ein Krebs. "Na,
was ist denn dabei, daß jemand elf Pasteten gegessen hat? Der Mensch ist
eben hungrig gewesen, und da hat er elf Pasteten gegessen; möge es ihm

wohl bekommen; zu wundern ist dabei nichts und auch nichts zu lachen ..." Auf einmal war es Herrn Goljadkin, als ob er einen Stich bekäme; er blickte auf und verstand mit einem Male das Rätsel, begriff die ganze Zauberei; mit einem Male waren alle Zweifel gelöst ... In der nach dem anstoßenden Zimmer führenden Tür, fast gerade hinter dem Rücken des Büfettkellners und mit dem Gesichte nach Herrn Goljadkin zu, in dieser Tür, die unser Held übrigens bis dahin für einen Spiegel gehalten hatte, stand ein Mensch – stand er, stand Herr Goljadkin selbst – nicht der alte Herr Goljadkin, nicht der Held unserer Erzählung, sondern der andere Herr Goljadkin, der neue Herr Goljadkin. Dieser andere Herr Goljadkin befand sich anscheinend in ganz vorzüglicher Stimmung. Er lächelte Herrn Goljadkin den ersten an, nickte ihm mit dem Kopfe zu, blinzelte mit den Augen, trippelte ein bißchen mit den Füßen und nahm eine Haltung an, als ob er, sobald es nötig wäre, Reißaus nehmen wolle, in das anstoßende Zimmer und dann vielleicht durch den hinteren Ausgang und so weiter, wobei dann alle Verfolgung vergeblich sein mußte. In der Hand hatte er das letzte Stück der zehnten Fischpastete, das er vor den Augen des Herrn Goljadkin, vor Vergnügen schmatzend, in seinen Mund schob. "Er hat sich für mich ausgegeben, der Schurke," dachte Herr Goljadkin und fuhr vor Empörung auf wie eine Feuerflamme. "Er hat sich vor der Öffentlichkeit nicht gescheut! Ob man ihn wohl sieht? Wie es scheint, bemerkt ihn niemand ..." Herr Goljadkin warf einen Rubel hin, als hätte er sich an ihm die Finger verbrannt, und ohne des Büfettkellners vielsagendes, dreistes Lächeln, ein Lächeln des Triumphes und ruhigen Machtbewußtseins, zu beachten, arbeitete er sich durch die Menge hindurch und stürmte hinaus, ohne sich umzusehen. "Gott sei Dank, daß er mich nicht noch viel ärger kompromittiert hat!" dachte der ältere Herr Goljadkin. "Dank dem Verfahren des Gauners und dank dem Geschick ist alles noch gut abgelaufen. Nur der Kellner war ein bißchen grob. Aber das durfte er; er war ja in seinem Rechte! Er hatte einen Rubel zehn zu bekommen; also war er in seinem Rechte. Er sagte: "Umsonst wird bei uns nichts verabfolgt." Er hätte nur etwas höflicher sein sollen, der Schlingel! ..."

All dies sagte sich Herr Goljadkin, während er die Treppe hinunterstieg und auf die Stufen vor der Haustüre trat. Auf der letzten Stufe indes blieb er wie angenagelt stehen und errötete auf einmal so stark, daß ihm in einem Anfalle von gekränktem Ehrgefühl sogar die Tränen in die Augen traten. Nachdem er etwa eine halbe Minute wie ein Pfahl dort gestanden hatte, stampfte er auf einmal entschlossen mit dem Fuße auf, sprang mit einem Satze auf die Straße hinunter und rannte, ohne sich umzusehen, atemlos, ohne Müdigkeit zu verspüren, zu sich nach Hause nach der Schestilawotschnaja-Straße. Zu Hause ließ er sich nicht einmal Zeit, seinen Uniformrock auszuziehen (ganz gegen seine Gewohnheit, es sich zu Hause bequem zu machen), ja er nahm nicht einmal zur Vorbereitung die Pfeife zur Hand, sondern setzte sich sofort aufs Sofa, zog sich das Tintenfaß heran, ergriff eine Feder, suchte sich einen Bogen Briefpapier heraus und machte sich daran, mit einer Hand, die vor innerer Aufregung zitterte, das nachstehende Schreiben aufs Papier zu werfen:

"Mein geehrter Herr,
Jakow Petrowitsch!

"Ich würde nicht die Feder ergreifen, wenn mich nicht meine Lage und Sie selbst, mein Herr, dazu zwängen. Glauben Sie mir, daß nur die Notwendigkeit mich dazu gebracht hat, mit Ihnen in derartige Erörterungen einzutreten, und daher bitte ich Sie vor allen Dingen, dieses mein Verfahren nicht als wohlüberlegte Absicht, Sie, mein Herr, zu beleidigen, sondern vielmehr als die notwendige Folge der jetzt zwischen uns bestehenden Beziehungen aufzufassen."

"Es scheint, so ist es gut, anständig und höflich, wiewohl nicht ohne Kraft und Festigkeit? ... Ich möchte meinen, er hat keinen Anlaß, sich dadurch beleidigt zu fühlen. Zudem bin ich in meinem Rechte," dachte Herr Goljadkin, indem er das Geschriebene durchlas.

"Ihr unerwartetes, seltsames Erscheinen, mein Herr, in jener stürmischen Nacht, nachdem meine Feinde, deren Namen ich aus Verachtung gegen sie verschweige, sich so roh und unanständig gegen mich benommen hatten, war der Keim aller der Mißverständnisse, die gegenwärtig zwischen uns bestehen. Ihr hartnäckiges Verlangen, mein Herr, Ihren Willen durchzusetzen und gewaltsam in den Kreis meines Daseins und aller meiner Lebensverhältnisse einzudringen, überschreitet alle Grenzen, die schon durch die Höflichkeit und die einfachste gesellschaftliche Rücksichtnahme gezogen sind. Ich glaube, ich brauche hier nicht daran zu erinnern, mein Herr, wie Sie mir mein Aktenstück und meinen eigenen ehrlichen Namen entwendet haben, um von der vorgesetzten Behörde ein Lob einzuernten, das Sie nicht verdienten. Ich brauche hier auch nicht daran zu erinnern, daß Sie absichtlich in beleidigender Form es ablehnten, sich auf die bei diesem Falle nötig gewordenen Auseinandersetzungen einzulassen. Um schließlich alles zu sagen, erwähne ich auch Ihr letztes seltsames, ja, man kann sagen, unbegreifliches Verhalten mir gegenüber im Kaffeehause nicht. Weit entfernt, mich darüber zu beklagen, daß ich einen Rubel unnütz ausgegeben habe, kann ich doch nicht umhin, meine ganze Entrüstung zum Ausdruck zu bringen bei der Erinnerung an Ihr offenkundiges Attentat auf meine Ehre, mein Herr, und noch dazu in Gegenwart mehrerer Personen, die mir zwar unbekannt sind, aber viel gute Lebensart besitzen ..."

"Gehe ich auch nicht zu weit?" überlegte Herr Goljadkin. "Wird das auch nicht zu stark sein? Ist das auch nicht zu beleidigend, diese Hindeutung auf die gute Lebensart zum Beispiel? ... Na, es schadet nichts! Man muß ihm Charakterfestigkeit zeigen. Übrigens kann man ihm zur Besänftigung ein bißchen schmeicheln und ihm zum Schluß etwas Honig um den Mund streichen. Nun, wir wollen sehen!"

"Aber ich würde Sie, mein Herr, mit meinem Briefe nicht belästigen, wenn ich nicht fest überzeugt wäre, daß der Edelmut Ihrer Herzensempfindungen und Ihr offener, gerader Charakter Ihnen selbst die Mittel zeigen werden, alle begangenen Versehen wieder gutzumachen und alles in den früheren Stand zurückzuversetzen.

"Ich bin der festen Hoffnung und Überzeugung, daß Sie meinem Briefe nicht eine für Sie beleidigende Deutung geben werden, und gleichzeitig, daß Sie sich nicht weigern werden, über diesen Fall eine eingehende briefliche Erklärung abzugeben. Mein Diener hat Auftrag, diese zurückzubringen.

"In dieser Erwartung, mein Herr, habe ich die Ehre, zu sein

Ihr ergebenster Diener
J. Goljadkin."

"Na, so ist alles schön! Die Sache ist besorgt; es ist also schon zu brieflichen Auseinandersetzungen gekommen. Aber wer ist daran schuld? Er ist selbst daran schuld; er selbst versetzt einen Mitmenschen in die Notwendigkeit, briefliche Erklärungen zu verlangen. Und ich bin in meinem Rechte ..."

Nachdem Herr Goljadkin den Brief zum letzten Male durchgelesen hatte, faltete er ihn zusammen, siegelte ihn zu und rief Petruschka. Petruschka erschien, nach seiner Gewohnheit mit verschlafenen Augen und sehr ärgerlicher Miene.

"Nimm diesen Brief hier, mein Lieber ... verstehst du?"

Petruschka schwieg.

"Nimm ihn und trage ihn nach der Kanzlei; da suche den dejourierenden Beamten, den Gouvernementssekretär Wachramejew. Wachramejew hat heute Dejour. Verstehst du auch?"

"Ja."

""Ja"! Kannst du nicht sagen: "Jawohl, Herr"? Frage nach dem Sekretär Wachramejew und sage ihm: "So und so, mein Herr läßt sich Ihnen empfehlen und bittet Sie ganz ergebenst, in dem Adressenverzeichnis unserer Behörde nachzusehen, wo der Titularrat Goljadkin wohnt.""

Petruschka schwieg, und es kam Herrn Goljadkin so vor, als ob er lächelte.

"Na, also erkundige dich bei ihm nach der Adresse und bringe in Erfahrung, wo der neueingetretene Beamte Goljadkin wohnt!"

"Sehr wohl."

"Frage nach der Adresse und bestelle dann diesen Brief an die Adresse; verstehst du?"

"Ja."

"Wenn du da bist ... nämlich da, wo du den Brief hinträgst, dann wird der Herr, dem du diesen Brief abgibst, also Herr Goljadkin ... Was lachst du denn, du Tölpel?"

"Worüber sollte ich lachen? Was geht's mich an? Ich kümmere mich um nichts. Unsereiner hat nichts zu lachen ..."

"Na also, wenn der Herr dich fragen sollte, wie es deinem Herrn geht, wie er sich befindet, und so weiter ... na, irgend so etwas wird er dich wohl fragen, – dann schweige du und antworte: "Meinem Herrn geht es ganz gut, und er läßt Sie um eine eigenhändige Antwort bitten." Verstehst du?"

"Jawohl, Herr!"

"Na also, sage: "Meinem Herrn geht es ganz gut, und er ist gesund, und er wird gleich einer Einladung Folge leisten; aber Sie läßt er um eine briefliche Antwort bitten." Verstehst du?"

"Ja."

"Na, dann geh!"

"Nein, was hat man mit diesem Dummkopf für Mühe! Er lacht sich was; weiter kann er nichts. Worüber lacht er denn? Was habe ich mit ihm schon für Ärger erlebt! Übrigens wird es sich vielleicht noch gut gestalten ... Dieser Schurke wird sich jetzt gewiß ein paar Stunden lang herumtreiben und irgendwohin verschwinden ... Man kann ihn nirgends hinschicken. Ist das ein Elend! ... Dieses Elend ist doch gar zu arg geworden!"

So von dem Gefühle seines Unglücks ganz erfüllt, entschloß sich unser Held, sich in Erwartung der Rückkehr Petruschkas zwei Stunden lang passiv zu verhalten. Etwa eine Stunde lang ging er im Zimmer auf und ab und rauchte; dann warf er die Pfeife beiseite und setzte sich mit einem Buche hin; dann legte er sich auf das Sofa; dann griff er wieder zur Pfeife; dann fing er wieder an im Zimmer hin und her zu laufen. Er wollte nachdenken; aber über irgend etwas nachzudenken war er schlechterdings außerstande. Schließlich stieg die Pein dieses seines passiven Zustandes bis zum äußersten Grade, und Herr Goljadkin entschloß sich, lieber etwas Bestimmtes zu tun. "Petruschka wird erst nach einer Stunde zurückkommen," dachte er;

"ich kann den Schlüssel dem Hausknecht geben und selbst unterdessen, hm, hm ... ich will die Sache untersuchen, will meinerseits die Sache untersuchen." Ohne Zeit zu verlieren, ergriff Herr Goljadkin, der es eilig hatte, die Sache zu untersuchen, seinen Hut, verließ das Zimmer, schloß die Wohnung zu, ging zum Hausknecht heran, händigte ihm den Schlüssel nebst einem Zehnkopekenstück ein (Herr Goljadkin war außerordentlich freigebig geworden) und machte sich auf den Weg dahin, wohin er sich zu begeben vorhatte. Herr Goljadkin ging zu Fuß, zuerst nach der Ismailowski-Brücke. Dieser Weg dauerte ungefähr eine halbe Stunde. Als er zum Ziele seiner Wanderung gelangt war, ging er geradezu auf den Hof des ihm wohlbekannten Hauses und sah zu den Fenstern der Wohnung des Staatsrates Berendejew hinauf. Außer drei Fenstern, die mit roten Vorhängen verhängt waren, waren alle übrigen dunkel. "Olsufi Iwanowitsch hat heute gewiß keine Gäste," dachte Herr Goljadkin; "sie sitzen gewiß jetzt alle allein zu Hause." Nachdem er einige Zeit auf dem Hofe gestanden hatte, war unser Held schon im Begriffe, sich zu etwas zu entschließen. Aber es war seinem Entschlusse anscheinend nicht beschieden, zustande zu kommen. Herr Goljadkin wurde anderen Sinnes, machte eine resignierende Handbewegung und ging wieder zurück auf die Straße. "Nein, ich hätte nicht hierher gehen sollen. Was kann ich denn hier tun? ... Ich will jetzt lieber ... hm ... und die Sache in eigener Person untersuchen." Nachdem Herr Goljadkin diesen Entschluß gefaßt hatte, machte er sich auf den Weg nach seinem Bureau. Der Weg war nicht nah, und überdies war ein furchtbarer Schmutz, und feuchter Schnee fiel in ganz dicken Flocken. Aber für unsern Helden schien es jetzt keine Hindernisse zu geben. Er wurde allerdings ganz durchnäßt und gehörig schmutzig; aber er sagte sich: "Das geht nun alles in einem hin; dafür werde ich meinen Zweck erreicht haben." Und wirklich näherte sich Herr Goljadkin schon seinem Ziele. Die dunkle Masse des riesigen staatlichen Gebäudes hob sich schon in der Ferne vor ihm ab. "Halt!" dachte er, "wohin gehe ich denn, und was will ich hier tun? Allerdings werde ich in Erfahrung bringen, wo er wohnt; aber unterdessen ist Petruschka gewiß schon zurückgekommen und hat mir eine Antwort gebracht. Ich verliere nur unnütz meine kostbare Zeit; ich habe so schon viel Zeit verloren. Na, es tut nichts; das läßt sich alles noch wieder gutmachen. Aber soll ich wirklich nicht zu Wachramejew herangehen? Na, ich will es nicht tun. Ich kann es ja auch später noch tun ... Ach! Ich hätte überhaupt nicht auszugehen brauchen. Aber das liegt nun einmal in meinem Charakter! Das ist so ein Drang bei mir: ob es nun nötig ist oder nicht, immer strebe ich danach, schnell vorzugehen ... Hm!... Was mag die Uhr sein? Es ist gewiß schon neun. Petruschka kommt vielleicht zurück und findet mich dann nicht zu Hause. Ich habe eine arge Dummheit damit begangen, daß ich ausgegangen bin... Ach wahrhaftig, das ist eine schwere Aufgabe!"

Nachdem er sich auf diese Art aufrichtig gestanden hatte, daß er eine arge Dummheit begangen habe, lief unser Held wieder zurück nach seiner Wohnung in der Schestilawotschnaja-Straße. Er langte dort müde und matt an. Schon von dem Hausknechte erfuhr er, daß von Petruschka noch nichts zu sehen gewesen sei. "Na ja! Das habe ich mir doch gedacht!" sagte sich unser Held; "und dabei ist es schon neun Uhr. Nein, was ist er für ein Taugenichts! Immer muß er sich irgendwo betrinken! Herr du mein Gott! Ist das ein Unglückstag für mich!" Unter solchen Gedanken und Wehklagen schloß Herr Goljadkin seine Wohnung auf, machte Licht, zog sich ganz aus, zündete sich eine Pfeife an, legte sich erschöpft, müde, wie zerschlagen und hungrig auf das Sofa und wartete auf Petruschka. Die Kerze brannte trübe; der Lichtschein zitterte an den Wänden ... Herr Goljadkin schaute und schaute, dachte und dachte und versank endlich in einen totenähnlichen Schlaf.

Als er erwachte, war es schon spät. Die Kerze war fast ganz heruntergebrannt, qualmte und war nahe daran, zu erlöschen. Herr Goljadkin sprang auf, schüttelte sich und erinnerte sich an alles, was vorgegangen war, schlechthin an alles. Hinter der Scheidewand war Petruschkas kräftiges Schnarchen zu vernehmen. Herr Goljadkin stürzte zum Fenster: nirgend war Licht zu sehen. Er öffnete die Luftklappe: es war still; die Stadt war wie ausgestorben; sie schlief. Also mußte es etwa zwei oder drei Uhr sein; und so war es auch: die Uhr hinter der Scheidewand holte mit Anstrengung aus und schlug zwei. Herr Goljadkin lief hinter die Scheidewand.

Nach langen Bemühungen gelang es ihm durch Püffe und Stöße, Petruschka einigermaßen munter zu bekommen und ihn dahin zu bringen, daß er sich im Bette aufrichtete. In diesem Augenblicke erlosch die Kerze vollständig. Es dauerte etwa zehn Minuten, bis Herr Goljadkin eine andere Kerze gefunden und angezündet hatte. Unterdessen hatte es Petruschka fertig gebracht, von neuem einzuschlafen. "So ein Schurke, so ein Taugenichts!" rief Herr Goljadkin, während er ihm von neuem Püffe versetzte. "Wirst du wohl aufstehen? Wirst du wohl aufwachen?" Nach einer halbstündigen Anstrengung glückte es Herrn Goljadkin aber doch, seinen Diener vollständig in Bewegung zu bringen und ihn hinter seiner Scheidewand hervorzuziehen. Erst hier erkannte unser Held, daß Petruschka, was man nennt, sternhagelvoll war und sich kaum auf den Beinen hielt.

"Du Faulpelz!" schrie Herr Goljadkin; "du Nichtswürdiger! Du hast mir ja den schwersten Schaden zugefügt! Herr Gott, wo hast du nur den Brief gelassen? Ach, du mein Schöpfer, wie soll der Brief nun ... Und warum habe ich ihn überhaupt geschrieben? Brauchte ich ihn denn zu schreiben? Ich habe mich von meinem übermäßigen Ehrgefühl hinreißen lassen, ich Dummkopf! Dahin hat mich meine Empfindlichkeit gebracht! Das hast du nun von deinem Ehrgefühl, du Schuft; das hast du von deinem Ehrgefühl!... Na, du da! Wo hast du den Brief gelassen, du Halunke? An wen hast du ihn abgegeben?..."

"An niemanden habe ich einen Brief abgegeben; ich habe überhaupt keinen Brief gehabt ... so ist die Sache!"

Herr Goljadkin rang vor Verzweiflung die Hände.

"Hör mal, Petruschka; hör mal zu; hör mal, was ich dir sagen will ..."

"Na ja, ich höre."

"Wo bist du hingegangen? Antworte!..."

"Wo ich hingegangen bin? Zu guten Leuten bin ich hingegangen! Weiter geht mich nichts an!"

"Ach du mein Herrgott! Wo bist du zuerst hingegangen? Bist du in der Kanzlei gewesen?... Hör mal, Petruschka: du bist wohl betrunken?"

"Ich betrunken? Da will ich doch gleich auf dem Fleck krepieren, da will ich ..."

"Nein, nein, das macht ja nichts, daß du betrunken bist... Ich habe nur gefragt; es ist ganz gut, daß du betrunken bist; ich schelte ja nicht, Petruschka, ich schelte ja nicht... Du hast es vielleicht für einen Augenblick vergessen und wirst dich an alles wieder erinnern. Nun also, besinne dich mal: bist du bei dem Sekretär Wachramejew gewesen? Bist du da gewesen oder nicht?"

"Ich bin nicht bei ihm gewesen; so einen Sekretär gab es gar nicht. Da will ich gleich auf dem Fleck ..."

"Nein, nein, Petruschka! Nein, Petruschka, ich schelte ja nicht; du siehst ja, daß ich nicht schelte... Na, was ist denn dabei? Draußen ist es kalt und naß; da trinkt der Mensch ein Schlückchen; das schadet ja nichts. Ich bin darüber nicht böse. Ich habe heute selbst ein bißchen getrunken, lieber Freund... Nun sage mal, besinne dich mal, lieber Freund: bist du bei dem Sekretär Wachramejew gewesen?"

"Na, wenn es so steht, dann will ich wahrheitsgemäß sagen: ich bin da gewesen. Da will ich gleich auf dem Fleck ..."

"Na, das ist ja schön, Petruschka, das ist ja schön, daß du da gewesen bist. Du siehst, ich bin nicht ärgerlich... Nun, nun," fuhr unser Held fort, der seinen Diener noch weiter zu begütigen suchte, ihm auf die Schulter klopfte und ihm zulächelte, "nun, also du hast ein bißchen getrunken, du Racker... hast für zehn Kopeken ein bißchen getrunken? Ja, ja, du Spitzbube! Na, das schadet nichts; na, du siehst, daß ich nicht böse darüber bin... ich bin nicht böse darüber, lieber Freund, ich bin nicht böse darüber..."

"Nein, ich bin kein Spitzbube, da können Sie sagen, was Sie wollen ... Ich bin nur zu guten Leuten herangegangen; aber ich bin kein Spitzbube und bin nie ein Spitzbube gewesen ..."

"Aber nein, nein, Petruschka! So höre doch, Petruschka! Ich schimpfe dich ja nicht, wenn ich dich einen Spitzbuben nenne. Ich sage das ja, um dir eine Freude zu machen; ich sage das in gutem Sinne. Damit schmeichelt man ja manchem Menschen, Petruschka, wenn man zu ihm sagt, er sei ein solcher Schlaukopf, ein so geriebener Bursche, daß er sich von niemandem betrügen und hinters Licht führen lasse. So etwas hört mancher gern ... Nun, nun, es macht nichts! Nun, sage mir jetzt nur ohne Umschweife, Petruschka, offenherzig, wie einem Freunde ... na, bist du bei dem Sekretär Wachramejew gewesen, und hat er dir die Adresse gegeben?"

"Ja, er hat mir auch die Adresse gegeben, auch die Adresse hat er mir gegeben. Er ist ein netter, freundlicher Beamter! "Dein Herr", sagte er, "ist ein guter Mensch, ein sehr guter Mensch; bestelle deinem Herrn nur eine Empfehlung von mir und meinen Dank und sage ihm, daß ich ihn sehr gern habe; ich schätze deinen Herrn sehr hoch! Weil dein Herr", sagte er, "ein guter Mensch ist, Petruschka; und du, Petruschka", sagte er, "bist auch ein guter Mensch." Und da will ich gleich ..."

"Ach du mein Herrgott! Aber die Adresse, die Adresse! O du unzuverlässiges Subjekt!" Die letzten Worte sagte Herr Goljadkin fast flüsternd.

"Die Adresse ... er hat mir auch die Adresse gegeben."

"Er hat sie dir gegeben? Na, wo wohnt er denn, dieser Goljadkin, dieser Titularrat Goljadkin?"

"Er sagte: "Goljadkin findest du in der Schestilawotschnaja-Straße. Wenn du hinkommst," sagte er, "in die Schestilawotschnaja-Straße, dann rechts, die Treppe hinauf, im vierten Stock. Da wirst du Goljadkin finden," sagte er."

"Du Schurke!" schrie unser Held, der endlich die Geduld verlor. "Du Kanaille! Das bin ich ja! Da redest du ja von mir! Aber es gibt noch einen andern Goljadkin; ich rede von dem andern, du Schurke!"

"Na, meinetwegen! Was kümmert es mich! Meinetwegen! ..."

"Aber der Brief, der Brief..."

"Was für ein Brief? Es ist gar kein Brief dagewesen; ich habe keinen Brief gesehen."

"Wo hast du ihn denn gelassen, du Schlingel?"

"Ich habe ihn abgegeben; ich habe den Brief abgegeben. "Bestelle eine Empfehlung," sagte er, "und ich ließe danken; dein Herr ist ein guter Mensch. Bestelle deinem Herrn eine Empfehlung!" sagte er."

"Aber wer hat das denn gesagt? Hat das Goljadkin gesagt?"

Petruschka schwieg ein Weilchen, sah seinem Herrn gerade in die Augen und grinste über das ganze Gesicht.

"Hör mal, du Racker," begann Herr Goljadkin keuchend und vor Wut ganz außer sich, "was hast du mir da angetan! Nun sag mir nur, was du mir da angetan hast! Du hast mich zugrunde gerichtet, du Bösewicht! Völlig zugrunde gerichtet hast du mich, du unzuverlässiger Patron!"

"Na meinetwegen! Was kümmert es mich!" sagte Petruschka in entschiedenem Tone und zog sich hinter die Scheidewand zurück.

"Komm her, komm her, du Nichtswürdiger!"

"Ich komme jetzt nicht zu Ihnen; fällt mir nicht ein. Was kümmert es mich! Ich gehe zu guten Leuten ... Gute Leute leben ehrenhaft; gute Leute leben ohne Falschheit und sind niemals doppelt ..." Herrn Goljadkin wurden Arme und Beine starr und kalt wie Eis, und der Atem stockte ihm ...

"Ja," fuhr Petruschka fort, "die sind niemals doppelt; die versündigen sich nicht gegen Gott und gegen ehrenhafte Leute ..."

"Du Taugenichts, du Trunkenbold! Schlaf dich jetzt aus, du Halunke! Aber morgen werde ich dir deinen Standpunkt klarmachen!" sagte Herr Goljadkin mit kaum vernehmbarer Stimme. Was Petruschka anlangt, so murmelte er noch etwas; darauf war zu hören, wie er sich auf sein Bett legte, so daß das Bett krachte, wie er langgezogen gähnte, sich ausstreckte und endlich schnarchend in den sogenannten Schlaf der Unschuld versank. Herr Goljadkin war nicht tot, nicht lebendig. Petruschkas Benehmen, seine sehr sonderbaren, obwohl nur entfernten Anspielungen, über die man sich somit nicht zu ärgern brauchte, um so weniger, da sie aus dem Munde eines Betrunkenen kamen, und endlich die gesamte üble Wendung, die die Sache genommen hatte: all dies hatte Herrn Goljadkin im tiefsten

Grunde erschüttert. "Und da mußte ich auf den Einfall kommen, ihm mitten in der Nacht Vorwürfe zu machen!" sagte unser Held, der infolge einer krankhaften Empfindung am ganzen Leibe zitterte. "Und da plagte mich der Teufel, mich mit einem Betrunkenen abzugeben! Was für vernünftige Antworten kann man wohl von einem Betrunkenen erwarten! Da ist doch jedes Wort eine Lüge. Worauf spielte er übrigens an, der Halunke? Herr du mein Gott! Und wozu habe ich alle diese Briefe geschrieben, ich Mörder, ich Selbstmörder! Ich kann doch nie schweigen! Nein, ich mußte mich verplappern! Nun hast du's! Du gehst zugrunde; du bist wie ein alter Lappen; aber dabei willst du noch von Ehrgefühl reden und sagst: Meine Ehre leidet; ich muß meine Ehre retten! O ich Selbstmörder!"

So sprach Herr Goljadkin, während er auf seinem Sofa saß und sich vor Angst nicht zu rühren wagte. Auf einmal blieben seine Augen auf einem Gegenstande haften, der im höchsten Grade seine Aufmerksamkeit erregte. Fürchtend, der Gegenstand, der seine Aufmerksamkeit erregte, könne eine Illusion, eine Täuschung seiner Einbildungskraft sein, streckte er die Hand nach ihm aus, hoffnungsvoll, schüchtern und in unbeschreiblicher Neugier ... Nein, es war keine Täuschung! Es war keine Illusion! Ein Brief war es, ein richtiger Brief, zweifellos ein Brief und an ihn adressiert. Herr Goljadkin nahm den Brief vom Tische. Das Herz in der Brust pochte ihm heftig. "Gewiß hat ihn dieser Schurke gebracht, da hingelegt und dann vergessen; gewiß ist es alles so zugegangen; gewiß wird es genau so zugegangen sein..."

Der Brief war von dem Sekretär Wachramejew, einem jüngeren Kollegen und ehemaligen Freunde des Herrn Goljadkin. "Übrigens habe ich mir das alles vorhergedacht," sagte sich unser Held, "und alles, was jetzt in dem Briefe stehen wird, habe ich mir ebenfalls vorhergedacht ..." Der Brief lautete folgendermaßen:

"Geehrter Herr,

Jakow Petrowitsch!

"Ihr Diener ist betrunken, und es ist nichts Gescheites von ihm zu erwarten; aus diesem Grunde ziehe ich es vor, Ihnen brieflich zu antworten. Ich beeile mich. Ihnen mitzuteilen, daß ich den mir von Ihnen erteilten Auftrag, bestehend in der Weitergabe eines Briefes an eine Ihnen bekannte Person, mit aller Zuverlässigkeit und Genauigkeit ausführen werde. Diese Ihnen sehr bekannte Person, die mir jetzt einen früheren Freund ersetzt, und deren Namen ich hier verschweige (weil ich den Ruf eines ganz unschuldigen Menschen nicht grundlos beflecken möchte), wohnt mit mir zusammen in Karolina Iwanownas Wohnung, in demselben Zimmer, in welchem früher, zu der Zeit als Sie noch bei uns wohnten, ein aus Tambow zugereister Infanterieoffizier logierte. Übrigens können Sie diese Person überall im Verkehr mit ehrenhaften, offenherzigen Leuten finden, was man von manchen anderen nicht sagen kann. Meine Beziehungen zu Ihnen beabsichtige ich mit dem heutigen Tage abzubrechen; wir können unseren bisherigen freundschaftlichen Ton und unser einmütiges kollegialisches Verhältnis nicht beibehalten, und daher bitte ich Sie, geehrter Herr, unverzüglich nach Empfang dieses meines freimütigen Briefes mir die zwei Rubel zuzustellen, die Sie mir noch für ein Rasiermesser ausländischen Fabrikates schulden, das ich Ihnen, wenn Sie sich erinnern, vor sieben Monaten verkaufte, noch zu der Zeit, als Sie mit mir bei Karolina Iwanowna wohnten, die ich von ganzem Herzen hochschätze. Ich verfahre so deshalb, weil Sie nach der Angabe verständiger Leute alles Ehrgefühl und allen guten Ruf verloren haben und für die Moralität unschuldiger, noch nicht infizierter Leute gefährlich geworden sind; denn gewisse Personen leben nicht nach den Geboten der Wahrhaftigkeit, und dazu sind ihre Reden trügerisch und ihre wohlwollende Miene verdächtig. Leute, welche bereit sind, Karolina Iwanownas Verteidigung zu übernehmen, eines Mädchens, das sich immer wohlgesittet benommen hat und zweitens durchaus ehrenwert ist und ferner, wenn sie auch die Jugend bereits hinter sich hat, doch dafür aus einer guten ausländischen Familie stammt, solche Leute kann man immer und überall finden, und mehrere Personen haben mich gebeten, dies in diesem meinem Briefe beiläufig in ihrem Namen zu erklären. In jedem Falle werden Sie seinerzeit alles erfahren, wenn Sie es nicht jetzt schon erfahren haben, trotzdem Sie sich nach der Angabe anständiger Leute an allen Enden der Residenz in schlechten Ruf gebracht haben, geehrter Herr, und folglich schon an vielen Stellen Mitteilungen, Ihre Person betreffend, hätten erhalten können. Zum Schlusse meines

Briefes erkläre ich Ihnen, geehrter Herr, daß die Ihnen bekannte Person, deren Namen ich hier aus gewissen wohlanständigen Gründen nicht erwähne, die volle Hochachtung wohlgesinnter Leute genießt, zudem ein heiteres, angenehmes Wesen hat, wie im Dienste so auch im Verkehr mit allen vernünftig denkenden Leuten reüssiert, ihrem Worte und der Freundschaft treu bleibt und nicht hinter dem Rücken diejenigen beleidigt, mit denen sie öffentlich in freundschaftlichen Beziehungen steht.

"In jedem Falle verbleibe ich

Ihr gehorsamer Diener

N. Wachramejew."

"P.S. Jagen Sie Ihren Diener fort: er ist ein Trunkenbold und macht Ihnen aller Wahrscheinlichkeit nach viel Mühe und Umstände; nehmen Sie doch an seiner Statt Jewstasi, der früher bei uns diente und augenblicklich ohne Stelle ist. Ihr jetziger Diener ist nicht nur ein Trunkenbold, sondern außerdem auch ein Dieb; denn er hat noch in der vorigen Woche ein Pfund Stückenzucker an Karolina Iwanowna für sehr billigen Preis verkauft, was er meines Erachtens nur tun konnte, wenn er Sie im kleinen und zu verschiedenen Zeitpunkten listig bestohlen hat. Ich schreibe Ihnen dies, weil ich Ihnen Gutes wünsche, obgleich gewisse Personen weiter nichts verstehen als alle Leute zu beleidigen und zu betrügen, namentlich einen jeden, der ehrenhaft ist und einen guten Charakter besitzt, und überdies über andere Leute hinter deren Rücken Verleumdungen verbreiten und die Handlungsweise derselben in ungünstigem Lichte darstellen, einzig und allein aus Neid, und weil sie für sich selbst solche ehrenhaften Beziehungen nicht in Anspruch nehmen können.

W."

Nachdem unser Held Wachramejews Brief durchgelesen hatte, verharrte er noch lange in regungsloser Haltung auf seinem Sofa. Eine Art von neuem Lichte drang durch den ganzen trüben, rätselhaften Nebel, der ihn schon seit zwei Tagen umgab. Unser Held begann zum Teil zu verstehen... Er wollte sich vom Sofa erheben und ein paarmal im Zimmer auf und ab gehen, um sich zu erholen, seine in Verwirrung geratenen Gedanken einigermaßen zu sammeln, sie auf einen bestimmten Gegenstand zu richten und dann, wenn er ein wenig in Ordnung gekommen wäre, seine Lage reiflich zu überlegen. Aber kaum machte er einen Versuch aufzustehen, als er sofort matt und kraftlos auf seinen bisherigen Platz zurücksank. "Ja gewiß, ich habe mir das alles vorhergedacht; aber in welcher Manier schreibt er nur, und was ist der gerade Sinn dieser Worte? Den Sinn verstehe ich allerdings; aber wohin wird dies alles führen? Wenn er geradeheraus sagte: "So und so; das und das verlange ich;" dann würde ich seine Forderung erfüllen. Aber auf diese Art nimmt die Sache eine recht unangenehme Wendung! Ach, wenn es nur recht bald Tag würde und ich mich recht bald ans Werk machen könnte! Jetzt weiß ich, was ich zu tun habe. Ich werde sagen: "So und so; auf Erörterungen bin ich bereit einzugehen; meine Ehre werde ich nicht verkaufen" usw. Übrigens wie hat er, diese gewisse Person, dieser unangenehme Mensch, es angefangen, sich hier einzumischen? Und wozu hat er sich eigentlich hier eingemischt? Ach, wenn es doch recht schnell Tag würde! Bis dahin bringen sie mich in üblen Ruf, intrigieren gegen mich und arbeiten auf meinen Schaden hin! Die Hauptsache ist: ich darf keine Zeit verlieren, sondern muß z. B. jetzt wenigstens einen Brief schreiben, in dem ich diese und jene Punkte mit Stillschweigen übergehe und mich mit diesen und jenen einverstanden erkläre. Und morgen, sowie es hell wird, muß ich ihn absenden, und ich selbst muß so früh wie möglich ... hm... und ihnen von der andern Seite entgegenarbeiten und diesen allerliebsten Leuten zuvorkommen ... Sie bringen mich in schlechten Ruf; das steht fest!"

Herr Goljadkin legte sich einen Bogen Papier zurecht, ergriff die Feder und schrieb folgenden Brief als Antwort auf den Brief des Gouvernementssekretärs Wachramejew:

"Geehrter Herr,
Nestor Ignatjewitsch!

"Mit Erstaunen und betrübtem Herzen habe ich Ihren für mich so beleidigenden Brief gelesen; denn ich erkenne deutlich, daß Sie mich meinen, wenn Sie von einigen unwürdigen Personen reden und von manchen, die eine wohlwollende Gesinnung erheucheln. Mit aufrichtigem Schmerze sehe ich, wie schnell, wie erfolgreich und wie tief die Verleumdung Wurzel geschlagen hat, zum Schaden meiner Wohlfahrt, meiner Ehre und meines guten Namens. Und besonders kränkend und verletzend ist es für mich, daß sogar ehrenhafte Leute, Leute mit einer wahrhaft anständigen Denkweise und, was die Hauptsache ist, mit geradem, offenem Charakter, sich von der Partei der wohlanständigen Leute lossagen und mit den besten Eigenschaften ihres Herzens sich jener verderblichen Fäulnis hingeben, die leider in unserer argen, sittenlosen Zeit so stark wuchert und sich so heimtückisch ausbreitet. Zum Schlusse erkläre ich, daß ich es für meine heilige Pflicht erachte, meine von Ihnen bezeichnete Schuld, nämlich zwei Rubel, Ihnen in ihrem vollen Betrage zurückzuerstatten.

"Was Ihre Andeutungen in betreff einer gewissen Person weiblichen Geschlechtes und in betreff der Absichten, Spekulationen und mannigfaltigen Pläne dieser Person anbelangt, geehrter Herr, so sage ich Ihnen, daß ich all diese Andeutungen nur unvollkommen und mangelhaft verstanden habe. Gestatten Sie mir, geehrter Herr, meine anständige Denkweise und meinen ehrlichen Namen unbefleckt zu erhalten. In jedem Falle bin ich bereit, auf persönliche Erörterungen einzugehen, da ich das mündliche Verfahren dem brieflichen als zuverlässiger vorziehe, und überdies bin ich zu einer friedlichen, selbstverständlich gegenseitigen Einigung bereit. Zu diesem Ende ersuche ich Sie, geehrter Herr, dieser Person von meiner Bereitwilligkeit zu einer persönlichen Verständigung Mitteilung zu machen und sie außerdem um Bestimmung von Zeit und Ort für eine Zusammenkunft zu bitten. Es war mir schmerzlich, geehrter Herr, Ihre Anspielungen darauf zu lesen, daß ich Sie gekränkt, unsere ursprüngliche Freundschaft verraten und mich in schlechtem Sinne über Sie ausgesprochen hätte. Ich schreibe all dies einem Mißverständnisse zu, abscheulicher Verleumdung, dem Neide und Übelwollen derjenigen, die ich mit Recht meine erbittertsten Feinde nennen kann. Aber sie wissen wahrscheinlich nicht, daß die Unschuld schon durch ihre Unschuld stark ist, daß die Schamlosigkeit, die Frechheit und die empörende Familiarität mancher Personen früher oder später sich das Brandmal allgemeiner Verachtung zuziehen werden, und daß diese Personen an der Nichtswürdigkeit und Verderbtheit ihres eigenen Herzens zugrunde gehen müssen. Zum Schlusse bitte ich Sie noch, geehrter Herr, diesen Personen mitzuteilen, daß ihre seltsame Anmaßung und ihr unedles, phantastisches Verlangen, andere aus den Stellungen zu verdrängen, die diese andern durch ihr Dasein in dieser Welt einnehmen, und sich deren Platz anzueignen, nur geeignet sind, Erstaunen, Verachtung und Bedauern zu erwecken und sie selbst ins Irrenhaus zu bringen, und daß überdies solche Machenschaften durch die Gesetze streng verboten sind, was meiner Meinung nach durchaus gerecht ist; denn ein jeder muß mit seinem eigenen Platze zufrieden sein. Alles hat seine Grenzen, und wenn dies ein Scherz ist, so ist es ein unziemlicher Scherz, ja ich will noch mehr sagen: ein ganz unmoralischer Scherz; denn ich erlaube mir, Ihnen zu versichern, geehrter Herr, daß meine oben dargelegten Anschauungen über den eigenen Platz eines jeden rein moralisch sind.

"In jedem Falle habe ich die Ehre, zu verbleiben

Ihr gehorsamster Diener   J. Goljadkin."

10. Kapitel

Überhaupt kann man sagen, daß die Ereignisse des gestrigen Tages Herrn Goljadkin bis auf den tiefsten Grund seiner Seele erschüttert hatten. Unser Held schlief sehr schlecht, d. h. er konnte nicht einmal auf fünf Minuten richtig einschlafen, gerade wie wenn ein Spaßvogel ihm kleingeschnittene Borsten ins Bett gestreut gehabt hätte. Die ganze Nacht verbrachte er in einem Zwischenzustande zwischen Schlafen und Wachen, indem er sich von einer Seite auf die andere wälzte, stöhnte, sich räusperte, für einen Augenblick einschlief und im nächsten Augenblick wieder erwachte; und all das wurde von einem seltsamen Gefühl des Kummers, von unklaren Erinnerungen und häßlichen Träumen begleitet, mit einem Worte von allem, was es nur Unangenehmes geben kann ... Bald erschien vor ihm in einem sonderbaren, rätselhaften Dämmerlichte Andrei Filippowitschs Gesicht, dieses harte, ärgerliche Gesicht, mit dem harten, strengen Blicke und dem trocken-höflichen Herumräsonieren ... Und kaum fing Herr Goljadkin an, zu Andrei Filippowitsch heranzutreten, um sich vor ihm irgendwie, auf die eine oder die andere Weise, zu rechtfertigen und ihm zu beweisen, daß er ganz und gar nicht ein solcher Mensch sei, wie ihn seine Feinde darstellten, sondern vielmehr ein so und so beschaffener, und daß er sogar außer seinen gewöhnlichen, angeborenen guten Eigenschaften noch diese und jene besonderen besitze: da erschien die durch ihre unlautere Denkweise bekannte Person und zerstörte durch irgendein ganz empörendes Mittel mit einem Schlage Herrn Goljadkins gesamte Bemühungen, verdarb beinahe vor dessen Augen seinen guten Ruf gründlich, trat sein Ehrgefühl in den Schmutz und nahm dann unverzüglich den Platz desselben im Dienste und in der Gesellschaft ein. Bald wieder juckte es Herrn Goljadkin im Gesichte von einem unlängst wohlerworbenen und demütig hingenommenen Nasenstüber, einem Nasenstüber, den er entweder im gewöhnlichen Leben oder auch im Dienste erhalten hatte, und gegen den er nicht leicht Protest einlegen konnte … Und während Herr Goljadkin anfing, sich den Kopf darüber zu zerbrechen, warum es eigentlich so schwer sei, gegen einen solchen Nasenstüber zu protestieren, ging dieser Gedanke an den Nasenstüber unmerklich in eine andere Form über, in die Form einer gewissen kleinen oder auch recht beträchtlichen Gemeinheit, die er gesehen, gehört oder auch unlängst selbst begangen hatte, wie er denn dergleichen häufig beging, nicht aus gemeinem Charakter, auch nicht aus irgendwelcher gemeinen Absicht, sondern nur so ohne besonderen Grund, manchmal z. B. rein zufällig, aus Zartgefühl, ein andermal aus dem Gefühle seiner völligen Hilflosigkeit, na, schließlich auch weil … weil, kurz gesagt, Herr Goljadkin wußte recht gut, weswegen! Hier errötete Herr Goljadkin im Traume, und indem er sein Erröten zu unterdrücken versuchte, murmelte er vor sich hin, hier könne man z. B. Charakterstärke zeigen, man könne im vorliegenden Falle bedeutende Charakterstärke zeigen … und dann schloß er: "Was ist denn Charakterstärke? Was hat es für Zweck, ihr Wesen jetzt zu begreifen? …" Aber am meisten trug dazu, Herrn Goljadkin zu reizen und in Wut zu versetzen, der Umstand bei, daß unfehlbar in solchen Augenblicken, gerufen oder ungerufen, die ihm durch ihre Schändlichkeit und ihr spöttisches Benehmen bekannte Person erschien und, obgleich die Sache doch wohl schon hinreichend bekannt war, ebenfalls mit einem unpassenden Lächeln murmelte: "Was soll denn hier Charakterstärke? Und was besitzen wir beide, ich und du, Jakow Petrowitsch, denn für Charakterstärke?…" Dann wieder hatte Herr Goljadkin einen andern Traum: er befand sich in einer schönen, durch das geistreiche Wesen und den vornehmen Ton aller anwesenden Personen ausgezeichneten Gesellschaft und zeichnete sich seinerseits durch Geist und Liebenswürdigkeit aus; alle gewannen ihn lieb, sogar, was ihm besonders angenehm war, einige seiner Feinde, die ebenfalls anwesend waren, und alle räumten ihm den Vorrang ein, und er hörte endlich selbst mit Vergnügen, wie der Hausherr dort einen der Gäste beiseite führte und ihn, Herrn Goljadkin, lobte... und dann auf einmal erschien mir nichts dir nichts wieder die durch ihre Bosheit und brutalen Instinkte bekannte Person in Gestalt Herrn Goljadkins des jüngeren und zerstörte mit einem Schlage, in einem Augenblicke, durch ihr bloßes Erscheinen den ganzen Ruhm und Triumph Herrn Goljadkins des älteren, stellte Goljadkin den älteren völlig in den Schatten, trat ihn in den Schmutz und bewies zuletzt klar, Goljadkin der ältere, also der richtige, sei überhaupt nicht der richtige, sondern eine Fälschung, und sie sei vielmehr der richtige; Goljadkin der ältere sei überhaupt nicht das, was er zu sein scheine, sondern ein so und so beschaffener Mensch und mithin nicht befugt und berechtigt, sich in der Gesellschaft von Leuten mit anständiger Denkweise und seinen Umgangsformen zu bewegen. Und all dies geschah so schnell, daß Herr Goljadkin noch nicht Zeit gehabt hatte; den Mund aufzutun, als sich bereits alle mit Leib und Seele dem widerwärtigen, gefälschten Herrn Goljadkin hingegeben hatten und mit der tiefsten Verachtung ihn, den echten, unschuldigen Herrn Goljadkin, von sich stießen. Es blieb keine Person übrig, deren Gesinnung der widerwärtige Herr Goljadkin nicht in einem Augenblicke auf seine Weise umgestimmt hätte. Es blieb keine Person übrig, auch nicht die unbedeutendste der ganzen Gesellschaft, an die sich der nichtswürdige, unechte Herr Goljadkin nicht in seiner Weise auf die süßeste Manier herangeschlängelt, der er sich nicht in seiner Weise aufgedrängt, vor der er nicht nach seiner Gewohnheit mit etwas sehr Angenehmem, Süßem geräuchert hätte, was der Umräucherte nur zu riechen brauchte, um zum Zeichen des höchsten Vergnügens bis zu Tränen zu niesen. Und was die Hauptsache war: das alles geschah in einem Momente; die Schnelligkeit, mit der der verdächtige, nichtswürdige Herr Goljadkin verfuhr, war erstaunlich! Kaum war er damit fertig geworden, sich mit dem einen zu befreunden und sich dessen Wohlwollen zu erwerben, als er auch schon, ehe man auch nur mit den Augen blinzeln konnte, einen zweiten in Angriff nahm. Nun befreundete er sich still und sachte mit dem zweiten und entlockte ihm ein Lächeln der Geneigtheit, machte mit seinem kurzen, drallen, dabei aber recht stämmigen Beinchen einen Kratzfuß und war bereits beim dritten und machte auch dem dritten schon den Hof und gewann ihn sich zum Freunde; und ehe man noch hatte den Mund öffnen und in Erstaunen geraten können, war er schon beim vierten und war mit dem vierten ebensoweit gelangt, – es war ordentlich ängstlich, geradezu Zauberei! Und alle freuten sich über ihn, alle hatten ihn gern, alle lobten ihn, und alle sprachen sich einstimmig dahin aus, daß seine Liebenswürdigkeit und seine satirische Veranlagung unvergleichlich viel höher standen als die Liebenswürdigkeit und satirische Veranlagung des wirklichen Herrn Goljadkin, und demütigten damit den wirklichen, unschuldigen Herrn Goljadkin und wandten sich von dem wahren Herrn Goljadkin ab und verjagten sogar den wohlgesinnten Herrn Goljadkin mit Püffen und Stößen und überschütteten den durch seine Nächstenliebe bekannten wirklichen Herrn Goljadkin mit Nasenstübern! ... Voll Kummer, Angst und Wut rannte der vielgeprüfte Herr Goljadkin auf die Straße und wollte sich eine Droschke holen, um geradeswegs zu Seiner Exzellenz zu fahren, und wenn das nicht, so doch wenigstens zu Andrei Filippowitsch; aber welch ein Schrecken! die Droschkenkutscher weigerten sich, Herrn Goljadkin zu fahren; "nein, Herr," sagten sie, "zwei ganz gleiche Personen zu fahren, das ist nicht erlaubt, Euer Wohlgeboren; ein guter Mensch ist darauf bedacht, ehrbar zu leben, und ist nie doppelt." Fassungslos vor Scham blickte der durchaus ehrbare Herr Goljadkin um sich und überzeugte sich tatsächlich selbst mit seinen eigenen Augen, daß die Droschkenkutscher und der mit ihnen im Einverständnis befindliche Petruschka recht hatten; denn der verworfene Herr Goljadkin war in der Tat auch dort, neben ihm, nicht weit von ihm entfernt, und schickte sich seiner gemeinen Gewohnheit gemäß auch jetzt in diesem Augenblicke zweifellos an, etwas sehr Unanständiges zu tun, etwas, was ganz und gar keine besondere Vornehmheit des Charakters bekundete, eine Vornehmheit, die man gewöhnlich durch die Erziehung erhält, und deren der widerwärtige Herr Goljadkin der zweite sich bei jeder geeigneten Gelegenheit zu rühmen pflegte. Ganz vernichtet und vor Scham und Verzweiflung von sich selbst nicht wissend, stürzte der durchaus wahre Herr Goljadkin blindlings davon, wohin der Wille des Schicksals ihn führte; aber bei jedem Schritte, den er tat, bei jedem Aufschlagen seines Fußes auf den Granit des Trottoirs sprang aus der Erde ein Herr Goljadkin heraus, der jenem verworfenen, widerwärtigen Menschen vollkommen ähnlich war. Und alle diese vollkommen ähnlichen Gestalten begannen sofort nach ihrem Erscheinen einer hinter dem andern her zu laufen und wackelten in langer Kette wie eine Reihe von Gänsen hinter Herrn Goljadkin dem älteren her, so daß dieser ihnen nirgendhin entfliehen konnte und dem in jeder Hinsicht bedauernswerten Herrn Goljadkin vor Angst der Atem stockte und zuletzt eine furchtbare Menge solcher vollkommenen Ebenbilder entstanden war und die ganze Residenz zuletzt von ihnen wimmelte und ein Polizist angesichts einer solchen Störung der Ordnung sich genötigt sah, sie alle beim Kragen zu nehmen und in sein zufällig in der Nähe befindliches Schilderhaus zu sperren ... Starr und eiskalt vor Angst erwachte unser Held und hatte die Empfindung, daß er auch im Wachen die Zeit kaum heiterer verbringen werde ... Er fühlte sich bedrückt und gequält ... Es befiel ihn eine Traurigkeit, als ob ihm jemand das Herz in der Brust mit den Zähnen zerfleischte ...

Schließlich konnte Herr Goljadkin es nicht länger ertragen. "Das darf nicht sein!" rief er aus, richtete sich entschlossen im Bette auf und wurde nun nach diesem Ausrufe völlig wach.

Es war anscheinend schon lange Tag geworden. Im Zimmer war es auffällig hell; die Sonnenstrahlen drangen kräftig durch die vom Froste mit Reif überzogenen Fensterscheiben und breiteten sich in Fülle im Zimmer aus, was Herrn Goljadkin in nicht geringe Verwunderung versetzte; denn die Sonne pflegte nur um Mittag zu ihm hereinzublicken, und früher waren solche Ausnahmen im Laufe des himmlischen Gestirnes, soviel sich wenigstens Herr Goljadkin selbst erinnern konnte, niemals vorgekommen. Kaum war unser Held sich dessen mit Verwunderung bewußt geworden, als hinter der Scheidewand die Wanduhr zu summen anfing und sich auf diese Weise zum Schlagen fertig machte. "Nun also!" dachte Herr Goljadkin und schickte sich in ängstlicher Erwartung an zu hören ... Aber zu seinem größten Erstaunen tat die Uhr nach ihrer großen Anstrengung nur einen einzigen Schlag. "Was stellt das vor?" rief unser Held und sprang völlig aus dem Bette. Seinen Ohren nicht trauend, lief er so, wie er war, hinter die Scheidewand. Die Uhr zeigte tatsächlich eins. Herr Goljadkin warf einen Blick nach Petruschkas Bett; aber im Zimmer war von Petruschka nicht die Spur zu sehen: sein Bett war anscheinend schon längst verlassen und in Ordnung gebracht; auch seine Stiefel waren nirgends vorhanden, ein unzweifelhaftes Anzeichen dafür, daß Petruschka wirklich nicht zu Hause war. Herr Goljadkin stürzte zur Tür hin: die Tür war verschlossen. "Aber wo mag nur Petruschka sein?" fuhr er flüsternd fort; er befand sich in furchtbarer Aufregung und fühlte ein starkes Zittern in allen Gliedern ... Auf einmal fuhr ihm ein Gedanke durch den Kopf ... Herr Goljadkin lief zu seinem Tische, überblickte ihn, suchte rings umher – richtig: sein gestriger Brief an Wachramejew war nicht da ... Petruschka war ebenfalls nicht hinter der Scheidewand; die Wanduhr zeigte eins, und in Wachramejews gestrigem Briefe waren einige neue Punkte angeführt gewesen, die zwar auf den ersten Blick sehr unklar erschienen waren, aber jetzt ihre vollständige Aufklärung gefunden hatten. Also auch Petruschka, auch Petruschka war augenscheinlich erkauft! Ja, ja, so war es!

"Also so haben sie den wichtigsten Knoten geschürzt!" rief Herr Goljadkin, indem er sich vor die Stirn schlug und die Augen immer weiter öffnete; "also im Hause dieses greulichen deutschen Frauenzimmers laufen jetzt alle Fäden dieses höllischen Komplotts zusammen! Also hat sie nur eine strategische Diversion gemacht, indem sie mich nach der Ismailowski-Brücke hinwies; sie hat mir Sand in die Augen gestreut, mich wirr gemacht, die nichtswürdige Hexe, und auf diese Art ihre unterirdischen Minen gelegt!!! Ja, so ist es! Wenn man die Sache von dieser Seite betrachtet, dann sieht man, daß sich alles genau so verhält! Auch das Erscheinen jenes Schurken erklärt sich jetzt vollkommen: da hängt eins mit dem andern zusammen. Sie hatten ihn schon lange beschafft, ihn zurechtgemacht und hielten ihn für den Unglückstag in Bereitschaft. So also hat sich jetzt alles herausgestellt! Wie hat nur alles diese Wendung nehmen können? Nun, es macht nichts! Noch ist das Spiel nicht verloren! ..." Hier erinnerte sich Herr Goljadkin mit Schrecken daran, daß es bereits zwischen ein und zwei Uhr nachmittags war. "Aber wenn es ihnen nun inzwischen gelungen ist ..." Ein Stöhnen entrang sich seiner Brust ... "Aber nein, sie lügen, es ist ihnen noch nicht gelungen, – wir wollen sehen ..." Er kleidete sich notdürftig an, ergriff Papier und Feder und schrieb den folgenden Brief:

"Geehrter Herr,
Jakow Petrowitsch!

"Entweder Sie oder ich; aber nebeneinander haben wir nicht Platz! Und darum erkläre ich Ihnen, daß Ihr sonderbares, lächerliches und zugleich ganz unglaubliches Bemühen, als mein Zwillingsbruder zu erscheinen und sich für einen solchen auszugeben, zu nichts anderem führen kann als zu Ihrer vollständigen Beschämung und Niederlage. Deshalb ersuche ich Sie in Ihrem eigenen Interesse, den Weg freizugeben und wahrhaft anständigen Leuten, welche moralisch gute Ziele verfolgen, den Platz zu räumen. Andernfalls bin ich entschlossen, auch vor den äußersten Maßregeln nicht zurückzuschrecken. Ich lege die Feder hin und werde warten ... Im übrigen verbleibe ich zu Ihren Diensten ... auch mit der Pistole.

J. Goljadkin."

Als unser Held dieses Schreiben beendet hatte, rieb er sich energisch die Hände. Dann zog er sich den Mantel an, setzte sich den Hut auf, schloß mit seinem Reserveschlüssel die Entreetür auf und machte sich auf den Weg nach der Kanzlei. Er gelangte auch bis zum Amtsgebäude; aber hineinzugehen konnte er sich nicht entschließen; es war in der Tat schon zu spät; Herrn Goljadkins Uhr zeigte halb drei. Plötzlich löste ein anscheinend geringfügiger Umstand einige Zweifel des Herrn Goljadkin: um eine Ecke des Amtsgebäudes herum kam auf einmal schwer atmend und mit gerötetem Gesicht eine Gestalt, huschte heimlich wie eine Ratte die Stufen vor der Haustür hinan und verschwand im Flur. Dies war der Schreiber Ostafjew, ein Mensch, der Herrn Goljadkin sehr wohlbekannt war, ein Mensch, den man mitunter brauchen konnte, und der sich für ein Zehnkopekenstück zu allem bereit finden ließ. Da er Ostafjews schwache Seite kannte und wußte, daß dieser nach einer kurzen Abwesenheit "wegen eines dringenden Bedürfnisses" wahrscheinlich noch größeres Verlangen nach Zehnkopekenstücken tragen werde als sonst, so entschloß sich unser Held, das Geld nicht zu sparen, und lief sofort hinter Ostafjew her die Stufen hinan und dann auf den Flur, rief ihn an und forderte ihn mit geheimnisvoller Miene auf, mit ihm zur Seite zu treten, in ein stilles Winkelchen hinter einem gewaltigen eisernen Ofen. Nachdem er ihn dorthin geführt hatte, begann unser Held ihn auszufragen:

"Nun, mein Freund, wie steht es dort damit? ... Du verstehst mich doch?"

"Ich stehe zu Ihren Diensten, Euer Wohlgeboren, und wünsche Euer Wohlgeboren eine gute Gesundheit."

"Gut, mein Freund, gut; ich danke dir, lieber Freund. Nun also, siehst du, wie steht es denn, mein Freund?"

"Was wünschen Sie zu wissen?" Hier hielt sich Ostafjew ein wenig die Hand vor den Mund, den er beim Reden öffnen mußte.

"Ich ... siehst du, mein Freund, ich wollte ... hm ... denke nur nichts Schlimmes ... Also, ist Andrei Filippowitsch da?"

"Jawohl, er ist da."

"Sind auch die Beamten da?"

"Ja, auch die Beamten sind da, wie es in der Ordnung ist."

"Und Seine Exzellenz auch?"

"Ja, Seine Exzellenz auch." Hier verdeckte der Schreiber zum zweitenmal den geöffneten Mund mit der Hand und richtete einen eigentümlichen, neugierigen Blick auf Herrn Goljadkin. Wenigstens kam es unserem Helden so vor.

"Und gibt es da nichts Besonderes, mein Freund?"

"Nein, gar nichts."

"Ich meine, etwas, was mich betrifft, lieber Freund; wird da etwas geredet? Ich meine nur so, lieber Freund; verstehst du?"

"Nein, bis jetzt ist nichts zu hören gewesen." Der Schreiber hielt wieder die Hand vor den Mund und blickte Herrn Goljadkin wieder seltsam an. Unser Held bemühte sich nämlich jetzt, Ostafjews Miene zu durchschauen, auf seinem Gesichte zu lesen, ob sich da auch nicht etwas verberge. Und es machte wirklich den Eindruck, als ob sich da etwas verbarg: Ostafjew wurde nämlich immer weniger höflich, redete in immer trockenerem Tone und ging nicht mehr mit solchem Interesse wie bei Beginn des

Gespräches auf Herrn Goljadkins Fragen ein. "Er hat ja bis zu einem gewissen Grade recht," dachte Herr Goljadkin; "was gehe ich ihn an? Vielleicht hat er auch schon von der Gegenseite etwas bekommen und hat sich darum wegen eines dringenden Bedürfnisses entfernt. Aber ich will ihm doch auch etwas ..." Herr Goljadkin sagte sich, daß der richtige Zeitpunkt für die Zehnkopekenstücke gekommen sei.

"Hier ist etwas für dich, lieber Freund ..."

"Ich danke Euer Wohlgeboren von ganzem Herzen."

"Ich werde dir noch mehr geben."

"Zu Diensten, Euer Wohlgeboren."

"Jetzt gleich werde ich dir noch mehr geben, und wenn die Sache erledigt ist, noch einmal die gleiche Summe. Verstehst du?"

Der Schreiber schwieg, nahm eine militärisch stramme Haltung an und hielt seinen Blick unbeweglich auf Herrn Goljadkin gerichtet.

"Nun, dann rede jetzt: hat über mich nichts verlautet?"

"Es scheint, daß bis jetzt, vorläufig ... hm ... daß vorläufig noch nichts verlautet hat." Ostafjew antwortete in einzelnen Absätzen, machte ebenso wie Herr Goljadkin eine etwas geheimnisvolle Miene, zuckte ein wenig mit den Augenbrauen, blickte zu Boden, bemühte sich, den richtigen Ton zu treffen, kurz, er war mit aller Kraft bestrebt, die versprochene Belohnung zu verdienen; denn das, was ihm bereits gegeben war, hielt er schon für sein wohlerworbenes Eigentum.

"Und es ist nichts bekannt?"

"Bis jetzt noch nicht."

"Aber höre ... hm ... es wird vielleicht etwas bekannt werden?"

"Später natürlich wird vielleicht etwas bekannt werden."

"Schlimm!" dachte unser Held. "Hör mal: hier hast du noch etwas, mein Lieber."

"Ich danke Euer Wohlgeboren von ganzem Herzen."

"War Wachramejew gestern hier?"

"Jawohl."

"Sonst aber war niemand hier? Besinne dich einmal, Brüderchen!"

Der Schreiber wühlte ein Weilchen in seinem Gedächtnisse herum, konnte sich aber auf nichts hierher Gehöriges besinnen.

"Nein, sonst war niemand da."

"Hm!" Es trat Stillschweigen ein.

"Hör mal, Brüderchen, hier hast du noch etwas; sag mir alles, das ganze Geheimnis!"

"Zu Diensten." Ostafjew war jetzt wie um den Finger zu wickeln; das hatte Herr Goljadkin bezweckt.

"Nun sage mir, Brüderchen: wie steht er sich mit den andern?"

"Es geht, ganz gut," antwortete der Schreiber und blickte Herrn Goljadkin mit großen Augen an.

"Was meinst du mit "ganz gut"?"

"Ich meine nur so!" Hier zuckte Ostafjew bedeutsam mit den Brauen. Übrigens war er vollkommen verblüfft und wußte nicht, was er sagen sollte. "Schlimm!" dachte Herr Goljadkin.

"Hat sich mit Wachramejew noch etwas Weiteres begeben?"

"Es ist alles wie bisher."

"Besinn dich mal!"

"Ja, man sagt so etwas."

"Also was denn nun?"

Ostafjew hielt die Hand vor den Mund.

"Ist nicht ein Brief von ihm an mich da?"

"Heute ist der Kanzleidiener Michejew zu Wachramejew in dessen Wohnung gegangen, zu der deutschen Dame; ich kann ja hingehen und mich erkundigen, wenn Sie es wünschen."

"Tu mir den Gefallen, Brüderchen, um Gottes willen! ... Ich habe keine besondere Absicht dabei ... Denke nichts Übles, Bruder; ich habe dabei keine besondere Absicht. Und erkundige dich doch, Brüderchen, bring doch in Erfahrung, ob da etwas gegen mich im Werke ist. Und er, was wird er unternehmen? Das ist es, was ich gern wissen möchte; das bring in Erfahrung, lieber Freund; ich werde es dir dann danken, lieber Freund ..."

"Zu Diensten, Euer Wohlgeboren. Und auf Ihren Platz hat sich heute Iwan Semjonowitsch gesetzt."

"Iwan Semjonowitsch? Ah! So! Wirk-lich?"

"Andrei Filippowitsch wies ihn an, sich dahin zu setzen."

"Wirk-lich? Wie ist das zugegangen? Das bring heraus, Brüderchen! um Gottes willen bring das heraus, Brüderchen; bring das alles heraus, – ich werde mich dir dankbar zeigen, mein Lieber; das ist es, was ich wissen möchte ... Denke aber nichts Übles, Brüderchen ..."

"Zu Diensten, zu Diensten, ich werde gleich hingehen. Aber Sie, Euer Wohlgeboren, kommen heute nicht herein?"

"Nein, mein Freund, ich bin nur für ein Augenblickchen gekommen, nur für ein Augenblickchen; ich wollte nur einmal sehen, wie es steht, lieber Freund. Und nachher werde ich dir erkenntlich sein, mein Lieber."

"Zu Diensten." Der Schreiber lief schnell und eifrig die Treppe hinauf, und Herr Goljadkin blieb allein zurück.

"Schlimm!" dachte er. "Ach, schlimm, schlimm! Ach, wie schlimm steht jetzt meine Sache! Was hatte das alles nur zu bedeuten? Was bedeuteten z. B. namentlich einige Andeutungen dieses Trunkenboldes, und von wem rührt dieser Streich her? Ah, ich weiß jetzt, von wem dieser Streich herrührt! Ein netter Streich! Sie haben es gewiß erfahren und ihn darum hingesetzt... Übrigens, was sage ich? Sie haben ihn da hingesetzt? Andrei Filippowitsch ist es gewesen, der ihn da hingesetzt hat, diesen Iwan

Semjonowitsch. Ja, übrigens, warum hat er ihn denn da hingesetzt, und mit welcher Absicht hat er ihn eigentlich da hingesetzt? Wahrscheinlich haben sie erfahren... Da arbeitet Wachramejew gegen mich, d. h. nicht Wachramejew; der ist dumm wie ein einfacher espener Balken, dieser Wachramejew; sondern all diese Menschen stehen hinter ihm und arbeiten gegen mich, und auch jenen Halunken haben sie zu diesem selben Zwecke hierher geholt, und die einäugige Deutsche hat sich über mich beschwert! Ich habe immer geargwöhnt, daß diese ganze Intrige nicht von so einfacher Art ist, und daß hinter diesem ganzen Weiberklatsch unbedingt etwas stecken muß; eben dasselbe habe ich auch zu Krestjan Iwanowitsch gesagt, daß sie sich nämlich verschworen haben, einen Menschen zu morden, im geistigen Sinne gesprochen, und sich zu diesem Zwecke an Karolina Iwanowna gehängt haben. Ja, das ist klar, daß hier geschickte Meister gegen mich arbeiten! Hier, mein Herr, sind Meisterhände an der Arbeit, und nicht Wachramejew. Ich habe schon gesagt, daß Wachramejew dumm ist; aber dies ... Ich weiß jetzt, wer hier für sie alle gegen mich arbeitet: das tut dieser Halunke, der sich meinen Namen angeeignet hat! Dadurch allein behauptet er seine Stellung, was auch seine Erfolge bei hochgestellten Personen beweisen. Aber es wäre wirklich wünschenswert, zu erfahren, wie er sich jetzt mit den andern steht, was er dort bei ihnen zu bedeuten hat. Aber warum haben sie eigentlich dort gerade diesen Iwan Semjonowitsch genommen? Wozu in aller Welt hatten sie Iwan Semjonowitsch nötig? Als ob sie nicht hätten irgendeinen andern nehmen können! Übrigens, sie mochten da hinsetzen, wen sie wollten, es kam doch immer auf dasselbe hinaus; ich weiß nur, daß er, dieser Iwan Semjonowitsch, mir längst verdächtig war; ich habe es schon lange gemerkt: er ist ein widerwärtiger alter Kerl, ein ekelhaftes Subjekt; man sagt, er leiht Geld aus und nimmt Prozente wie ein Jude. Aber diese ganze Geschichte dirigiert der Bär. Bei alledem hat der Bär seine Hand im Spiel. Angefangen hat die Sache jedenfalls in dieser Weise. Bei der Ismailowski-Brücke hat sie angefangen; ja, so hat sie angefangen! ..." Hier verzog Herr Goljadkin das Gesicht, wie wenn er in eine Zitrone gebissen hätte, wahrscheinlich in Erinnerung an etwas sehr Unangenehmes. "Na, übrigens macht es nichts!" dachte er. "Es ist nur dies: ich muß alles allein schaffen. Warum kommt nur Ostafjew nicht wieder?

Wahrscheinlich ist er irgendwo hängen geblieben oder aufgehalten worden. Das ist gut, daß ich so intrigiere und auch meinerseits Minen lege. Diesem Ostafjew brauche ich nur ein Zehnkopekenstück zu geben, dann ... hm ... dann habe ich ihn auf meiner Seite. Die Frage ist nur: ist er auch wirklich ganz auf meiner Seite? Vielleicht haben sie ihrerseits ihm ebenfalls etwas gegeben und intrigieren nun ihrerseits mit ihm unter einer Decke. Er sieht ja aus wie ein Gauner, der Halunke, wie ein reiner Gauner! Er verstellt sich, der Racker! "Es ist nichts zu hören" sagt er und "Ich danke Ihnen von ganzem Herzen, Euer Wohlgeboren!" So ein Gauner!"

Es wurde Geräusch hörbar... Herr Goljadkin krümmte sich zusammen und sprang hinter den Ofen. Jemand kam die Treppe herunter und ging auf die Straße hinaus. "Wer kann denn da jetzt weggehen?" dachte unser Held im stillen. Einen Augenblick darauf wurden wieder Schritte vernehmbar ... Jetzt konnte Herr Goljadkin sich nicht beherrschen und steckte die Nasenspitze ein ganz klein wenig aus seinem Versteck heraus, – aber sofort zuckte er auch wieder zurück, als ob ihn jemand mit einer Nadel hineingestochen hätte. Diesmal war es ein Bekannter, der vorbeiging, nämlich der Halunke, der Intrigant, der verworfene Mensch; er ging wie gewöhnlich mit seinen nichtswürdigen, kleinen Schrittchen, trippelnd und mit den Beinen ausschlagend, als ob er jemandem damit einen Schlag versetzen wollte. "Schurke!" sagte unser Held vor sich hin. Übrigens konnte Herr Goljadkin nicht umhin zu bemerken, daß der Schurke unter dem Arm ein großes grünes Portefeuille trug, das Seiner Exzellenz gehörte. "Er hat wieder einen besonderen Auftrag," dachte Herr Goljadkin; er errötete und krümmte sich vor Ärger noch mehr zusammen als vorher. Kaum war Herr Goljadkin der jüngere an Herrn Goljadkin dem älteren, ohne diesen überhaupt zu bemerken, vorbeigehuscht, als sich zum dritten Male Schritte hören ließen, und diesmal erriet Herr Goljadkin, daß es die Schritte eines Schreibers waren. Wirklich blickte der pomadisierte Kopf eines Schreibers zu ihm hinter den Ofen; es war indes nicht Ostafjew, sondern ein anderer Schreiber, namens Pisarenko. Das setzte Herrn Goljadkin in Erstaunen. "Warum hat er denn andere in das Geheimnis eingeweiht?" dachte unser Held. "Diese Heiden! Nichts ist ihnen heilig!" –

"Nun, was gibt es, mein Freund," sagte er, sich zu Pisarenko wendend. "Von wem kommst du, mein Freund?"

"Ich komme in Ihrer Angelegenheit. Bis jetzt ist noch nichts zu erfahren gewesen. Aber sobald wir etwas erfahren, werden wir es Ihnen mitteilen."

"Und Ostafjew?"

"Der kann jetzt absolut nicht abkommen, Euer Wohlgeboren. Seine Exzellenz ist schon zweimal durch unser Bureau hindurchgegangen, und auch ich habe jetzt keine Zeit."

"Ich danke dir, mein Lieber, ich danke dir ... Sage mir nur noch ..." "Wahrhaftig, ich habe keine Zeit... Alle Augenblicke werden wir gerufen ... Bitte, bleiben Sie hier noch ein Weilchen stehen; wenn sich dann in betreff Ihrer Angelegenheit etwas begibt, wollen wir Sie benachrichtigen..."

"Nein, mein Freund, sage mir..."

"Verzeihen Sie, ich habe keine Zeit," sagte Pisarenko, indem er sich von Herrn Goljadkin, der ihn am Rockschoß gefaßt hatte, loszureißen suchte; "ich habe wirklich keine Zeit. Bleiben Sie hier noch ein Weilchen stehen; dann wollen wir Sie benachrichtigen."

"Gleich, gleich lasse ich dich weg, mein Freund! Gleich, gleich, lieber Freund! Aber jetzt... Hier ist ein Brief, mein Freund; ich werde mich dir dankbar zeigen, mein Lieber."

"Zu Diensten."

"Gib ihn an Herrn Goljadkin ab, mein Lieber; sei damit recht sorgsam!"

"An Herrn Goljadkin?"

"Ja, mein Freund, an Herrn Goljadkin."

"Schön; sowie ich fertig bin, will ich ihn bestellen. Bleiben Sie hier nur solange stehen! Hier sieht Sie niemand ..."

"Nein, ich... denke nur nichts Übles, mein Freund... ich stehe hier nicht, um von niemand gesehen zu werden. Aber ich werde jetzt nicht länger hierbleiben, mein Freund ... ich werde hier in die Seitengasse gehen. Da ist ein Kaffeehaus; da werde ich warten; und wenn sich etwas zuträgt, so benachrichtige mich von allem, verstehst du?"

"Schön, lassen Sie mich jetzt nur weg; ich verstehe..."

"Ich werde dir dankbar sein, mein Lieber!" rief Herr Goljadkin dem Schreiber Pisarenko nach, dem es nun endlich gelungen war, sich frei zu machen. "Der Halunke wurde, wie es scheint, zuletzt gröber," dachte unser Held, während er verstohlen hinter dem Ofen hervorkam. "Da hat die Sache noch einen Haken. Das ist klar ... Zuerst war er anders ... Übrigens mochte er es wirklich eilig haben; vielleicht ist bei ihnen viel zu tun. Und Seine Exzellenz ist zweimal durch das Bureau gegangen ... Was mag dazu für Anlaß gewesen sein?... Ach was, das tut nichts! Das hat vielleicht nichts zu bedeuten; nun, jetzt wollen wir sehen..."

Hier war Herr Goljadkin schon im Begriff, die Haustür zu öffnen und auf die Straße hinauszugehen, als plötzlich gerade in diesem Augenblicke die Equipage Seiner Exzellenz mit donnerähnlichem Lärm vorfuhr. Herr Goljadkin war noch nicht zur Besinnung gekommen, als der Wagenschlag von innen geöffnet wurde und der darin sitzende Herr auf die Stufen vor der Haustür hinaussprang. Der Ankömmling war kein anderer als eben jener Herr Goljadkin der jüngere, der zehn Minuten vorher weggegangen war. Herr Goljadkin der ältere erinnerte sich, daß die Wohnung des Direktors nur einige Schritte entfernt lag. "Er hat einen besonderen Auftrag," dachte unser Held bei sich. Unterdessen hatte Herr Goljadkin der jüngere aus dem Wagen das dicke grüne Portefeuille und noch einige andere Papiere herausgenommen, dem Kutscher eine Weisung gegeben und öffnete nun die Haustür; dabei versetzte er Herrn Goljadkin dem ältern mit ihr beinah einen Stoß, bemerkte ihn aber vorsätzlich nicht, so daß seine Absicht, ihn zu ärgern, deutlich war; dann lief er schnell die Treppe zur Kanzlei hinauf. "Schlimm!" dachte Herr Goljadkin; "meine Sache geht jetzt schief! Nun sehe mal einer den an, Herr du mein Gott!" Etwa eine halbe Minute lang stand unser Held noch da, ohne sich zu rühren; endlich hatte er seinen Entschluß gefaßt. Ohne sich lange zu bedenken, aber mit starkem Herzklopfen und an allen Gliedern zitternd, lief er seinem Freunde die Treppe hinauf nach. "Ach was! In Gottes Namen! Was geht es mich an? Ich kann nichts dafür," dachte er, während er den Hut, den Mantel und die Überschuhe im Vorzimmer ablegte.

Als Herr Goljadkin in sein Bureau trat, war schon völlige Dämmerung eingetreten. Weder Andrei Filippowitsch noch Anton Antonowitsch waren im Zimmer. Sie befanden sich beide zum Zwecke der Berichterstattung im Arbeitszimmer des Direktors; der Direktor aber hatte sich, wie man hörte, seinerseits eilig zu Seiner Hohen Exzellenz begeben. Infolge dieser Umstände und auch weil es bereits Dämmerung war und die Bureauzeit zu Ende ging, trieben manche Beamten, namentlich die jüngeren, in dem Augenblicke, als unser Held eintrat, allerlei Allotria: sie gingen umher, führten Gespräche, plauderten, lachten, und einige der jüngsten, d. h. der im Range am niedrigsten stehenden, spielten sogar in einer Ecke am Fenster still und heimlich Schrift und Adler. Da Herr Goljadkin die Gebote des Anstandes kannte und gerade jetzt besonders wünschte, sie sich gegenüber beobachtet zu sehen, so trat er schnell zu einigen heran, mit denen er noch am ehesten harmonierte, um ihnen Guten Tag zu sagen usw. Aber die Kollegen erwiderten Herrn GoljadkinsGruß in ganz seltsamer Weise. Er war unangenehm überrascht durch die kalte, trockene, ja man kann sagen schroffe Art, in der sie ihn alle empfingen. Keiner reichte ihm die Hand. Manche sagten einfach: "Guten Tag" und gingen von ihm weg; andere nickten nur mit dem Kopfe; dieser und jener wandte sich einfach ab und tat, als ob er nichts bemerkt hätte; einige endlich (und das war für Herrn Goljadkin am allerverletzendsten), einige junge Leute von der untersten Rangstufe, Burschen, die, wie Herr Goljadkin sich ganz richtig im stillen über sie ausdrückte, weiter nichts verstanden als gelegentlich Schrift und Adler zu spielen und sich irgendwo umher zutreiben, diese umringten Herrn Goljadkin allmählich und umdrängten ihn so, daß sie ihm beinah den Ausweg versperrten. Alle blickten sie ihn mit einer Art von beleidigender Neugier an.

Das war ein übles Zeichen. Herr Goljadkin fühlte das und entschied sich seinerseits verständigerweise dafür, nichts zu bemerken. Plötzlich trat ein ganz unerwartetes Ereignis ein, das Herrn Goljadkin, wie man zu sagen pflegt, den Rest gab und den Garaus machte.

In dem Haufen der jungen Kollegen, die ihn umgaben, erschien plötzlich, und zwar gerade in dem für Herrn Goljadkin peinlichsten Augenblicke, Herr Goljadkin der jüngere, heiter wie immer, mit einem Lächeln auf dem Gesicht wie immer, beweglich, zungengewandt und leichtfüßig wie immer, kurz, als derselbe Schalk, Springinsfeld, Schäker und Spaßmacher wie immer, wie früher, wie z. B. gestern, wo er in einem für Herrn Goljadkin den älteren so unangenehmen Augenblicke aufgetaucht war. Schmunzelnd, sich hin und her drehend, trippelnd, mit einem Lächeln, das allen Anwesenden Guten Abend zu sagen schien, drängte er sich in den Haufen der Beamten hinein, drückte diesem die Hand, klopfte jenem auf die Schulter, umarmte flüchtig einen dritten, erklärte einem vierten, in welcher Angelegenheit Seine Exzellenz seine Dienste in Anspruch genommen habe, wohin er gefahren sei, was er getan und was er mitgebracht habe; einen fünften, wahrscheinlich seinen besten Freund, küßte er auf den Mund, – mit einem Worte: alles ging genau so vor sich wie in Herrn Goljadkins des älteren Traume. Nachdem er genugsam herumgehüpft, einen jeden auf seine Weise begrüßt, um die Gunst aller mit oder ohne Anlaß gebuhlt und sich bei allen gehörig lieb Kind gemacht hatte, streckte Herr Goljadkin der jüngere auch seinem älteren Freunde, Herrn Goljadkin dem älteren, den er bis dahin noch nicht bemerkt hatte, plötzlich und wahrscheinlich aus Versehen die Hand hin. Wahrscheinlich ebenfalls aus Versehen, obwohl er den unedlen Herrn Goljadkin den jüngeren schon längst sehr wohl bemerkt hatte, ergriff unser Held sofort eifrig die ihm so unerwartet hingestreckte Hand und drückte sie kräftig und in der freundschaftlichsten Art, ja mit einer seltsamen, ganz unerwarteten, innerlichen Bewegung, mit einer weinerlichen Empfindung. Ob unser Held sich durch die von seinem unwürdigen Feinde ergriffene Initiative täuschen ließ oder einfach der Geistesgegenwart ermangelte, oder in tiefster Seele seine Hilflosigkeit in ihrem ganzen Umfange erkannte und empfand, das ist schwer zu sagen. Tatsache ist, daß Herr Goljadkin der ältere bei vollem Verstande, aus freiem Willen und vor Zeugen feierlich die Hand desjenigen drückte, den er seinen Todfeind nannte. Aber wie groß war die Verwunderung, das Erstaunen, die Wut, der Schrecken und die Beschämung Herrn Goljadkins des älteren, als sein Todfeind, der unedle Herr Goljadkin der jüngere, sowie er das Versehen des unschuldigen, von ihm verfolgten und treulos betrogenen Menschen bemerkte, schamlos und gefühllos, erbarmungslos und gewissenlos auf einmal mit unerhörter Frechheit und Roheit seine Hand aus der Hand Herrn Goljadkins des älteren herausriß, ja seine Hand schlenkerte, als ob er sie mit etwas Unsauberem beschmutzt hätte, ja seitwärts ausspie und dies alles mit einer höchst beleidigenden Gebärde begleitete, ja sein Taschentuch herauszog und sich damit auf der Stelle in der unanständigsten Weise alle Finger abrieb, die sich einen Augenblick in der Hand des älteren Herrn Goljadkin befunden hatten. Während er dies tat, blickte Herr Goljadkin der jüngere nach seiner nichtswürdigen Gewohnheit absichtlich rings um sich, damit alle auf sein Benehmen aufmerksam würden, sah allen in die Augen und bemühte sich offenbar, allen eine recht üble Meinung von Herrn Goljadkin beizubringen. Es schien, daß das Verhalten des widerwärtigen Herrn Goljadkin des jüngeren bei den herumstehenden Beamten allgemeine Entrüstung hervorrief; sogar die leichtfertigen jungen Leute bekundeten ihr Mißvergnügen. Murren und tadelnde Worte wurden ringsum laut. Diese allgemeine Bewegung konnte den Ohren des älteren Herrn Goljadkin nicht entgehen; aber ein rechtzeitiges Scherzwort, das von den Lippen des jüngeren Herrn Goljadkin sprang, zerstörte und vernichtete die letzten Hoffnungen unseres Helden und bewirkte, daß die Wage sich wieder zugunsten seines schändlichen Todfeindes neigte.

"Das ist unser russischer Faublas, meine Herren; gestatten Sie, daß ich Ihnen den jungen Faublas vorstelle," quiekte Herr Goljadkin der jüngere, während er mit der ihm eigenen Frechheit zwischen den Beamten geschäftig umhertrippelte und auf den ganz starr gewordenen echten Herrn Goljadkin hinwies. "Küssen wir uns, mein Herzchen," fuhr er mit unerträglicher Familiarität fort, indem er sich dem so verräterisch von ihm Beleidigten näherte. Das Späßchen des schändlichen Herrn Goljadkin des jüngeren schien da, wo es wirken sollte, Anklang zu finden, um so mehr, da darin eine tückische Anspielung auf einen Umstand lag, der anscheinend allen bereits bekannt war. Unser Held fühlte, daß die Hand seiner Feinde schwer auf seinen Schultern lastete. Übrigens hatte er seinen Entschluß bereits gefaßt. Mit flammendem Blicke, mit bleichem Gesichte und mit einem starren Lächeln arbeitete er sich mühsam aus dem Haufen heraus und schlug mit schnellen, ungleichmäßigen Schritten geradeswegs die Richtung nach dem Arbeitszimmer Seiner Exzellenz ein. In dem vorletzten Zimmer traf er mit Andrei Filippowitsch zusammen, der soeben von Seiner Exzellenz kam, und obgleich sich in diesem Zimmer eine Menge verschiedenartiger Personen befanden, die zu Herrn Goljadkin im gegenwärtigen Augenblicke gar keine Beziehungen hatten, so beachtete unser Held doch diesen Umstand nicht im geringsten. Ohne Umschweife, entschlossen und kühn, beinahe über sich selbst verwundert und sich innerlich wegen seiner Kühnheit lobend, fiel er ohne Zeitverlust über Andrei Filippowitsch her, der über diesen plötzlichen Anfall nicht wenig erstaunt war.

"Ah!... Was wünschen Sie? ... Was ist Ihnen gefällig?" fragte der Abteilungschef, ohne auf Herrn Goljadkins stockend vorgebrachte Anrede zu hören.

"Andrei Filippowitsch, ich ... könnte ich wohl jetzt gleich mit Seiner Exzellenz ein Gespräch unter vier Augen haben, Andrei Filippowitsch?" sagte unser Held nunmehr klar und deutlich und richtete einen sehr entschlossenen Blick auf Andrei Filippowitsch.

"Was? Das geht natürlich nicht." Andrei Filippowitsch maß mit seinem Blicke Herrn Goljadkin vom Kopf bis zu den Füßen.

"Ich sage nämlich das alles deswegen, Andrei Filippowitsch, weil ich mich darüber wundere, daß hier niemand diesen Usurpator eines fremden Namens, diesen Schurken entlarvt."

"Wa–a–as?"

"Diesen Schurken, Andrei Filippowitsch."

"Wen belieben Sie denn mit diesem Titel zu bezeichnen?"

"Ich meine eine gewisse Person, Andrei Filippowitsch. Ich ziele damit auf eine gewisse Person, Andrei Filippowitsch; ich bin im Rechte ... Ich meine, Andrei Filippowitsch, die vorgesetzte Behörde sollte derartige Bestrebungen ermuntern," fügte Herr Goljadkin, der offenbar von sich selbst nichts mehr wußte, hinzu. "Andrei Filippowitsch ... aber Sie sehen wahrscheinlich selbst, Andrei Filippowitsch, daß dies eine wohlanständige Bestrebung ist, und daß sich darin meine in verschiedener Hinsicht löbliche Absicht bekundet, den Chef als meinen Vater zu betrachten, Andrei Filippowitsch ... ich betrachte die edeldenkende vorgesetzte Behörde als meinen Vater und vertraue ihr blind mein Schicksal an. So und so ... Sie sehen, wie ..." Hier begann Herrn Goljadkins Stimme zu zittern, sein Gesicht rötete sich, und zwei Tränen traten auf seine Wimpern.

Als Andrei Filippowitsch Herrn Goljadkin so reden hörte, erstaunte er dermaßen, daß er unwillkürlich ein paar Schritte zurücktrat. Dann blickte er unruhig um sich ... Es ist schwer zu sagen, wie die Sache geendet hätte ... Aber plötzlich öffnete sich die Tür, die zum Arbeitszimmer des Chefs führte, und dieser selbst kam in Begleitung mehrerer Beamten heraus. Alle, die im Zimmer waren, schlossen sich an und gingen hinter ihm her. Seine Exzellenz rief Andrei Filippowitsch heran, ließ ihn neben sich gehen und unterredete sich mit ihm über irgendwelche Gegenstände. Als sich alle in Bewegung gesetzt und das Zimmer verlassen hatten, kam auch Herr Goljadkin wieder zur Besinnung. Demütig suchte er Schutz unter den Fittichen seines Tischvorstehers Anton Antonowitsch Sjetotschkin, der hinter allen herschlich und, wie es Herrn Goljadkin schien, eine sehr ernste, sorgenvolle Miene machte. "Auch hier habe ich töricht geredet; auch hier habe ich meiner Sache geschadet," dachte er bei sich; "nun aber, es macht nichts." Dann sagte er zu dem Tischvorsteher leise mit einer Stimme, die vor Aufregung noch ein wenig zitterte: "Ich hoffe, daß wenigstens Sie, Anton Antonowitsch, sich werden bereitfinden lassen, mir Gehör zu schenken und von meiner Lage Kenntnis zu nehmen. Von allen zurückgewiesen, wende ich mich an Sie. Ich bin bis jetzt noch im unklaren darüber, was Andrei Filippowitschs Worte bedeuteten, Anton Antonowitsch. Erklären Sie sie mir, wenn es möglich ist ..."

"Es wird alles zur rechten Zeit klar werden," erwiderte Anton Antonowitsch nach einer Pause in ernstem Tone und, wie es Herrn Goljadkin schien, mit einer Miene, die deutlich zu verstehen gab, daß Anton Antonowitsch überhaupt nicht wünschte, das Gespräch fortzusetzen. "Sie werden in kurzer Zeit alles erfahren. Noch heute werden Sie formell von allem unterrichtet werden."

"Was meinen Sie denn mit "formell", Anton Antonowitsch? Warum denn gerade formell?" fragte unser Held schüchtern.

"Es steht uns beiden nicht zu, über das zu urteilen, Jakow Petrowitsch, was die Behörde für gut findet."

"Warum denn die Behörde, Anton Antonowitsch?" fragte Herr Goljadkin, der noch zaghafter geworden war, "warum denn die Behörde? Ich sehe keine Ursache, weshalb die Behörde damit belästigt werden sollte, Anton Antonowitsch ... Sie wollen mir vielleicht etwas über das gestrige Vorkommnis sagen, Anton Antonowitsch?"

"Nein, um das gestrige Vorkommnis handelt es sich nicht; aber es ist sonst noch dies und das bei Ihnen nicht in Ordnung." "Was ist denn bei mir nicht in Ordnung, Anton Antonowitsch? Mir scheint, Anton Antonowitsch, daß bei mir alles in Ordnung ist."

"Aber warum wollten Sie denn schlaue Pfiffe und Kniffe zur Anwendung bringen?" unterbrach Anton Antonowitsch scharf den ganz bestürzten Herrn Goljadkin. Dieser fuhr zusammen und wurde bleich wie Leinewand.

"Freilich, Anton Antonowitsch," sagte er mit kaum vernehmbarer Stimme, "wenn man die Stimme der Verleumdung beachtet und auf unsere Feinde hört, ohne eine Rechtfertigung von der anderen Seite anzunehmen, dann muß unsereiner leiden, Anton Antonowitsch, schuldlos, und ohne etwas begangen zu haben, leiden."

"Hm, hm; und Ihr unwürdiges Benehmen, durch das Sie dem Rufe eines anständigen Mädchens, der Tochter jener wohlbekannten, humanen, hochgeachteten Familie, geschadet haben, einer Familie, die Ihnen so viel Gutes erwiesen hatte?"

"Was meinen Sie denn für ein Benehmen, Anton Antonowitsch?"

"Hm, hm. Und da ist dann noch ein anderes Mädchen, das zwar arm, aber von ehrenhafter, ausländischer Herkunft ist; an Ihr löbliches Verhalten diesem Mädchen gegenüber erinnern Sie sich wohl auch nicht?"

"Gestatten Sie, Anton Antonowitsch ... haben Sie die Güte, mich anzuhören, Anton Antonowitsch ..."

"Und Ihr treuloses Benehmen einer andern Person gegenüber, die Sie verleumdet und eines Vergehens bezichtigt haben, das Sie sich selbst haben zuschulden kommen lassen? Nun, wie nennt man das?"

"Anton Antonowitsch, ich habe ihn nicht aus dem Hause getrieben," erwiderte unser Held zitternd, "und habe auch Petruschka, meinem Diener, keine derartige Instruktion gegeben ... Er hat von meinem Tische gegessen, Anton Antonowitsch; er hat meine Gastfreundschaft genossen," fügte unser Held ausdrucksvoll und mit tiefem Gefühl hinzu, so daß sein Kinn ein wenig zu hüpfen begann und ihm die Tränen wieder in die Augen kamen.

"Das reden Sie nur so hin, Jakow Petrowitsch, daß er von Ihrem Tische gegessen habe," antwortete Anton Antonowitsch, den Mund zum Lächeln verziehend, und seinem Tone war eine gewisse Verschmitztheit anzuhören, so daß es Herrn Goljadkin war, als würde ihm ein Stich ins Herz versetzt.

"Gestatten Sie mir, Sie noch ganz bescheiden zu fragen, Anton Antonowitsch: ist denn all dies Seiner Exzellenz bekannt?"

"Aber natürlich! Lassen Sie mich aber jetzt in Ruhe; ich habe jetzt für Sie keine Zeit mehr ... Noch heute werden Sie alles erfahren, was Sie zu wissen brauchen."

"Erlauben Sie noch einen Augenblick, um Gottes willen, Anton Antonowitsch ..."

"Sie können es mir ein andermal erzählen ..."

"Nein, Anton Antonowitsch: ich bin, sehen Sie, hören Sie nur, Anton Antonowitsch ... Ich bin durchaus nicht für die Freigeisterei, Anton Antonowitsch; ich lehne die Freigeisterei ab; ich bin meinerseits völlig bereit ... und es ist mir sogar der Gedanke gekommen ..."

"Schon gut, schon gut. Ich habe das schon einmal gehört ..."

"Nein, das haben Sie noch nicht gehört, Anton Antonowitsch. Das ist etwas anderes, Anton Antonowitsch; das ist etwas Gutes, wirklich etwas Gutes und angenehm zu hören ... Es ist mir, wie ich schon gesagt habe, der Gedanke gekommen, Anton Antonowitsch, daß da die göttliche Vorsehung zwei ganz ähnliche Menschen geschaffen und die edeldenkende Behörde im Hinblick auf diese Tat der göttlichen Vorsehung den beiden Zwillingen Obdach gewährt hat. Das ist ein guter Gedanke, Anton Antonowitsch. Sie sehen, daß das ein sehr guter Gedanke ist, Anton Antonowitsch, und daß ich fern von aller Freigeisterei bin. Ich betrachte die edeldenkende Behörde als meinen Vater. Jawohl, die edeldenkende Behörde und Sie, hm... Ein junger Mensch muß ein Amt haben ... Unterstützen Sie mich, Anton Antonowitsch ... treten Sie für mich ein, Anton Antonowitsch ... Ich will weiter nichts ... Anton Antonowitsch, um Gottes willen, nur noch ein Wörtchen ... Anton Antonowitsch ..."

Aber Anton Antonowitsch war schon weit von Herrn Goljadkin entfernt ... Unser Held wußte nicht, wo er stand, was er hörte, was er tat, was mit ihm geschah, und was mit ihm noch geschehen werde, so hatte ihn alles, was er gehört und erlebt hatte, verwirrt und erschüttert.

Mit stehenden Blicken suchte er unter der Schar der Beamten nach Anton Antonowitsch, um sich noch weiter vor ihm zu rechtfertigen und ihm etwas sehr Schönes von sich selbst zu sagen: was für ein wohlgesinnter und anständiger Mensch er sei... Indessen begann allmählich ein neues Licht durch Herrn Goljadkins Verwirrung hindurchzudringen, ein neues, schreckliches Licht, das ihm plötzlich mit einem Schlage eine ganze lange Reihe völlig unbekannter und sogar nicht einmal geahnter Umstände erhellte ... In diesem Augenblicke stieß jemand unseren ganz fassungslosen Helden in die Seite. Er blickte sich um. Vor ihm stand Pisarenko.

"Ein Brief, Euer Wohlgeboren!"

"Ah! ... Du bist schon dagewesen, mein Lieber?"

"Nein, dieser ist schon heute morgen um zehn hergebracht. Der Kanzleidiener Sergej Michejew hat ihn von der Wohnung des Gouvernementssekretärs Wachramejew hergebracht."

"Schön, mein Freund, schön; ich danke dir, mein Lieber."

Nachdem Herr Goljadkin dies gesagt hatte, steckte er den Brief in die Seitentasche seines Uniformrocks und knöpfte diesen bis oben hinauf zu; dann blickte er um sich und bemerkte zu seinem Erstaunen, daß er sich schon im Hausflur des Amtsgebäudes befand, mitten in einem Schwarm von Beamten, die sich zum Ausgang drängten, da die Bureaustunden zu Ende waren. Herr Goljadkin hatte diesen letzteren Umstand bisher nicht bemerkt, ja er hatte nicht einmal bemerkt und erinnerte sich nicht, auf welche Weise er sich auf einmal in Mantel und Überschuhen befand und seinen Hut in der Hand hielt. Alle Beamten standen regungslos und in respektvoller Erwartung. Die Sache war die, daß Seine Exzellenz am Fuße der Treppe stehen geblieben war, auf seinen Wagen wartete, der sich aus irgendwelcher Ursache verspätete, und ein sehr interessantes Gespräch mit zwei Räten und mit Andrei Filippowitsch führte. Ein wenig entfernt von den beiden Räten und Andrei Filippowitsch stand Anton Antonowitsch Sjetotschkin und einige andere Beamten, die sehr beflissen lächelten, da sie sahen, daß Seine Exzellenz zu scherzen und zu lachen beliebte. Diejenigen Beamten, die sich am oberen Ende der Treppe zusammendrängten, lächelten ebenfalls und warteten darauf, daß Seine Exzellenz von neuem lachen werde. Nur der dickbäuchige Portier Fedosjeitsch lächelte nicht; er hatte den Türgriff gefaßt, stand hochaufgerichtet da und wartete ungeduldig auf seine tägliche Portion Vergnügen, die darin bestand, daß er auf einmal, mit einem einzigen Schwunge des Arms, den einen Türflügel weit zurückschlug und dann, zu einem Bogen zusammengekrümmt, respektvoll Seine Exzellenz an sich vorbeipassieren ließ. Aber die größte Freude und das größte Vergnügen von allen schien Herrn Goljadkins unwürdiger und unedler Feind zu empfinden. Er vergaß in diesem Augenblicke sogar alle Beamten und unterließ es, nach seiner nichtswürdigen Gewohnheit geschäftig unter ihnen umherzutrippeln und, die Gelegenheit benutzend, sich bei diesem und jenem beliebt zu machen. Er war ganz Auge und Ohr, krümmte sich in einer eigentümlichen Weise zusammen, wahrscheinlich um besser zu hören, und verwandte kein Auge von Seiner Exzellenz; nur bisweilen bewegten sich seine Hände, seine Füße und sein Kopf in leisen, kaum bemerkbaren Zuckungen, die die innerliche, verborgene Aufregung seiner Seele verrieten.

"Er ist ordentlich wie berauscht!" dachte unser Held; "er sieht aus wie ein Günstling, der Schurke! Ich möchte nur wissen, wodurch er eigentlich so viele hochgestellte Personen für sich einnimmt. Er besitzt weder Verstand, noch Charakter, noch Bildung, noch Gefühl; er hat eben Glück, der Racker! Herr du mein Gott! Wenn man das so bedenkt, wie schnell kann ein Mensch vorwärts kommen und sich mit allen Leuten befreunden! Und er wird vorwärts kommen, dieser Mensch; ich möchte darauf schwören, daß er es weit bringen wird, der Racker, daß er viel erreichen wird; er hat Glück, der Racker! Auch das möchte ich gern wissen, was er ihnen allen eigentlich zuzuflüstern pflegt. Was hat er nur mit all diesem Volke für Geheimnisse, und von was für geheimen Dingen reden sie miteinander? Herr du mein Gott! Ich sollte auch so, hm ... und mit ihnen auch ein bißchen ... so und so ... ich sollte ihn vielleicht bitten ... "So und so, und ich werde es nicht wieder tun. Ich trage die Schuld, und ein junger Mensch muß in unserer Zeit ein Amt haben, Exzellenz; über meine unklare Lage rege ich mich durchaus nicht auf", so müßte ich reden! Irgendwie dort Einspruch erheben, das werde ich auch nicht tun; alles werde ich mit Geduld und Demut ertragen; so müßte ich es machen! Soll ich so vorgehen? Ja, übrigens kommt man mit Worten dem Racker nicht bei und kriegt ihn nicht unter; Vernunft kann man ihm in seinen leichtfertigen Kopf nicht hineinhämmern ... Aber ich will es versuchen. Wenn ich eine günstige Stunde abpassen kann, will ich es versuchen ..."

In seiner Unruhe, seiner Angst und Verwirrung fühlte unser Held, daß es so nicht bleiben könne, daß der entscheidende Augenblick herannahe, daß er sich mit irgend jemand aussprechen müsse, und so begann er denn sich allmählich nach der Stelle hin zu bewegen, wo sein unwürdiger, rätselhafter Freund stand. Aber gerade in diesem Augenblicke fuhr die langerwartete Equipage Seiner Exzellenz am Portal vor. Fedosjeitsch riß die Tür auf und ließ, sich bogenförmig zusammenkrümmend, Seine Exzellenz an sich vorbei. Alle Wartenden strömten mit einem Male zum Ausgang hin und drängten für einen Augenblick Herrn Goljadkin den älteren von Herrn Goljadkin dem jüngeren ab. "Du entgehst mir nicht!" sagte unser Held, sich durch die Menge schiebend und den Betreffenden nicht aus den Augen lassend. Endlich zerstreute sich die Menge. Unser Held fühlte sich wieder im Freien und machte sich schleunigst an die Verfolgung seines Feindes.

11. Kapitel

Keuchend flog Herr Goljadkin hinter seinem sich schnell entfernenden Feinde her. Er fühlte in sich eine gewaltige Energie. Übrigens konnte Herr Goljadkin trotz des Vorhandenseins dieser gewaltigen Energie ganz sicher sein, daß in diesem Augenblicke sogar eine gewöhnliche Mücke, wenn eine solche in dieser Jahreszeit in Petersburg hätte leben können, durchaus imstande sein würde, ihn mit ihren Flügeln niederzuschlagen. Er fühlte, daß er ganz matt und kraftlos wurde, daß die Beine unter ihm einknickten und den Dienst versagten; es kam ihm vor, als ob er überhaupt nicht selbst gehe, sondern von einer besonderen, fremden Kraft vorwärtsgetragen werde. Indessen konnte sich das alles noch gut gestalten. "Ob es sich nun gut gestaltet oder nicht," dachte Herr Goljadkin, atemlos von dem schnellen Laufen, "daran, daß die Sache verloren ist, besteht jetzt auch nicht der leiseste Zweifel; daß ich völlig verloren bin, das ist sicher, bestimmt, unterschrieben und besiegelt." Aber trotzdem war unserm Helden zumute, wie wenn er von den Toten erstanden wäre oder eine Schlacht durchgekämpft und den Sieg errungen hätte, als es ihm gelang, seinen Feind am Mantel festzuhalten in dem Augenblicke, wo dieser schon den einen Fuß auf eine Droschke setzte, die er soeben genommen hatte. "Mein Herr, mein Herr!" rief er dem endlich eingeholten unedlen Herrn Goljadkin dem jüngeren zu. "Mein Herr, ich hoffe, daß Sie ..."

"Nein, bitte, hoffen Sie nichts!" antwortete Herrn Goljadkins gefühlloser Feind ablehnend; er stand mit dem einen Beine auf einer Trittstufe der Droschke und strebte aus Leibeskräften danach, mit dem andern Beine auf die zweite Stufe zu gelangen, wobei er mit ihm vergeblich in der Luft herumarbeitete und sich aus aller Kraft bemühte, Herrn Goljadkin dem älteren seinen Mantel aus den Händen zu reißen, den dieser seinerseits mit aller Kraft, die ihm die Natur verliehen hatte, festhielt.

"Jakow Petrowitsch! Nur zehn Minuten ..."

"Verzeihen Sie, ich habe keine Zeit."

"Sie müssen selbst zugeben, Jakow Petrowitsch ... bitte, Jakow Petrowitsch ... um Gottes willen, Jakow Petrowitsch ... ich muß mich notwendigerweise mit Ihnen aussprechen ... offen und ehrlich ... Nur eine Sekunde, Jakow Petrowitsch!"

"Mein Täubchen, ich habe keine Zeit," versetzte Herrn Goljadkins heuchlerischer Feind mit unhöflicher Vertraulichkeit, aber mit scheinbarer Gutherzigkeit; "ein andermal will ich mich gern mit Ihnen aus tiefster Seele offen und ehrlich aussprechen, glauben Sie mir; aber jetzt ist es mir wirklich unmöglich."

"Du Schurke!" dachte unser Held. "Jakow Petrowitsch!" rief er voll Kummer, "ich bin nie Ihr Feind gewesen. Böse Menschen haben eine falsche Schilderung von mir gemacht ... Meinerseits bin ich bereit ... Jakow Petrowitsch, wenn es Ihnen gefällig ist, so könnten wir beide sogleich hier hineingehen ... Und da könnten wir offen und ehrlich, wie Sie soeben so schön sagten, und in einfacher, edler Sprache ... hier in dieses Kaffeehaus; dann wird sich alles von selbst aufklären; sehen Sie wohl, Jakow Petrowitsch! Dann wird sich unfehlbar alles von selbst aufklären ..."

"In das Kaffeehaus? Nun schön! Ich habe nichts dagegen; gehen wir in das Kaffeehaus; aber nur unter der Bedingung, mein Teuerster, unter der einzigen Bedingung, daß sich dort alles von selbst aufklärt. Na ja, mein Herzchen," sagte Herr Goljadkin der jüngere, während er von der Droschke wieder herunterstieg und unserm Helden in unverschämter Manier auf die Schulter klopfte, "Sie sind mir ein so lieber Freund; für Sie, Jakow Petrowitsch, bin ich bereit, auch in eine Seitengasse zu gehen (wie Sie einmal sehr richtig bemerkten, Jakow Petrowitsch). Sie sind doch wirklich ein schlauer Mensch; was er will, dazu bringt er einen auch!" fuhr Herrn Goljadkins lügnerischer Freund fort, indem er, leise lächelnd, sich um ihn herumdrehte und um ihn herumscherwenzelte. Das von den großen Straßen entfernt gelegene Kaffeehaus, in welches die beiden Herren Goljadkin eintraten, war in diesem Augenblicke ganz leer. Eine ziemlich dicke Deutsche erschien am Büfett, sobald der Ton der Türklingel sich vernehmen ließ. Herr Goljadkin und sein unwürdiger Feind gingen hindurch in ein zweites Zimmer, wo ein aufgedunsener, über den Kamm geschorener Junge sich am Ofen mit einem Bündel Späne abmühte, das ausgegangene Feuer wieder anzuzünden. Auf Herrn Goljadkins des jüngeren Verlangen wurde Schokolade gebracht.

"Ein schön fleischiges Frauchen!" sagte Herr Goljadkin der jüngere und blinzelte Herrn Goljadkin dem älteren schlau zu.

Unser Held errötete und schwieg.

"Ach ja, ich hatte vergessen; entschuldigen Sie! Ich kenne ja Ihren Geschmack. Wir haben eine Vorliebe für schlanke deutsche Damen, mein Herr; ja, ja, Sie redliche Seele, Jakow Petrowitsch, wir haben eine Vorliebe für schlanke deutsche Damen, wenn sie nur sonst nicht der Reize bar sind; wir mieten uns bei ihnen ein, verderben ihre Moralität, weihen ihnen zum Dank für ihre Bier- und Milchsuppen unser Herz und geben ihnen allerlei Unterschriften – so machen wir's, Sie Faublas, Sie Verräter!" Mit diesen Reden machte Herr Goljadkin der jüngere eine ganz unnötige, aber boshaft schlaue Anspielung auf eine gewisse Person weiblichen Geschlechts; dabei benahm er sich sehr betulich gegen Herrn Goljadkin, lächelte ihm mit anscheinender Liebenswürdigkeit zu und kehrte heuchlerisch eine schöne Treuherzigkeit und eine lebhafte Freude über das Zusammensein mit ihm heraus. Als er jedoch merkte, daß Herr Goljadkin der ältere durchaus nicht so dumm und ungebildet und guter Manieren unkundig war, daß er ihm ohne weiteres getraut hätte, da beschloß der unedle Mensch seine Taktik zu ändern und sich eines offenen Verfahrens zu bedienen. Sogleich nachdem er jene abscheulichen Reden geführt hatte, schloß der falsche Herr Goljadkin damit, daß er mit empörender Schamlosigkeit und Familiarität dem gesetzten Herrn Goljadkin auf die Schulter klopfte und, damit nicht zufrieden, in einer Weise, die in guter Gesellschaft als ganz unanständig gilt, mit ihm sein Spiel zu treiben begann. Er beabsichtigte nämlich, seine frühere Ungezogenheit zu wiederholen, d. h. er kniff trotz des Widerstandes und leichten Aufschreiens des empörten älteren Herrn Goljadkin diesen in die Backe. Bei diesem abscheulichen Benehmen kochte unser Held innerlich; aber er schwieg ... wenigstens zunächst.

"So reden meine Feinde," antwortete er endlich, sich verständigerweise beherrschend, mit zitternder Stimme. Gleichzeitig sah sich unser Held unruhig nach der Tür um. Denn Herr Goljadkin der jüngere war anscheinend vorzüglicher Laune und zu allerlei Späßchen aufgelegt, die an einem öffentlichen Orte unerlaubt und überhaupt nach den Gesetzen des Umgangs, namentlich in den Kreisen der besseren Gesellschaft, nicht gestattet sind.

"Nun, dann also, wie Sie wollen," erwiderte Herr Goljadkin der jüngere ernsthaft auf die Bemerkung des älteren Herrn Goljadkin und stellte seine geleerte Tasse, die er mit unanständiger Gier ausgetrunken hatte, auf den Tisch. "Nun, wir beide sind schon lange nicht mehr zusammen gewesen. Also wie geht es Ihnen denn jetzt, Jakow Petrowitsch?"

"Ich kann Ihnen nur eins sagen, Jakow Petrowitsch," erwiderte unser Held kaltblütig und mit Würde, "ich bin niemals Ihr Feind gewesen."

"Hm … Nun, und Petruschka? Wie hieß er doch? Doch wohl Petruschka? Ja, ja! Also wie geht es ihm? Gut? Wie früher?"

"Auch dem geht es wie früher, Jakow Petrowitsch," antwortete Herr Goljadkin der ältere etwas befremdet. "Ich weiß nicht, Jakow Petrowitsch … von meiner Seite… ich als anständig denkender, aufrichtiger Mensch, Jakow Petrowitsch … Sie müssen selbst zugeben, Jakow Petrowitsch …"

"Ja. Aber Sie wissen selbst, Jakow Petrowitsch," versetzte Herr Goljadkin der jüngere leise und in wehmütigem Tone, indem er sich dadurch lügnerischerweise als einen betrübten, von Reue und Bedauern erfüllten würdigen Menschen darstellte, "Sie wissen selbst, die Zeit, in der wir leben, ist eine schwere Zeit… Ich berufe mich auf Sie selbst, Jakow Petrowitsch; Sie sind ein verständiger Mensch und haben ein gerechtes Urteil," schloß Herr Goljadkin der jüngere mit einer gemeinen Schmeichelei gegen Herrn Goljadkin den älteren. "Das Leben ist kein Spiel; das wissen Sie selbst, Jakow Petrowitsch," fügte Herr Goljadkin der jüngere noch vielsagend hinzu und stellte sich auf diese Weise als einen klugen, gebildeten Menschen hin, der über hohe Gegenstände philosophieren könne.

"Ich meinerseits, Jakow Petrowitsch," antwortete unser Held begeistert, "ich meinerseits verachte Schleichwege und spreche kühn und offen; ich bediene mich einer ungeschminkten, wohlanständigen Redeweise und nehme in jeder Sache einen hohen Standpunkt ein; und ich sage Ihnen und kann es Ihnen offen und ehrlich versichern, Jakow Petrowitsch, daß mein Gewissen völlig rein ist, und daß, wie Sie selbst wissen, Jakow Petrowitsch, nur eine beiderseitige Verirrung (es ist ja alles möglich), das Urteil der Welt, die Meinung der sklavischen Menge ... Ich spreche offen, Jakow Petrowitsch; es ist ja alles möglich. Und ich möchte auch noch dies sagen, Jakow Petrowitsch: wenn man in dieser Weise urteilt, wenn man die Sache von einem edlen, hohen Gesichtspunkte aus betrachtet, dann sage ich kühn, ohne falsche Scham sage ich es, Jakow Petrowitsch, es wird mir sogar angenehm sein zu bekennen, daß ich auf Irrwege geraten bin; es wird mir sogar angenehm sein, dies einzugestehen. Sie werden das selbst wissen; Sie sind ein kluger und überdies ein edeldenkender Mensch. Ohne Scham, ohne falsche Scham bin ich bereit, dies einzugestehen ... in würdiger, edler Gesinnung," schloß unser Held.

"Das ist nun einmal so Schicksal, Verhängnis, Jakow Petrowitsch ... aber lassen wir das alles beiseite," versetzte Herr Goljadkin der jüngere mit einem Seufzer. "Lassen Sie uns die wenigen Minuten unseres Zusammenseins lieber zu einem nützlicheren und angenehmeren Gespräche gebrauchen, wie sich das unter zwei Kollegen schickt... Es ist mir sonderbarerweise diese ganze Zeit über nicht gelungen, ein paar Worte mit Ihnen zu reden ... Ich bin daran nicht schuld, Jakow Petrowitsch ..."

"Ich auch nicht," unterbrach ihn unser Held mit Wärme, "ich auch nicht! Mein Herz sagt mir, Jakow Petrowitsch, daß ich an alledem nicht schuld bin. Lassen Sie uns die ganze Schuld daran dem Schicksal beimessen, Jakow Petrowitsch!" fügte Herr Goljadkin der ältere in ganz versöhnlichem Tone hinzu. Seine Stimme begann allmählich matt zu werden und zu zittern.

"Nun also, wie steht es denn überhaupt mit Ihrer Gesundheit?" fragte der auf Irrwegen befindlich Gewesene in freundlichem Tone.

"Ich huste ein wenig," antwortete unser Held noch freundlicher.

"Nehmen Sie sich in acht! Es ist jetzt immer eine solche Witterung, daß man sich nicht wundern kann, wenn man sich eine Halsentzündung holt;

ich muß Ihnen bekennen, daß auch ich schon angefangen habe, flanellne Unterkleidung zu tragen."

"In der Tat, Jakow Petrowitsch, man kann sich nicht wundern, wenn man sich eine Halsentzündung holt... Jakow Petrowitsch!" sagte unser Held nach einem kurzen Stillschweigen. "Ich sehe, Jakow Petrowitsch, daß ich mich geirrt habe... Ich gedenke mit Vergnügen jener glücklichen Stunden, die wir unter meinem armen, aber, wie ich zu sagen wage, gastfreundlichen Dache zusammen verleben durften..."

"In Ihrem Briefe haben Sie übrigens etwas anderes geschrieben," bemerkte einigermaßen vorwurfsvoll der völlig wahrheitsliebende (allerdings nur in diesem einen Punkte völlig wahrheitsliebende) Herr Goljadkin der jüngere.

"Jakow Petrowitsch! Ich habe mich geirrt... Ich erkenne jetzt klar, daß ich mich auch in diesem meinem unglücklichen Briefe geirrt habe. Jakow Petrowitsch, ich schäme mich, Sie anzusehen, Jakow Petrowitsch, Sie glauben es gar nicht ... Geben Sie mir diesen Brief zurück, damit ich ihn vor Ihren Augen zerreiße, Jakow Petrowitsch; oder wenn das nicht mehr möglich ist, bitte ich Sie inständigst, ihn umgekehrt aufzufassen, ganz umgekehrt, d. h. absichtlich in freundschaftlicher Weise, indem Sie allen Worten meines Briefes den entgegengesetzten Sinn beilegen. Ich habe mich geirrt. Verzeihen Sie mir, Jakow Petrowitsch; ich habe mich völlig ... ich habe mich traurig geirrt, Jakow Petrowitsch."

"Was sagten Sie?" fragte ziemlich zerstreut und gleichgültig Herrn Goljadkins des älteren treuloser Freund.

"Ich sagte, daß ich mich völlig geirrt habe, Jakow Petrowitsch, und daß ich meinerseits ganz ohne falsche Scham ..."

"Ach, nun schön! Das ist ja sehr schön, daß Sie sich geirrt haben," antwortete Herr Goljadkin der jüngere in grobem Tone.

"Ich habe sogar schon gedacht, Jakow Petrowitsch," fügte edelmütig unser offenherziger Held hinzu, der die schreckliche Treulosigkeit seines falschen Freundes gar nicht bemerkte, "ich habe schon gedacht, daß zwei ganz ähnliche Wesen erschaffen worden sind ...

"Ah, das haben Sie gedacht!..."

Hier stand der durch seine Nichtswürdigkeit bekannte Herr Goljadkin der jüngere auf und griff nach seinem Hute. Auch Herr Goljadkin der ältere, der die Tücke immer noch nicht merkte, erhob sich, lächelte seinem falschen Freunde gutherzig und edelmütig zu und bemühte sich in seiner Unschuld, freundlich gegen ihn zu sein, ihn zu ermutigen und auf diese Weise von neuem mit ihm Freundschaft zu schließen...

"Leben Sie wohl, Exzellenz!" rief auf einmal Herr Goljadkin der jüngere. Unser Held fuhr zusammen, bemerkte in dem Gesichte seines Feindes den spöttischen Zug und schob, lediglich um von ihm loszukommen, in die ihm hingestreckte Hand des Verworfenen zwei Finger der seinigen hinein; aber nun ... nun überstieg die Unverschämtheit Herrn Goljadkins des jüngeren alles Maß. Nachdem er die beiden Finger des älteren Herrn Goljadkin ergriffen und zunächst gedrückt hatte, erlaubte sich der Unwürdige, unmittelbar vor den Augen des älteren Herrn Goljadkin seinen schamlosen Scherz vom Vormittag zu wiederholen. Das Maß der menschlichen Geduld war erschöpft...

Er hatte das Taschentuch, mit dem er sich die Finger abgewischt hatte, bereits wieder in die Tasche gesteckt, als Herr Goljadkin der ältere endlich zur Besinnung kam und ihm in das anstoßende Zimmer nachstürzte, wohin sein unversöhnlicher Feind nach seiner häßlichen Gewohnheit schleunigst geflüchtet war. Als ob nicht das geringste geschehen wäre, stand er am Büfett, aß Pastetchen und sagte wie der tugendhafteste Mensch der deutschenKonditorfrau Liebenswürdigkeiten. "In Gegenwart von Damen geht es nicht," dachte unser Held und trat, außer sich vor Erregung, ebenfalls an das Büfett heran. "Aber wirklich, das Frauchen ist nicht übel! Wie denken Sie darüber?" begann Herr Goljadkin der jüngere von neuem seine unpassenden Späße; er rechnete wahrscheinlich auf Herrn Goljadkins unendliche Geduld. Die dicke Deutsche ihrerseits blickte ihre beiden Kunden mit ihren zinnernen, geistlosen Augen an; sie verstand offenbar kein Russisch und lächelte höflich. Bei den Worten des schamlosen jüngeren Herrn Goljadkin flammte unser Held auf wie Feuer, und außerstande sich länger zu beherrschen, stürzte er endlich auf ihn los in der offensichtlichen Absicht, ihn zu zerreißen und auf diese Art ein für allemal mit ihm fertig zu werden; aber Herr Goljadkin der jüngere war nach seiner unwürdigen Gewohnheit schon weit weg: er hatte Reißaus genommen und befand sich schon vor der Haustür. Als Herr Goljadkin der ältere nach der ersten momentanen Erstarrung, die ihn natürlicherweise überkommen hatte, wieder zur Besinnung kam, lief er selbstverständlich spornstreichs hinter seinem Beleidiger her, der bereits in die Droschke gestiegen war, die auf ihn gewartet hatte, und deren Kutscher augenscheinlich mit ihm unter einer Decke steckte. Aber in diesem selben Augenblicke kreischte die dicke Deutsche, die ihre beiden Kunden davonrennen sah, laut auf und klingelte aus Leibeskräften mit ihrer Glocke. Fast im schärfsten Laufe wandte sich unser Held um, warf ihr das Geld für sich und für den schamlosen Menschen, der nicht bezahlt hatte, hin, ohne etwas heraus zu verlangen, und ermöglichte es trotz dieses Aufenthaltes doch, obgleich wieder nur mit größter Eile, seinen Feind zu erreichen. Indem er sich mit aller Kraft, die ihm die Natur gegeben hatte, an den Schmutzflügel der Droschke anklammerte, lief unser Held eine Weile auf der Straße mit und suchte dabei auf den Wagen heraufzuklettern, den der jüngere Herr Goljadkin aus aller Kraft wie eine Festung verteidigte. Unterdes trieb der Kutscher mit der Peitsche, den Zügeln, dem Fuße und mit Zurufen seinen steifbeinigen Klepper an, der ganz unerwartet in Galopp fiel, wobei er auf das Mundstück biß und nach seiner schlechten Gewohnheit bei jedem dritten Schritte mit den Hinterbeinen ausschlug. Endlich gelang es unserem Helden, sich auf die Droschke hinaufzuschwingen, das Gesicht seinem Feinde zugewandt, mit dem Rücken gegen den Kutscher gestemmt, Knie an Knie mit dem Schamlosen; mit der rechten Hand hielt er den schäbigen Pelzkragen an dem Mantel seines verworfenen, erbitterten Feindes fest gepackt.

So fuhren die beiden Feinde eine Weile schweigend dahin. Unser Held konnte kaum Luft bekommen; der Weg war sehr schlecht, und er hüpfte bei jedem Schritte in die Höhe, in Gefahr, den Hals zu brechen. Überdies wollte sein erbitterter Feind sich immer noch nicht überwunden geben, sondern bemühte sich, seinen Gegner in den Schmutz hinunterzustoßen. Um das Maß der Unannehmlichkeiten voll zu machen, war ein greuliches Wetter. Der Schnee fiel in dichten Flocken und versuchte auf jede Weise unter den offenstehenden Mantel des wirklichen Herrn Goljadkin zu dringen. Ringsherum war es so dunkel, daß man nicht die Hand vor den Augen sehen konnte. Es war schwer zu erkennen, wohin und durch welche Straßen sie fuhren. Herr Goljadkin hatte dabei die Empfindung, als widerfahre ihm etwas, was ihm schon bekannt sei. Einen Augenblick lang versuchte er sich zu erinnern, ob er nicht schon gestern so etwas geahnt habe, z. B. im Traume ... Endlich war sein peinliches Gefühl bis auf den höchsten Grad der Agonie gestiegen. Sich an seinen erbarmungslosen Gegner drückend, wollte er aufschreien. Aber der Schrei erstarb ihm auf den Lippen ... Es war ein Augenblick, in welchem Herr Goljadkin alles vergaß und sich sagte, all dies mache gar nichts; es vollziehe sich auf irgendwelche unerklärliche Weise, und sich dagegen zu sträuben, sei unter solchen Umständen unnütz und ganz verlorene Mühe ... Aber plötzlich und beinahe in demselben Augenblicke, als unser Held zu diesem Resultate gelangt war, änderte ein unvorhergesehener Stoß die ganze Lage der Dinge. Herr Goljadkin fiel wie ein Mehlsack aus der Droschke und rollte ein Stückchen davon, wobei er sich im Augenblick des Falles ganz mit Recht bewußt war, daß er wirklich sehr zur Unzeit hitzig geworden sei. Nachdem er endlich aufgesprungen war, sah er, daß sie irgendwo angelangt waren: die Droschke stand mitten auf einem Hofe, und unser Held erkannte auf den ersten Blick, daß sie sich bei der Tür eben des Hauses befanden, in welchem Olsufi Iwanowitsch wohnte. Gleichzeitig bemerkte er, daß sein Feind schon die Stufen zur Haustür hinanstieg und wahrscheinlich zu Olsufi Iwanowitsch wollte. In seinem unbeschreiblichen Seelenschmerze wollte er schon hineilen, um seinen Feind einzuholen, besann sich aber zu seinem Glücke verständigerweise noch rechtzeitig eines andern. Ohne daß er vergessen hätte, den Kutscher zu bezahlen, rannte Herr Goljadkin auf die Straße und lief, so schnell er konnte, blindlings davon. Der Schnee fiel wie vorher in dichten Flocken; wie vorher war es feucht und dunkel. Unser Held ging nicht; sondern stürmte dahin, stieß dabei alle Leute auf dem Wege um, Männer, Frauen und Kinder, und prallte seinerseits selbst von Frauen, Männern und Kindern zurück. Um ihn herum und hinter ihm erschollen erschrockene Worte, Kreischen und Schreien ... Aber Herr Goljadkin war, wie es schien, ohne Besinnung und mochte auf nichts achten ... Er kam erst wieder zu sich, als er sich schon bei der Semjonowski-Brücke

befand, und zwar nur deshalb, weil er ungeschickterweise zwei alte Höker-
frauen mit ihren landläufigen Waren angestoßen und umgeworfen hatte
und mit ihnen zusammen zu Fall gekommen war. "Das hat nichts zu sa-
gen," dachte Herr Goljadkin; "das kann sich alles noch ganz gut gestalten,"
und griff sogleich in die Tasche, um sich wegen der umhergestreuten Pfef-
ferkuchen, Äpfel, Erbsen und mannigfachen anderen Dinge mit einem Ru-
bel loszukaufen. Plötzlich ging Herrn Goljadkin ein neues Licht auf; er
fühlte in der Tasche den Brief, den ihm am Vormittag der Schreiber einge-
händigt hatte. Da ihm unter anderm einfiel, daß sich in der Nähe ein ihm
bekanntes Restaurant befinde, so lief er, ohne einen Augenblick zu zau-
dern, dorthin und nahm an einem Tischchen Platz, auf dem zur Beleuch-
tung ein Talglicht brannte; ohne sich dann um irgend etwas zu kümmern
und ohne auf den Kellner zu hören, der herantrat, um seine Bestellung
entgegenzunehmen, erbrach er das Siegel und begann den untenstehen-
den Brief zu lesen, der ihn in das allerhöchste Erstaunen versetzte:

"Edler, für mich leidender, meinem Herzen lebenslänglich teurer Mann!

"Ich leide, ich gehe zugrunde, – rette mich! Jener verleumderische, intri-
gante und durch seine nichtswürdige Denkweise bekannte Mensch hat
mich mit seinen Netzen umstrickt und zugrunde gerichtet! Ich bin gefal-
len! Aber er ist mir zuwider, während Du ... Man hat uns getrennt, meine
Briefe an Dich abgefangen, – und all das hat der sittenlose Mensch getan,
indem er seine einzige gute Eigenschaft ausnutzte, die Ähnlichkeit mit Dir.
Jedenfalls kann man ein häßliches Äußeres besitzen und doch durch Geist,
starke Empfindung und angenehme Manieren fesseln ... Ich gehe zu-
grunde! Man wird mich gewaltsam verheiraten, und am allermeisten intri-
giert hier mein Vater und Wohltäter, der Staatsrat Olsufi Iwanowitsch,
wahrscheinlich in der Absicht, meinen Platz in der vornehmen Gesell-
schaft einzunehmen und sich meiner Konnexionen zu bedienen ... Aber
ich habe meinen Entschluß gefaßt und sträube mich mit allen Mitteln, die
mir die Natur verliehen hat. Erwarte mich mit Deinem Wagen heute Punkt
neun Uhr vor den Fenstern von Olsufi Iwanowitschs Wohnung. Bei uns ist
heute Ball, und der schöne Leutnant wird da sein. Ich werde herauskom-
men, und wir werden fliehen. Es gibt ja auch noch andere Stellen im
Staatsdienst, wo man dem Vaterlande Nutzen bringen kann. In jedem Falle

denke daran, mein Freund, daß die Unschuld schon durch ihre Unschuld stark ist. Lebewohl! Erwarte mich mit dem Wagen vor der Haustür! Pünktlich um zwei Uhr nachts werde ich mich in den Schutz Deiner Umarmung flüchten.

"Dein bis zum Grabe!

Klara Olsufjewna."

Nachdem unser Held den Brief gelesen hatte, war er einige Minuten lang wie betäubt. In furchtbarer Pein, in schrecklicher Aufregung, bleich wie Leinewand, ging er mit dem Briefe in der Hand mehrmals im Zimmer auf und ab; um die Mißlichkeit seiner Lage voll zu machen, bemerkte unser Held nicht, daß er in diesem Augenblicke der Gegenstand ausschließlicher Aufmerksamkeit aller im Zimmer Anwesenden war. Seine unordentliche Kleidung, die Aufregung, die er nicht zu unterdrücken vermochte, die Art, wie er im Zimmer hin und her ging oder, richtiger gesagt, lief, die Gestikulationen, die er mit beiden Händen ausführte, vielleicht auch einige rätselhafte Worte, die er selbstvergessen vor sich hin sprach, alles diente wahrscheinlich sehr wenig zu Herrn Goljadkins Empfehlung bei den Besuchern des Lokals, und sogar der Kellner begann ihn mißtrauisch zu betrachten. Als unser Held wieder zur Besinnung gekommen war, bemerkte er, daß er mitten im Zimmer stand und in beinah unanständiger, unhöflicher Art einen ältlichen Herrn von sehr achtbarem Äußern anstarrte, der sein Mittagessen verzehrt, sein Gebet vor dem Heiligenbilde verrichtet, sich dann wieder hingesetzt hatte und seinerseits ebenfalls seine Blicke nicht von Herrn Goljadkin abwandte. Verwirrt sah unser Held um sich und bemerkte, daß alle, geradezu alle, ihn mit mißtrauischer Miene, die nichts Gutes erwarten ließ, anblickten. Auf einmal verlangte ein pensionierter Militär die "Polizei-Nachrichten". Herr Goljadkin zuckte zusammen und errötete: unwillkürlich schlug er dabei die Augen zu Boden und sah dabei, daß sein Kostüm sich in einem unanständigen Zustande befand, der nicht einmal innerhalb seiner vier Wände erträglich gewesen wäre, geschweige denn an einem öffentlichen Orte. Seine Stiefel, seine Beinkleider und die ganze linke Seite waren über und über voll Schmutz; der Steg am rechten Bein war abgerissen, und der Frack wies sogar an vielen Stellen Löcher auf. In tiefstem Seelenschmerze trat unser Held an den Tisch heran, an dem er den Brief gelesen hatte, und sah, daß der Kellner sich ihm näherte und ihn mit einem sonderbaren, dreisten Gesichtsausdruck beharrlich anblickte. Fassungslos und ganz niedergeschlagen begann unser Held den Tisch zu mustern, neben dem er jetzt stand. Auf dem Tische standen die noch nicht weggeräumten Teller von dem Mittagessen, das jemand dort eingenommen hatte; ebendort lag eine beschmutzte Serviette, sowie ein Messer, eine Gabel und ein Löffel, die soeben benutzt worden waren. "Wer mag hier zu Mittag gegessen haben?" dachte unser Held. "Bin ich es wirklich selbst gewesen? Sehr wohl möglich! Ich habe zu Mittag gegessen und selbst nichts davon gemerkt; was soll ich nur anfangen?" Aufblickend gewahrte er neben sich den Kellner, der ihm etwas sagen wollte.

"Wieviel bin ich schuldig, lieber Freund?" fragte unser Held mit zitternder Stimme.

Ein lautes Gelächter erscholl rings um Herrn Goljadkin; sogar der Kellner lächelte. Herr Goljadkin merkte, daß er sich auch hiermit blamiert und eine furchtbare Dummheit gemacht hatte. Infolge dieser Erkenntnis wurde er so verlegen, daß er genötigt war, nach seinem Taschentuche in die Tasche zu greifen, wahrscheinlich um nur irgend etwas zu tun und nicht so zwecklos dazustehen; aber zu seinem und aller Anwesenden Erstaunen zog er statt des Taschentuches ein Fläschchen mit der Arznei heraus, die ihm Krestjan Iwanowitsch vor vier Tagen verschrieben hatte. "Medizin aus derselben Apotheke," ging es Herrn Goljadkin durch den Kopf... Plötzlich fuhr er zusammen und schrie beinah auf vor Schreck. Ein neues Licht ergoß sich vor seinem geistigen Blicke ... Die dunkelrote, widerliche Flüssigkeit schimmerte in unheilverkündendem Glanze vor Herrn Goljadkins Augen ... Das Fläschchen fiel ihm aus den Händen und zerbrach. Unser Held schrie auf und sprang vor der umherspritzenden Flüssigkeit ein paar Schritte zurück ... er zitterte an allen Gliedern, und der Schweiß brach ihm an den Schläfen und auf der Stirn aus. "Also ist mein Leben in Gefahr!" Unterdessen war im Zimmer eine Bewegung und Verwirrung entstanden; alle umringten Herrn Goljadkin, alle redeten zu ihm, einige faßten ihn sogar an. Aber unser Held stand stumm und regungslos; er sah nichts, hörte nichts, fühlte nichts ... Endlich riß er sich von dem Flecke, wo er stand, los, stürzte aus dem Restaurant hinaus, stieß alle, die sich bemühten, ihn festzuhalten, zurück, warf sich beinah besinnungslos in die erste beste Droschke und fuhr eilig nach Hause.

Im Flur seiner Wohnung traf er den Kanzleidiener Michejew mit einem amtlichen Schreiben in der Hand. "Ich weiß, mein Freund, ich weiß alles," antwortete unser Held, der völlig erschöpft war, mit matter, trauriger Stimme; "das ist etwas Amtliches..." Das Schreiben enthielt in der Tat die von Andrei Filippowitsch unterzeichnete Anweisung für Herrn Goljadkin, die in seinen Händen befindlichen Akten an Iwan Semjonowitsch abzuliefern. Nachdem er den Brief in Empfang genommen und dem Kanzleidiener ein Zehnkopekenstück gegeben hatte, ging Herr Goljadkin in seine Wohnung hinein und sah, daß Petruschka in seinem Verschlage dabei war, all seine Sachen auf einen Haufen zusammenzulegen, offenbar in der Absicht, Herrn Goljadkin zu verlassen und als Jewstafis Nachfolger in Karolina Iwanownas Dienst zu treten, die ihn seinem Herrn abwendig gemacht hatte.

12. Kapitel

Petruschka trat, sich hin und her wiegend, ins Zimmer; seine Haltung hatte etwas sonderbar Nachlässiges, sein Gesicht zeigte die triumphierende Miene eines Knechtes. Man konnte ihm ansehen, daß er etwas vorhatte und sich in seinem Rechte fühlte; er sah aus wie ein Fremder, d. h. wie der Diener eines andern Herrn, nicht wie Herrn Goljadkins bisheriger Diener.

"Nun, siehst du, mein Lieber," begann unser Held, immer noch außer Atem, "was ist jetzt die Uhr, mein Lieber?"

Petruschka ging schweigend hinter die Scheidewand, kam zurück und meldete in einem wenig dienermäßig klingenden Tone, es sei bald halb acht.

"Nun schön, mein Lieber, schön! Nun, siehst du, mein Lieber ... Dann möchte ich dir sagen, mein Lieber, daß unser wechselseitiges Verhältnis jetzt zu Ende ist."

Petruschka schwieg.

"Also da nun jetzt unser wechselseitiges Verhältnis zu Ende ist, so sage mir doch jetzt aufrichtig, sage mir wie ein Freund dem Freunde, wo du gewesen bist, mein Lieber!"

"Wo ich gewesen bin? Bei guten Leuten bin ich gewesen."

"Ich weiß, mein Freund, ich weiß. Ich bin mit dir stets zufrieden gewesen, mein Lieber, und werde dir auch ein gutes Zeugnis ausstellen ... Nun, bist du denn jetzt bei denen im Dienst?"

"Nun ja, Herr! Sie wissen es ja selbst. Ein guter Mensch lehrt einen nichts Schlechtes."

"Ich weiß, mein Lieber, ich weiß. Heutzutage sind gute Leute selten, mein Freund; die mußt du zu schätzen wissen, mein Freund. Nun, wie sind sie denn?"

"Das wissen Sie ja ... Aber bei Ihnen, Herr, kann ich jetzt nicht länger dienen; das werden Sie ja selbst wissen."

"Ich weiß, mein Lieber, ich weiß; ich kenne deinen Eifer und deine Dienstwilligkeit; ich habe das alles gesehen, mein Freund, habe das alles bemerkt. Ich schätze dich hoch, mein Freund. Ich schätze einen guten, ehrenhaften Menschen hoch, wenn er auch ein Diener ist."

"Nun ja, das weiß ich. Unsereiner muß natürlich dahin gehen, wo es besser ist; das wissen Sie selbst. Das ist nun einmal nicht anders. Was soll ich machen? Sie wissen, Herr, einen guten Menschen muß man haben."

"Nun schön, mein Lieber, schön! Ich kann dir das nachfühlen... Nun also, da hast du dein Geld und dein Zeugnis. Jetzt wollen wir uns küssen, lieber Freund, und voneinander Abschied nehmen ..."

"Jetzt, mein Lieber, bitte ich dich noch um einen einzigen Dienst, um einen letzten Dienst," sagte Herr Goljadkin in feierlichem Tone. "Siehst du, mein Lieber, es kommt alles mögliche vor. Kummer verbirgt sich auch in vergoldeten Palästen, mein Freund; dem kann man nirgendhin entfliehen. Du weißt, mein Freund, ich bin, wie ich meine, immer freundlich gegen dich gewesen..."

Petruschka schwieg.

"Ich bin, meine ich, immer freundlich gegen dich gewesen, mein Lieber ... Nun, wieviel Wäsche haben wir denn jetzt, mein Lieber?"

"Es ist alles ordnungsmäßig vorhanden. Sechs Stück leinene Hemden; drei Paar Socken; vier Vorhemdchen; eine flanellene Unterjacke; zwei Unterhosen. Sie wissen ja selbst alles. Ich habe nichts von Ihren Sachen, Herr ... Ich hüte das Eigentum meines Herrn mit aller Sorgfalt. Sie haben mich manchmal gescholten, Herr, wegen ... hm... gewiß... aber solche Sünde habe ich niemals auf mein Gewissen geladen, Herr; das wissen Sie selbst, Herr ..."

"Ich glaube dir, mein Freund, ich glaube dir. Aber ich meine das auch gar nicht, mein Freund, ich meine das gar nicht, siehst du. Es handelt sich um etwas anderes, mein Freund ..."

"Ja, Herr, das kennen wir schon. Als ich noch beim General Stolbnjakow in Dienst stand und entlassen wurde, weil die Herrschaft nach Saratow reiste ... sie hatten da ein Gut ..."

"Nein, mein Freund, ich meine das gar nicht; ich sage nichts Derartiges ... Glaube so etwas nicht, mein lieber Freund ..."

"Jawohl. Sie wissen ja selbst: unsereinen kann man auf das leichteste fälschlich beschuldigen. Aber mit mir ist man überall zufrieden gewesen. Da waren Minister, Generale, Senatoren, Grafen. Ich bin bei allen möglichen Herren gewesen, beim Fürsten Swinjatschkin, beim Obersten Pereborkin, beim General Njedobarow; der verreiste auch, auf sein Stammgut reiste er, zu unsern Bauern. Jawohl ..."

"Ja, mein Freund, ja, schön, mein Freund, schön. Siehst du, ich verreise jetzt auch, mein Freund ... Jeder hat seinen verschiedenen Lebensweg, mein Lieber, und kein Mensch weiß, auf was für einen Weg er geraten wird. Nun, mein Freund, sei mir jetzt beim Umkleiden behilflich; lege mir meinen Uniformrock zurecht ... auch andere Beinkleider, Bettlaken, Bettdecken, Kissen ..."

"Soll ich alles in ein Bündel zusammenbinden?"

"Ja, mein Freund, ja; meinetwegen binde es in ein Bündel zusammen ... Wer weiß, was uns noch begegnen kann. Und jetzt, mein Lieber, geh und hole mir einen Wagen ..."

"Einen Wagen?"

"Ja, mein Freund, einen Wagen, einen recht geräumigen, und auf bestimmte Zeit. Aber denke nur nichts Schlimmes, mein Freund ..."

"Wollen Sie weit wegfahren?"

"Ich weiß es nicht, mein Freund; das weiß ich selbst noch nicht. Ich glaube, es wird auch nötig sein, ein Federbett mit dazu zu legen. Was meinst du, mein Freund? Ich will deinem Rate folgen, mein Lieber ..."

"Wollen Sie denn gleich wegfahren?"

"Ja, mein Freund, ja. Es ist ein Umstand eingetreten, der es erforderlich macht ... so ist das, mein Freund, so ist das ..."

"Ich weiß Bescheid, Herr; da bei uns im Regimente kam mit einem Leutnant dasselbe vor; er entführte eine Gutsbesitzertochter ..."

"Entführte? ... Wie! Mein Lieber, du ..."

"Ja, er entführte sie, und in einem andern Dorfe ließen sie sich trauen. Alles war im voraus vorbereitet. Es fand eine Verfolgung statt; aber der Fürst nahm für sie Partei, der selige Fürst; na, und da wurde die Sache gütlich beigelegt ..."

"Sie ließen sich trauen, ja ... wie kommst du denn darauf, mein Lieber? Woher weißt du denn das, mein Lieber?"

"Na, das kann man schon wissen! Die ganze Welt ist voll von Gerüchten, Herr. Wir wissen alles, Herr ... Natürlich, wer wäre ohne Sünde? Aber ich möchte Ihnen jetzt sagen, Herr ... erlauben Sie, daß ich Ihnen das ganz einfach, so auf Dienerart sage: wenn die Sache nun einmal so weit gekommen ist, dann möchte ich Ihnen sagen, Herr: Sie haben einen Feind, einen Nebenbuhler, Herr; und es ist ein starker Nebenbuhler, das können Sie glauben!"

"Ich weiß, mein Freund, ich weiß; du weißt es selbst, mein Lieber ... Nun also, ich verlasse mich auf dich. Was sollen wir nun tun, mein Freund? Was rätst du mir?"

"Sehen Sie, Herr, wenn Sie also jetzt sozusagen auf diese Manier vorgegangen sind, Herr, dann müssen Sie nun noch einiges kaufen, – na, also Bettlaken, Kissen, ein anderes, zweischläfriges Federbett, eine gute Bettdecke, – sehen Sie, gleich hier unten bei unserer Nachbarin; sie ist eine Bürgerfrau, Herr; die hat einen guten Damen-Fuchspelz zu verkaufen; den könnte man sich ansehen und kaufen; man könnte gleich hinuntergehen und ihn sich ansehen. Sie werden so etwas jetzt brauchen, Herr; es ist ein guter Damenpelz, ein Fuchspelz mit Atlas überzogen ..."

"Nun schön, mein Freund, schön; ich bin einverstanden, mein Freund; ich verlasse mich auf dich, verlasse mich vollständig auf dich; meinetwegen auch den Fuchspelz, mein Lieber ... Nur recht schnell, recht schnell! Um Gottes willen recht schnell! Ich will auch den Fuchspelz kaufen; nur, bitte, recht schnell! Es ist bald acht Uhr, schneller, um Gottes willen, mein Freund! Beeile dich, schnell mein Freund! ..."

Petruschka ließ das noch nicht ganz fertiggestellte Bündel mit Wäsche, Kissen, einer Bettdecke, Laken und allerlei Kram, das er zusammensuchte und zusammenband, im Stich und rannte Hals über Kopf aus dem Zimmer. Unterdessen griff Herr Goljadkin noch einmal nach dem Briefe; aber er vermochte nicht, ihn zu lesen. Seinen armen Kopf in beiden Händen haltend, lehnte er sich gegen die Wand. Er war nicht imstande, an irgend etwas zu denken oder irgend etwas zu tun; er wußte selbst nicht, was mit ihm vorging. Endlich, da er sah, daß die Zeit verging und weder Petruschka noch der Damenpelz erschien, entschloß sich Herr Goljadkin, selbst hinzugehen. Als er die Flurtür öffnete, hörte er unten Lärm, Reden, Streiten ... Einige Nachbarinnen schwatzten, schrien und räsonierten über etwas, – und Herr Goljadkin wußte schon worüber. Dann wurde Petruschkas Stimme vernehmbar, und darauf hörte man jemandes Schritte. "Mein Gott, sie rufen noch die ganze Welt her!" stöhnte Herr Goljadkin, in Verzweiflung die Hände ringend, und stürzte in sein Zimmer zurück. Dort sank er fast besinnungslos auf das Sofa nieder und drückte das Gesicht in das Kissen. Ein Weilchen lag er so da; dann sprang er auf, zog, ohne auf Petruschka zu warten, die Überschuhe und den Mantel an, setzte den Hut auf, ergriff seine Brieftasche und lief Hals über Kopf die Treppe hinunter. "Du brauchst nichts zu tun, mein Lieber, gar nichts! Ich werde es selbst besorgen, werde alles selbst besorgen. Deiner bedarf ich vorläufig nicht, und inzwischen wird sich die Sache vielleicht gut gestalten," sagte Herr Goljadkin murmelnd zu Petruschka, dem er auf der Treppe begegnete; dann lief er auf den Hof und aus dem Hause hinaus; der Herzschlag stockte ihm; er hatte noch keinen Entschluß gefaßt ... Wie sollte er sich verhalten, was sollte er tun, wie sollte er in der jetzigen kritischen Lage vorgehen? ...

"Das ist die Frage: wie soll ich vorgehen, Herr du mein Gott? Mußte auch das alles noch passieren!" rief er endlich verzweifelt, während er ziellos aufs Geratewohl die Straße entlang schlich. "Mußte auch das alles noch passieren! Wäre das nicht passiert, wäre gerade das nicht passiert, dann hätte sich noch alles in Ordnung bringen lassen; mit einem Mal, mit einem Schlage, mit einem einzigen geschickten, energischen, festen Schlage hätte es sich in Ordnung bringen lassen. Ich lasse mir einen Finger abschneiden, wenn es sich nicht hätte in Ordnung bringen lassen! Und ich weiß sogar, auf welche Weise das gegangen wäre. Das hätte ich so gemacht: ich hätte ... hm ... ich hätte gesagt: "So und so, mein Herr; ich weiß mir, mit Erlaubnis zu sagen, nicht anders zu helfen; aber solche Sachen gehen hier nicht, mein Herr, mein geehrter Herr; solche Sachen gehen hier nicht, und mit Aneignung eines fremden Namens ist bei uns nichts zu erreichen; wer sich einen fremden Namen aneignet, mein Herr, der ist ein ... hm ... ein Nichtswürdiger und bringt dem Vaterlande keinen Nutzen. Verstehen Sie wohl? Verstehen Sie wohl, mein geehrter Herr?"; So müßte das gemacht werden ... Aber nein, was sage ich da? ... das ist ja gar nicht das Richtige, ganz und gar nicht das Richtige ... Was schwatze ich denn da für Unsinn, ich Dummkopf! Ich bin ja geradezu ein Selbstmörder! Du bist ja geradezu ein Selbstmörder; das ist ganz und gar nicht das Richtige ... Da siehst du nun, du verworfener Mensch, da siehst du nun, wie die Sache jetzt läuft! ... Wo soll ich nur jetzt bleiben? Was soll ich nur jetzt anfangen? Wozu bin ich jetzt noch zu gebrauchen? Ja, wozu bist du jetzt noch zu gebrauchen, du armer Teufel, du unwürdiges Subjekt? Nun, was soll jetzt werden? Ich muß einen

Wagen nehmen; also nimm einen Wagen und laß ihn bei ihr vorfahren; sonst macht sie sich die Füßchen naß, wenn kein Wagen da ist ... Ja, wer hätte das gedacht? O weh, mein Fräulein, o weh, mein gnädiges Fräulein! Das ist nun ein Mädchen von gesitteter Aufführung! Das ist nun unser vielgelobtes Dämchen! Sie haben sich ja vorzüglich aufgeführt, gnädiges Fräulein, das muß man sagen, vorzüglich! ... Das kommt aber alles von der unmoralischen Erziehung her, und wenn ich das jetzt alles überlege und erwäge, so sehe ich, daß es von nichts anderem herkommt als von der Sittenlosigkeit. Man hätte dieses Mädchen von klein auf, hm ... und hätte ihr auch manchmal die Rute zu kosten geben sollen; aber statt dessen haben sie sie mit Konfekt und allerlei Süßigkeiten vollgestopft, und der Alte selbst hat ihr immer vorgesungen: "Du mein Engelskind, einem Grafen werden wir dich zur Frau geben!"; ... Aber nun sieht man, zu was für einem Pflänzchen sie sich bei dieser Erziehung entwickelt hat; jetzt hat sie sich dekuvriert; nun wissen wir, wie es steht! Statt sie von klein auf zu Hause zu behalten, haben sie sie in ein Pensionat gegeben, zu einer französischen Emigrantin, einer Madame Falbala, und da hat sie nichts Gutes gelernt, bei dieser Emigrantin Falbala; nun sieht man, was dabei herausgekommen ist. Nun freut euch! Jetzt heißt es nun: "Sei mit einem Wagen um die und die Stunde vor den Fenstern und singe ein gefühlvolles spanisches Liedchen; ich erwarte dich und weiß, daß du mich liebst, und will mit dir fliehen, und wir wollen zusammen in einer Hütte leben."; Aber das geht schließlich doch nicht; wenn die Sache so weit gediehen ist, mein gnädiges Fräulein, so geht das denn doch nicht; es ist durch die Gesetze verboten, ein ehrenhaftes, unschuldiges Mädchen aus dem Elternhause ohne Einwilligung der Eltern wegzuführen! Und schließlich: warum auch? Wozu? Was liegt für eine Nötigung vor? Mag sie doch denjenigen heiraten, den zu heiraten ihr gebührt und ihr vom Schicksal bestimmt ist; dann ist die Sache erledigt. Ich aber bin ein Mann in amtlicher Stellung und kann für eine solche Tat meine Stellung verlieren; vor Gericht kann ich deswegen kommen, mein gnädiges Fräulein! So steht die Sache, wenn Sie es noch nicht gewußt haben! Aber das ist alles das Werk dieses deutschen Frauenzimmers. Alles geht von dieser Hexe aus; sie hat diesen ganzen Wirrwarr angestiftet. Da wurde ein unschuldiger Mensch verleumdet, und Weiberklatschereien und erlogene Geschichten über ihn in Umlauf gesetzt, und zwar auf

Andrei Filippowitschs Rat; daher ist alles gekommen. Warum hätte sonst Petruschka Anlaß, sich hineinzumischen? Was geht ihn die Sache an? Was braucht der Halunke sich damit abzugeben? Nein, ich kann das nicht tun, gnädiges Fräulein, schlechterdings nicht, um keinen Preis ... Sie müssen mich diesmal schon entschuldigen, gnädiges Fräulein. Das kommt alles von Ihnen her, gnädiges Fräulein; das kommt alles nicht von der Deutschen her, ganz und gar nicht von der Hexe, sondern einfach von Ihnen; denn die Hexe ist eine gute Person und ist an nichts schuld; aber Sie, mein gnädiges Fräulein, sind daran schuld, – so ist das! Sie, gnädiges Fräulein, bringen mich fälschlich in schlechten Ruf ... Da geht ein Mensch zugrunde, da verschwindet ein Mensch vollständig und vermag sich nicht zu behaupten, – wie kann da von Hochzeit die Rede sein! Und wie wird das alles enden? Und wie soll ich das alles jetzt einrichten? Ich würde viel darum geben, wenn ich das wüßte!"

So überlegte unser Held in seiner Verzweiflung. Als er auf einmal zur Besinnung kam, bemerkte er, daß er irgendwo in der Liteinaja-Straße stand. Es war schauderhaftes Wetter, Tauwetter mit Schnee und Regen, genau so wie in jenem unvergeßlichen Augenblicke, als in der furchtbaren mitternächtlichen Stunde alle Leiden des Herrn Goljadkin begannen. "Wie kann man jetzt reisen?" dachte Herr Goljadkin im Hinblick auf das Wetter; "da holt sich ja jeder Mensch den Tod ... Herr du mein Gott! Na, und wo soll ich jetzt z. B. einen Wagen herbekommen? Da an der Ecke ist, wie es scheint, etwas Schwärzliches zu sehen. Wir wollen mal zusehen und es untersuchen ... Herr du mein Gott!" fuhr unser Held fort, indem er seine schwachen, wankenden Schritte nach der Seite hin lenkte, wo er etwas Wagenähnliches sah. "Nein, ich werde es so machen: ich werde hingehen, ihm, wenn es möglich ist, zu Füßen fallen und ihn untertänigst bitten: "So und so", werde ich sagen; "in Ihre Hände lege ich mein Schicksal, in die Hände meiner vorgesetzten Behörde. Exzellenz, beschützen Sie einen Unglücklichen, und erweisen Sie ihm eine Wohltat! So und so, und dies und das, es ist eine gesetzwidrige Handlung; richten Sie mich nicht zugrunde; ich nehme Sie zu meinem Vater an; verlassen Sie mich nicht ... retten Sie meine Ehre und meinen guten Namen ... retten Sie mich vor diesem Bösewicht, diesem verworfenen Menschen ... Er ist ein anderer Mensch, Exzellenz, und ich bin auch ein anderer Mensch; er ist eine Person für sich, und ich bin ebenfalls ein Mensch für mich, wahrhaftig, ich bin ein Mensch für mich, Exzellenz, wahrhaftig, ein Mensch für mich; so ist das. Ihm gleichen kann ich nicht; haben Sie die Güte, das zu ändern; befehlen Sie, daß das geändert und diese gottlose, eigenmächtige Namensaneignung aufgehoben werde … Das ist kein gutes Beispiel für andere, Exzellenz. Ich nehme Sie zu meinem Vater an; gewiß muß eine Behörde, eine humane Behörde, die für ihre Untergebenen sorgt, solche Bestrebungen unterstützen … Es liegt darin sogar etwas Ritterliches. Ich nehme Sie, die humane Behörde, zu meinem Vater an, lege mein Schicksal in Ihre Hände und werde gegen Ihre Entscheidung keinen Widerspruch erheben; ich vertraue mich Ihnen an und werde mich selbst von dieser Angelegenheit ganz zurückziehen." So will ich sagen."

"Nun, mein Lieber, bist du Droschkenkutscher?"

"Jawohl."

"Ich möchte einen Wagen für den Abend haben, mein Freund."

"Wollen Sie weit fahren?"

"Für den Abend, für den Abend. Wohin es nötig sein wird, mein Lieber, wohin es nötig sein wird."

"Wollen Sie vielleicht aus der Stadt fahren?"

"Ja, mein Freund, vielleicht auch aus der Stadt. Ich weiß es selbst noch nicht sicher, mein Freund; ich kann es dir nicht bestimmt sagen, mein Lieber. Siehst du, mein Lieber, vielleicht gestaltet sich alles gut. Man weiß ja, wie das so geht, mein Freund …"

"Jawohl, Herr, gewiß. Gott gebe jedem Gutes!"

"Ja, mein Freund, ja; ich danke dir, mein Lieber. Nun, wieviel bekommst du denn, mein Lieber?"

"Wollen Sie jetzt gleich fahren?"

"Ja, jetzt gleich, d. h. nein, an einer Stelle mußt du ein Weilchen warten … nur ein kleines Weilchen mußt du warten, nicht lange, mein Lieber …"

"Ja, wenn Sie mich für die ganze Zeit nehmen, dann kann ich es bei dem Wetter nicht unter sechs Rubeln machen ..."

"Nun gut, mein Freund, gut; ich werde dir dankbar sein, mein Lieber. Na also, dann fahre mich jetzt, mein Lieber!"

"Steigen Sie ein; erlauben Sie, ich will den Sitz hier noch ein bißchen zurechtmachen; so, jetzt, bitte, steigen Sie ein! Wohin befehlen Sie, daß ich fahren soll?"

"Nach der Ismailowski-Brücke, mein Freund."

Der Kutscher kletterte auf den Bock und hatte bereits seine beiden mageren Gäule, die er mit Gewalt von dem Futterkasten mit Heu weggerissen hatte, in der Richtung nach der Ismailowski-Brücke in Bewegung gesetzt, als auf einmal Herr Goljadkin die Schnur zog, den Wagen halten ließ und den Kutscher flehentlich bat, umzuwenden und nicht nach der Ismailowski-Brücke, sondern nach einer anderen Straße zu fahren. Der Kutscher wendete nach der angegebenen Straße hin um, und nach zehn Minuten hielt Herrn Goljadkins neu angenommener Wagen vor dem Hause, in dem Seine Exzellenz wohnte. Herr Goljadkin stieg aus dem Wagen, bat den Kutscher dringend, ein Weilchen zu warten, lief selbst mit angstvollem Herzklopfen nach der zweiten Etage hinauf und zog die Klingel; die Tür öffnete sich, und unser Held befand sich im Vorzimmer Seiner Exzellenz.

"Ist Seine Exzellenz zu Hause?" fragte Herr Goljadkin den Diener, der ihm geöffnet hatte.

"Was wünschen Sie?" fragte der Diener, indem er Herrn Goljadkin vom Kopf bis zu den Füßen musterte.

"Ich möchte, mein Freund, hm ... Mein Name ist Goljadkin, Titularrat Goljadkin. Ich möchte mich aussprechen ..."

"Da müssen Sie warten; das geht jetzt nicht ..."

"Mein Freund, ich kann nicht warten; meine Angelegenheit ist wichtig und duldet keinen Aufschub ..."

"Von wem kommen Sie denn? Haben Sie Akten?"

"Nein, mein Freund, ich komme in einer persönlichen Angelegenheit ... Melde mich, mein Freund; sage nur, ich wollte mich aussprechen. Ich werde dir dankbar sein, mein Lieber ..."

"Es geht nicht; ich darf niemand annehmen; es ist Besuch da. Bitte, kommen Sie am Vormittag um zehn Uhr!"

"Melde mich doch, mein Lieber; ich kann nicht warten; es ist unmöglich ... Du wirst es zu verantworten haben, mein Lieber ..."

"Na, geh doch und melde ihn! Du willst wohl die Stiefelsohlen schonen, was?" sagte ein anderer Diener, der sich auf einer Wandbank herumrekelte und bis dahin noch kein Wort gesprochen hatte.

"Die Stiefelsohlen werde ich mir dabei nicht ablaufen. Aber er hat befohlen, niemand anzunehmen, weißt du das? Für den Herrn da ist der Vormittag die richtige Zeit."

"Melde ihn nur! Du denkst wohl, die Zunge wird dir davon abfallen?"

"Na, dann werde ich ihn melden; die Zunge wird mir davon nicht abfallen. Aber er hat es verboten; wie gesagt, er hat es verboten. Kommen Sie in das Zimmer dort!"

Herr Goljadkin trat in das erste Zimmer; auf dem Tische stand eine Uhr. Er blickte danach hin: es war halb neun. Das Herz in der Brust schmerzte ihn. Er wollte schon umkehren; aber gerade in diesem Augenblicke rief der langaufgeschossene Diener, auf der Schwelle des folgenden Zimmers stehend, mit lauter Stimme Herrn Goljadkins Namen aus. "Hat der eine Kehle!" dachte unser Held in unbeschreiblicher Beklemmung. "Er hätte doch sagen sollen: "So und so, er ist gekommen, um sich untertänigst und ganz ergebenst auszusprechen... hm... haben Sie die Güte ihn zu empfangen!" Aber jetzt ist die Sache verdorben; meine ganze Angelegenheit ist zunichte geworden. Übrigens... ja... nun, es macht nichts..." Indes war zu Überlegungen keine Zeit. Der Diener wandte sich um, sagte: "Bitte, treten Sie näher!" und führte Herrn Goljadkin in das Arbeitszimmer.

Als unser Held eintrat, hatte er eine Empfindung, als sei er blind geworden; denn er sah absolut nichts ... Nur zwei oder drei Gestalten flimmerten undeutlich vor seinen Augen. "Na ja, das sind die Gäste," fuhr es ihm durch den Kopf. Endlich begann unser Held den Stern auf dem schwarzen Fracke Seiner Exzellenz deutlich zu unterscheiden; dann gelangte er stufenweise dazu, auch den schwarzen Frack zu erkennen; schließlich gewann er die volle Sehkraft wieder ...

"Was gibt es?" sagte eine bekannte Stimme über dem gebeugt dastehenden Herrn Goljadkin.

"Titularrat Goljadkin, Exzellenz."

"Nun? ..."

"Ich bin gekommen, um mich auszusprechen ..."

"Wie? ... Was?"

"Ja, so ist es. Hm ... ich bin gekommen, um mich auszusprechen, Exzellenz ..."

"Aber Sie ... wer sind Sie doch?"

"Herr Gol-gol-goljadkin, Exzellenz, Titularrat."

"Nun, also was wünschen Sie?"

"Nämlich ... hm ... ich nehme die Behörde zu meinem Vater an; ich selbst werde mich von dieser Angelegenheit ganz zurückziehen, und beschützen Sie mich vor meinem Feinde ... Das wollte ich sagen."

"Was bedeutet das?"

"Es ist bekannt ..."

"Was ist bekannt?"

Herr Goljadkin schwieg; sein Kinn begann ein wenig zu zucken.

"Nun?"

"Ich hielt es für ritterlich, Exzellenz ... Ich meinte, das sei hier ritterlich, und nehme meinen hohen Vorgesetzten zu meinem Vater an ... ja, hm ... beschützen Sie mich, ich fl-flehe darum mit Trä-änen, und daß solche Be-bestrebungen unter-unter-unterstützt werden mü-müßten ..."

Seine Exzellenz wandte sich ab. Unser Held konnte eine kurze Zeit mit den Augen nichts unterscheiden. Die Brust war ihm wie zusammengepreßt. Er konnte kaum atmen. Er wußte nicht, wo er stand ... Scham und Trauer erfüllten sein Herz. Dann war er eine Weile ganz benommen ... Als unser Held wieder zu sich kam, bemerkte er, daß Seine Exzellenz mit seinen Gästen sprach und mit ihnen anscheinend in entschiedenem, energischem Tone etwas erörterte. Einen von den Gästen erkannte Herr Goljadkin sofort. Das war Andrei Filippowitsch; den andern erkannte er nicht, indessen kam ihm das Gesicht ebenfalls bekannt vor; es war eine hohe, kräftige Gestalt, ziemlich bejahrt, mit sehr dichten Augenbrauen, starkem Backenbart und scharfem, ausdrucksvollem Blicke. Am Halse trug der Unbekannte einen Orden; im Munde hatte er eine Zigarre stecken. Der Unbekannte rauchte und nickte, ab und zu nach Herrn Goljadkin hinblickend, bedeutsam mit dem Kopfe, ohne die Zigarre aus dem Munde zu nehmen. Herrn Goljadkin wurde das einigermaßen unbehaglich; er wandte seine Augen zur Seite und erblickte dort noch einen sehr sonderbaren Gast. In einer Tür, die unser Held bis dahin für einen Spiegel gehalten hatte, wie ihm das manchmal begegnete, erschien er, – der Leser weiß schon, wer: der sehr nahe Bekannte und Freund des Herrn Goljadkin. Herr Goljadkin der jüngere hatte sich wirklich bisher in einem anderen, kleinen Zimmer befunden und war damit beschäftigt gewesen, schnell etwas zu schreiben; jetzt erschien er, weil dies offenbar nötig geworden war, mit Papieren unter dem Arme, trat zu Seiner Exzellenz heran, und in der Absicht, die Aufmerksamkeit ausschließlich auf seine Person zu lenken, brachte er es fertig, sich in das Gespräch und die Beratung einzudrängen. Seinen Platz hatte er nicht weit hinter Andrei Filippowitschs Rücken genommen, zum Teil verdeckt durch den Unbekannten, der eine Zigarre rauchte. Anscheinend interessierte sich Herr Goljadkin der jüngere außerordentlich lebhaft für das Gespräch, bei dem er zunächst den wohlgesitteten Zuhörer spielte, indem er mit dem Kopfe nickte, mit den Füßen trippelte, lächelte und alle Augenblicke Seine Exzellenz ansah, wie wenn er mit seinem Blicke um die Erlaubnis bitten wollte, ebenfalls ein Wörtchen dazugeben zu dürfen. "Du Schurke!" dachte Herr Goljadkin und trat unwillkürlich einen Schritt weiter vor. In diesem Augenblicke wandte sich der Chef um und trat selbst in ziemlich unentschlossener Haltung auf Herrn Goljadkin zu.

"Nun gut, gut; gehen Sie in Gottes Namen! Ich werde Ihre Angelegenheit untersuchen; ich werde Ihnen jetzt einen Begleiter mitgeben ..." Hier blickte der Chef den Unbekannten mit dem starken Backenbarte an. Dieser nickte zum Zeichen der Beistimmung mit dem Kopfe.

Herr Goljadkin fühlte und verstand deutlich, daß man von seiner Person ganz und gar nicht die Meinung hatte, die man von ihr hätte haben sollen. "Auf die eine oder die andere Weise muß ich mich jedenfalls aussprechen," dachte er; ""so und so;" werde ich sagen, "Exzellenz"." Hier schlug er in seiner Ratlosigkeit die Augen zu Boden und sah zu seinem äußersten Erstaunen auf den Stiefeln Seiner Exzellenz einen weißen Fleck von beträchtlicher Größe. "Sind sie wirklich geplatzt?" dachte Herr Goljadkin. Bald indes kam er zu der Erkenntnis, daß die Stiefel Seiner Exzellenz keineswegs geplatzt waren, sondern nur das Licht stark zurückwarfen, ein Phänomen, das sich vollständig daraus erklärte, daß es stark glänzende Lackstiefel waren. "Das nennt man einen "Blick"," dachte unser Held; "besonders hat sich diese Bezeichnung in den Ateliers der Künstler gehalten; an andern Stellen nennt man diesen Widerschein Lichtreflex." Hier schlug Herr Goljadkin die Augen in die Höhe und sah, daß es Zeit war zu reden, weil die Sache sonst sehr leicht einen schlimmen Ausgang nehmen konnte... Unser Held trat einen Schritt vor.

"Also ... ja ... Exzellenz," sagte er, "durch Annahme eines fremden Namens kann man in unserm Zeitalter nicht mehr obenauf kommen."

Der Chef antwortete nichts, sondern zog stark an der Klingelschnur. Unser Held trat noch einen Schritt vor.

"Er ist ein gemeiner, verworfener Mensch, Exzellenz," sagte unser Held; er wußte nicht von sich selbst, war halbtot vor Angst, wies aber dabei doch kühn und entschlossen auf seinen unwürdigen Zwillingsbruder, der in diesem Augenblicke neben Seiner Exzellenz herumtrippelte. "Nämlich... ja... ich deute auf eine bestimmte Person hin."

Herrn Goljadkins Worten folgte eine allgemeine Bewegung. Andrei Filippowitsch und der Unbekannte nickten mit den Köpfen; Seine Exzellenz riß ungeduldig aus Leibeskräften am Klingelzuge, um seine Leute herbeizurufen. Jetzt trat Herr Goljadkin der jüngere seinerseits vor.

"Exzellenz," sagte er, "ich bitte untertänigst um Ihre Erlaubnis, reden zu dürfen." In der Stimme des jüngeren Herrn Goljadkin lag eine außerordentliche Entschlossenheit; sein ganzes Benehmen zeigte, daß er sich vollständig in seinem Rechte fühlte.

"Gestatten Sie mir die Frage," begann er von neuem, indem er in seinem Eifer der Antwort Seiner Exzellenz zuvorkam und sich diesmal an Herrn Goljadkin wandte, "gestatten Sie mir die Frage, ob Sie wohl auch wissen, in wessen Gegenwart Sie solche Ausdrücke gebrauchen. Vor wem stehen Sie, und in wessen Arbeitszimmer befinden Sie sich? ..." Herr Goljadkin der jüngere war in höchster Erregung, ganz rot und heiß vor Empörung und Zorn; es wurden sogar Tränen in seinen Augen sichtbar.

"Die Herren Bassawrjukow!" schrie der Diener, der in der Tür des Arbeitszimmers erschien, aus voller Kehle. "Das ist eine gute Adelsfamilie, die aus Kleinrußland stammt," dachte Herr Goljadkin und fühlte gleichzeitig, daß ihm jemand in sehr freundschaftlicher Weise die Hand auf den Rücken legte; dann legte sich ihm noch eine andere Hand auf den Rücken; Herrn Goljadkins nichtswürdiger Zwillingsbruder lief geschäftig voran und zeigte den Weg, und unser Held sah klar, daß man ihn nach der großen Tür des Arbeitszimmers hinführte. "Genau so wie bei Olsufi Iwanowitsch," dachte er und fand sich schon im Vorzimmer. Um sich blickend, sah er neben sich zwei Diener Seiner Exzellenz und seinen Zwillingsbruder.

"Den Mantel, den Mantel, den Mantel, den Mantel meines Freundes! Den Mantel meines besten Freundes!" schnatterte der verworfene Mensch, indem er einem der Diener den Mantel aus den Händen riß und ihn mit diesen gemeinen, unanständigen Spottworten Herrn Goljadkin geradezu auf den Kopf warf. Während Herr Goljadkin der ältere sich aus seinem Mantel herauswickelte, hörte er deutlich das Gelächter der beiden Diener. Aber ohne auf etwas hinzuhören und Nebendinge zu beachten, verließ er das Vorzimmer und befand sich nun auf der erleuchteten Treppe. Herr Goljadkin der jüngere war ihm nachgekommen.

"Leben Sie wohl, Exzellenz!" rief er Herrn Goljadkin dem älteren nach.

"Schurke!" antwortete unser Held ganz außer sich.

"Na, ich lasse mir diese Bezeichnung gefallen ..."

"Verworfener Mensch! ..."

"Na, meinetwegen auch das ..." erwiderte dem würdigen Herrn Goljadkin sein unwürdiger Feind spöttisch und blickte mit der ihm eigenen Niederträchtigkeit von der Höhe der Treppe gerade und ohne mit den Augen zu zwinkern Herrn Goljadkin in die Augen, wie wenn er ihn bäte fortzufahren. Unser Held spie vor Empörung aus und lief vor die Haustür; er war so zerschmettert, daß ihm gar nicht zum Bewußtsein kam, wer ihm beim Einsteigen in den Wagen half, und wie es dabei zuging. Als er seine Gedanken wieder gesammelt hatte, sah er, daß er an der Fontanka entlangfuhr. "Also wohl nach der Ismailowski-Brücke?" dachte er. Er hätte jetzt gern über noch etwas nachgedacht; aber das war ihm nicht möglich; es war etwas so Schreckliches, daß es sich gar nicht sagen läßt ... "Nun, es macht nichts!" sagte sich unser Held schließlich und fuhr nach der Ismailowski-Brücke.

13. Kapitel

... Das Wetter schien sich bessern zu wollen. In der Tat begann der nasse Schnee, der bisher in dichten Massen gefallen war, allmählich spärlicher zu werden und hörte zuletzt fast ganz auf. Der Himmel wurde sichtbar, und hier und da glänzten an ihm die Sterne auf. Aber es war immer noch naß, schmutzig, feucht und drückend, namentlich für Herrn Goljadkin, der ohnehin schon nur mit Mühe Atem holen konnte. Sein durchnäßter, schwer gewordener Mantel teilte allen seinen Gliedern eine unangenehmwarme Feuchtigkeit mit und lähmte durch sein Gewicht seine sowieso schon recht schwach gewordenen Beine. Ein fieberhaftes Zittern lief ihm wie ein Gekribbel bissiger Ameisen über den ganzen Körper; die Ermattung ließ einen kalten, krankhaften Schweiß aus allen Poren heraustreten, so daß Herr Goljadkin sogar vergaß, bei dieser passenden Gelegenheit mit der ihm eigenen Festigkeit und Entschlossenheit seine Lieblingsredensart zu wiederholen, daß er dennoch vielleicht, möglicherweise, irgendwie, wahrscheinlich, unbedingt obsiegen und alles sichgut gestalten werde. „Übrigens macht das alles vorläufig noch nichts," fügte unser starker, noch ungebeugter Held hinzu und wischte sich die kalten Wassertropfen vom

Gesichte, die nach allen Seiten von der Krämpe seines runden Hutes herabflossen, der dermaßen durchnäßt war, daß er das Wasser nicht mehr festhalten konnte. Nachdem unser Held noch hinzugefügt hatte, daß das alles noch nichts zu bedeuten habe, versuchte er, sich auf einen ziemlich dicken Holzklotz zu setzen, der auf Olsufi Iwanowitschs Hofe neben einem Haufen Holz lag. Von spanischen Serenaden und seidenen Strickleitern konnte jetzt allerdings nicht die Rede sein; aber er konnte nicht umhin, an jenes bescheidene Winkelchen zurückzudenken, das zwar nicht sehr warm, aber dafür bequem und verborgen gewesen war. Denn jenes Winkelchen hatte, beiläufig bemerkt, jetzt viel Verlockendes für ihn, jenes Winkelchen auf dem Flur von Olsufi Iwanowitschs Wohnung, wo unser Held früher, beinah am Anfang dieser wahrhaften Geschichte, volle zwei Stunden lang zwischen einem Schranke und einem alten Wandschirm, zwischen allerlei unbrauchbarem Hausrat, Trödelkram und Gerümpel gestanden hatte. Die Sache war die, daß auch jetzt Herr Goljadkin bereits ganze zwei Stunden auf Olsufi Iwanowitschs Hofe stand und wartete. Aber was eine nochmalige Benutzung jenes früheren bescheidenen, bequemen Winkelchens anlangte, so gab es da jetzt mehrere Hindernisse, die es früher nicht gegeben hatte. Das erste Hindernis bestand darin, daß man dieses Plätzchen wahrscheinlich seinerzeit bemerkt und seit der Affäre auf dem letzten Balle bei Olsufi Iwanowitsch einige vorbeugende Maßregeln getroffen hatte; und zweitens mußte er doch auf das verabredete Zeichen von Klara Olsufjewna warten; denn irgendein solches verabredetes Zeichen mußte doch unbedingt dabei vorkommen. So war es immer zugegangen, und er sagte sich: „Wir sind nicht die ersten, die es so machen, und werden nicht die letzten sein." Herr Goljadkin erinnerte sich hierbei sehr apropos flüchtig an einen Roman, den er schon vor langer Zeit einmal gelesen hatte, wo die Heldin ihrem Alfred in ganz ähnlicher Lage das verabredete Zeichen dadurch gab, daß sie ein rosa Band ans Fenster knüpfte. Aber ein rosa Band konnte jetzt zur Nachtzeit und bei dem durch seine Feuchtigkeit und Unzuverlässigkeit bekannten Petersburger Klima nicht zur Anwendung kommen; das war, kurz gesagt, völlig unmöglich. „Nein, seidene Strickleitern kommen hier nicht in Frage," hatte unser Held gedacht, als er auf den Hof kam; „ich werde mich lieber hierher stellen, ganz allein, bescheiden und in der Stille... z. B. hier an diesen Platz," und er hatte sich ein Plätzchen auf dem Hofe ausgesucht, den Fenstern gerade gegenüber, bei einem aufgeschichteten Holzhaufen. Allerdings gingen auf dem Hofe viele fremde Leute umher, Stallknechte, Kutscher; dazu rasselten die Räder, schnaubten die Pferde usw.; aber trotzdem war der Platz wohlgeeignet: ob man ihn nun bemerkte oder nicht, jetzt wenigstens war der Vorteil der, daß die Sache gewissermaßen im Schatten vor sich ging und niemand Herrn Goljadkin sah, während er selbst geradezu alles sehen konnte. Die Fenster waren hell erleuchtet; es war eine vornehme Gesellschaft bei Olsufi Iwanowitsch. Musik war übrigens noch nicht zu hören. „Also findet kein Ball statt, sondern es sind aus irgendwelchem andern Anlaß Gäste geladen," dachte unser Held beklommenen Herzens. „Aber sollte es denn auch heute sein?" ging es ihm durch den Kopf; „liegt auch kein Irrtum im Datum vor? Es könnte doch sein; möglich ist alles ... Vielleicht war der Brief gestern geschrieben, gelangte aber gestern nicht in meine Hände, und zwar deswegen nicht, weil sich Petruschka da hineingemischt hat, dieser Halunke! Oder er war morgen geschrieben, d. h. es stand darin, daß ich ... daß ich erst morgen alles tun sollte, d. h. mit dem Wagen warten sollte ..." Hier überlief es unsern Helden ganz kalt, und er griff in die Tasche, um den Brief herauszuholen und die Sache festzustellen. Aber zu seiner Verwunderung fand sich der Brief in der Tasche nicht vor. „Wie geht das zu?" flüsterte Herr Goljadkin mehr tot als lebendig. „Wo habe ich ihn nur gelassen? Also habe ich ihn verloren? Das hat noch gefehlt!" stöhnte er schließlich. „Wenn er nun aber jetzt in schlechte Hände fällt? (Ja, vielleicht ist er schon in schlechte Hände gefallen!) Herr Gott! Was kann das für Folgen haben! Die Folge wird sein, daß ... O über mein unglückseliges Schicksal!" Hier begann Herr Goljadkin wie Espenlaub zu zittern bei dem Gedanken, daß vielleicht sein unehrenhafter Zwillingsbruder, als er ihm den Mantel auf den Kopf warf, dabei gerade die Absicht verfolgt habe, den Brief zu entwenden, von dessen Existenz er irgendwie durch Herrn Goljadkins Feinde Wind bekommen habe. „Er wird ihn als Beweisstück weggenommen haben," dachte unser Held; „und was für ein schwerwiegendes Beweisstück ist er! ..." Nach dem ersten Anfall des Schreckens und der Erstarrung stieg Herrn Goljadkin das Blut in den Kopf. Stöhnend und zähneknirschend griff er sich an seine glühende Stirn, ließ sich auf seinen Holzklotz niedersinken und begann über etwas nachzudenken. Aber die Gedanken in seinem Kopfe vermochten nicht an einem Gegenstande haften zu bleiben. Irgendwelche Persönlichkeiten huschten vor seinem geistigen Auge vorüber; irgendwelche längst vergessenen Ereignisse kamen ihm bald undeutlich, bald klar ins Gedächtnis; irgendwelche Melodien dummer Lieder gingen ihm durch den Kopf... Es war eine Pein, eine unnatürliche Pein! „Mein Gott, mein Gott!" dachte unser Held, als er einigermaßen zur Besinnung kam, und suchte das dumpfe Schluchzen in seiner Brust zu ersticken, „gib mir festen Mut bei der unergründlichen Tiefe meines Unglücks! Daß ich verloren bin, ganz vernichtet bin, daran kann kein Zweifel mehr bestehen, und das liegt ganz im natürlichen Laufe der Dinge; es kann eben nicht anders sein. Erstens habe ich meine Stelle verloren, unbedingt verloren, ich mußte sie mit Notwendigkeit verlieren ... Nun, einigermaßen werde ich allerdings auch dann zurechtkommen. Mein Geld reicht fürs erste aus: ich nehme mir eine andere, kleine Wohnung ... Petruschka wird nicht mehr bei mir sein. Ich kann mich auch ohne diesen Halunken behelfen ... ich lebe dann eben als Chambregarnist; nun gut! Dann kann ich auch kommen und gehen, wann ich Lust habe, und kein Petruschka wird darüber brummen, daß ich zu spät nach Hause komme. Ja, so ist das; das ist ein Vorzug des Chambregarnistentums ... Nun, das ist ja allerdings alles ganz gut; aber warum rede ich gar nicht über das, worauf es ankommt?" Hier erhellte der Gedanke an die gegenwärtige Lage wieder Herrn Goljadkins Gedächtnis. Er blickte um sich. „Ach, Herr du mein Gott! Herr du mein Gott! Wovon rede ich denn da jetzt?" dachte er ganz verstört und griff sich an den glühenden Kopf ...

„Wollen Sie nicht bald fahren, Herr?" sagte eine Stimme über dem Kopfe des dasitzenden Herrn Goljadkin. Herr Goljadkin fuhr zusammen; vor ihm stand sein Kutscher, ebenfalls völlig durchnäßt und durchfroren; vor Ungeduld und Langerweile war er auf den Gedanken gekommen, sich einmal nach Herrn Goljadkin hinter dem Holzhaufen umzusehen.

„Ich weiß nicht, mein Freund ... ich werde bald fahren, mein Freund, sehr bald, sehr bald; warte noch ein bißchen! ..."

Der Kutscher ging, etwas vor sich hin brummend, wieder weg. „Was mag er da brummen?" dachte Herr Goljadkin, und die Tränen kamen ihm in die Augen. „Ich habe ihn doch für den ganzen Abend genommen; also kann ich ... hm ... ich bin jetzt in meinem Rechte ... so ist das! Ich habe ihn für den ganzen Abend genommen; also ist die Sache in Ordnung. Wenn er auch so dasteht, das ist ganz gleich. Das hängt alles von meinem Belieben ab. Wenn ich fahren will, kann ich fahren, und wenn ich nicht fahren will, kann ich es unterlassen. Und wenn ich hier hinter dem Holze stehe, so ist auch dagegen nichts einzuwenden ... und er darf sich nicht erdreisten, etwas darüber zu sagen; wenn der Herr Lust hat, hinter dem Holze zu stehen, nun, dann steht er eben hinter dem Holze ... und damit befleckt er niemandes Ehre; so ist das! Ja, so ist das, mein Fräulein, wenn Sie es wissen wollen. Und in einer Hütte, mein Fräulein, hm, in einer Hütte lebt in unserem Zeitalter niemand. So ist das! Und ohne Moralität kann man in unserem Zeitalter der Industrie nichts erreichen, mein Fräulein; dafür dienen Sie selbst jetzt als trauriges Beispiel ... Also Ihrer Meinung nach soll ich das Amt eines Tischvorstehers bekleiden und in einer Hütte am Gestade des Meeres leben. Erstens, mein Fräulein, gibt es am Gestade des Meeres keine Tischvorsteher, und zweitens können wir beide mir keine Stelle als Tischvorsteher verschaffen. Denn gesetzt z. B. ich reiche eine Bittschrift ein und sage darin: „So und so, ich bitte, mich zum Tischvorsteher zu machen und mich vor meinem Feinde zu schützen ...", dann werden Sie merken, mein Fräulein, daß es viele Tischvorsteher gibt, und daß Sie hier nicht bei der Emigrantin Falbala sind, wo Sie Moralität gelernt haben, wofür Sie selbst als trauriges Beispiel dienen. Moralität, mein Fräulein, das bedeutet: zu Hause sitzen, seinen Vater ehren und nicht vorzeitig an Freier denken. Die Freier, mein Fräulein, werden sich zur rechten Zeit schon finden; so ist das! Gewiß, man muß unstreitig auch allerlei Fertigkeiten und Kenntnisse besitzen, als da sind: ein bißchen Klavierspielen, Französisch sprechen, Geschichte, Geographie, Religion und Rechnen, – so ist das! Aber mehr ist nicht vonnöten. Dazu kommt noch die Küche; zu dem Wissensgebiete eines jeden wohlgesitteten Mädchens gehört unbedingt auch die Küche! Aber was wird mit Ihnen werden? Erstens, mein schönes gnädiges Fräulein, wird man Sie nicht so einfach davonlassen, sondern eine Verfolgung veranstalten und Sie, wenn man Sie attrapiert hat, in ein Kloster stecken. Was dann, mein Fräulein? Was befehlen Sie mir dann zu tun? Befehlen Sie mir, mein Fräulein, nach Anweisung einiger dummer Romane auf einen nahegelegenen Hügel zu gehen und, nach den kalten Mauern Ihres Gefängnisses hinblickend, in Tränen zu zerfließen und schließlich so zu sterben, gemäß der Vorschrift einiger verdrehter deutscher Dichter und Romanschriftsteller? Ja, mein Fräulein? Aber gestatten Sie mir, Ihnen in aller Freundschaft zu sagen, erstens, daß die Dinge sich nicht in dieser Weise vollziehen, und zweitens, daß ich am liebsten Sie und Ihre Eltern gehörig dafür durchhauen möchte, daß sie Ihnen französische Bücher zu lesen gegeben haben; denn aus französischen Büchern kann man nichts Gutes lernen. In denen steckt Gift, verderbliches Gift, mein Fräulein! Oder denken Sie etwa (gestatten Sie die Frage!), oder denken Sie etwa, wir werden ungestraft entfliehen können und dann zusammen in einer Hütte am Meeresstrande wohnen? Und dann fangen wir an zu girren und zu schnäbeln und von allerlei Gefühlen zu sprechen und verbringen so unser ganzes Leben in Zufriedenheit und Glück? Und dann stellt sich ein Kleines ein, und wir sagen: „So und so, Sie unser Vater Staatsrat Olsufi Iwanowitsch, da hat sich ein Kleines eingestellt; nehmen Sie also bei diesem passenden Anlaß Ihren Fluch zurück, und segnen Sie uns junges Paar!"? Nein, mein Fräulein, da vollziehen sich die Dinge wieder nicht in dieser Weise, und der erste Punkt ist der, daß es kein Girren und Schnäbeln mehr gibt; hoffen Sie darauf nicht! Heutzutage, mein Fräulein, ist der Mann der Herr, und eine gute, wohlgesittete Frau muß ihm in allen Stücken zu Gefallen leben. Zärtlichkeiten aber, mein Fräulein, sind heutzutage in unserm Zeitalter der Industrie nicht mehr beliebt; die Zeiten Jean Jacques Rousseaus sind vorüber. Heutzutage kommt z. B. der Mann hungrig vom Dienste nach Hause; da sagt er dann: „Mein Herzchen, hast du nicht vor dem Mittagessen ein bißchen was zu essen, ein Schnäpschen zu trinken, ein Stückchen Hering zu essen?" Da müssen Sie dann ein Schnäpschen und ein Stückchen Hering gleich in Bereitschaft haben. Der Mann ißt das mit gutem Appetit; aber Sie sieht er gar nicht an, sondern er sagt: „Geh in die Küche, mein Kätzchen, und sieh nach dem Mittagessen!" und vielleicht gibt er Ihnen in der Woche nur ein einziges Mal einen Kuß, und auch das nur mit gleichgültigem Wesen ... So ist das jetzt bei uns, mein Fräulein! Und auch das nur mit gleichgültigem Wesen! ... So wird das sein, wenn man es recht überlegt, wenn es nun einmal dahin gekommen ist, daß man die Sache in dieser Weise zu betrachten anfängt ... Und was habe denn ich, ich damit zu schaffen? Warum haben Sie mich in Ihr launenhaftes Treiben hineingezogen, mein Fräulein? Sie schreiben: „Edler, für mich leidender und meinem Herzen in jeder Hinsicht teurer Mann" usw. Ja, erstens, mein Fräulein, passe ich gar nicht für Sie; Sie wissen selbst, daß ich mich auf Komplimente nicht verstehe, es nicht liebe, den Damen allerlei parfümierten Unsinn vorzuschwatzen, das seladonhafte Wesen nicht ausstehen kann und auch, offen gestanden, kein schönes Äußeres besitze. Lügenhafte Prahlerei und Ziererei werden Sie bei mir nicht finden; das gestehe ich Ihnen jetzt mit aller Offenherzigkeit. So ist das; ich besitze nur einen geraden, offenen Charakter und einen gesunden Verstand; mit Intrigen gebe ich mich nicht ab. Ich bin kein Intrigant und bin stolz darauf; so ist das! ... Ich bewege mich unter guten Menschen ohne Maske, und um Ihnen alles zu sagen ..."

Auf einmal fuhr Herr Goljadkin zusammen. Der rötliche, völlig durchnäßte Bart seines Kutschers blickte wieder zu ihm hinter das Holz.

„Ich komme gleich, mein Freund; weißt du, mein Freund, sogleich; sofort komme ich, mein Freund!" antwortete Herr Goljadkin mit zitternder, gramvoller Stimme.

Der Kutscher kratzte sich im Nacken, strich sich dann den Bart glatt und trat einen Schritt vor. Hierauf blieb er stehen und blickte Herrn Goljadkin mißtrauisch an.

„Ich komme sofort, mein Freund; ich will nur ... siehst du, mein Freund ... ich will nur noch ein wenig ... siehst du, mein Freund, ich will nur noch eine Sekunde hier ... siehst du, mein Freund ..."

„Wollen Sie vielleicht überhaupt nicht mehr fahren?" sagte endlich der Kutscher, indem er entschlossen an Herrn Goljadkin herantrat.

„Doch, mein Freund; ich komme gleich. Siehst du, mein Freund, ich warte nur noch ..."

„Na, gut ..."

„Siehst du, mein Freund, ich ... Aus welchem Dorfe bist du denn, mein Lieber?"

„Wir sind Leibeigene ..."

„Hast du eine gute Herrschaft? ..."

„Es geht ..."

„Ja, mein Freund, bleib nur noch ein bißchen bei mir, mein Freund! Siehst du, mein Freund, bist du schon lange in Petersburg?"

„Ich fahre schon ein Jahr ..."

„Und geht es dir gut, mein Freund?"

„So ziemlich."

„Ja, mein Freund, ja. Danke der Vorsehung, mein Freund! Einen guten Menschen kannst du jetzt lange suchen, mein Freund. Heutzutage sind gute Menschen selten geworden, mein Lieber; ein guter Mensch hält dich sauber, mein Lieber, und gibt dir zu essen und zu trinken. Aber siehst du, manchmal fließen Tränen auch auf das Gold, mein Freund ... siehst du, hier hast du ein bedauernswertes Beispiel vor dir; so ist das, mein Lieber ..."

Dem Kutscher schien Herr Goljadkin leid zu tun. „Na, wenn Sie wollen, werde ich noch warten. Wollen Sie denn noch lange hierbleiben?"

„Nein, mein Freund, nein; ich werde jetzt, weißt du, hm ... ich werde jetzt nicht mehr warten, mein Lieber ... Wie denkst du darüber, mein Freund? Ich schenke dir Vertrauen. Ich werde hier nicht mehr warten ..."

„Werden Sie vielleicht überhaupt nicht mehr fahren?"

„Nein, ich fahre nicht mehr, mein Freund, nein; aber ich danke dir, mein Lieber ... so ist das. Wieviel bekommst du denn, mein Lieber?"

„Was wir abgemacht haben, Herr, das müssen Sie mir auch geben. Ich habe lange gewartet, Herr; Sie werden ja einen armen Menschen nicht zu Schaden bringen wollen, Herr."

„Nun, da hast du dein Geld, mein Lieber, da hast du es!" Damit gab Herr Goljadkin dem Kutscher die ganzen sechs Rubel. Er entschloß sich nun im Ernst, keine Zeit weiter zu verlieren, sondern sich davonzumachen, um so mehr da die Sache bereits endgültig entschieden und der Kutscher entlassen war und es folglich keinen Zweck mehr hatte, länger zu warten; so verließ er denn den Hof, ging durch den Torweg, wandte sich links und begann, ohne sich umzusehen, keuchend und froh davonzulaufen. „Vielleicht gestaltet sich noch alles gut," dachte er, „und ich bin auf diese Art dem Unheil entronnen." Wirklich war es Herrn Goljadkin auf einmal sehr leicht ums Herz geworden. „Ach, wenn sich doch alles gut gestalten wollte!" dachte unser Held, obwohl er selbst wenig daran glaubte. „Nun will ich, hm ..." dachte er. „Nein, ich will es lieber so machen; ich will die Sache von einer andern Seite angreifen ... Oder soll ich lieber so verfahren? ..." Während sich unser Held so mit seinen Zweifeln abmühte und zur Klarheit zu gelangen suchte, war er bis zur Semjonowski-Brücke gelaufen und faßte nun den verständigen, endgültigen Beschluß, wieder umzukehren. „Das wird das beste sein," sagte er sich. „Ich will die Sache lieber von einer anderen Seite angreifen, d. h. folgendermaßen: ich werde ganz einfach unbeteiligter Beobachter sein, weiter nichts; ich bin nur ein Beobachter, eine unbeteiligte Person; dann mag sich dort begeben, was da will, ich trage keine Schuld daran. So ist das! So soll es jetzt sein!"

Nachdem unser Held beschlossen hatte umzukehren, führte er diesen Beschluß auch aus, um so mehr, da er seiner glücklichen Idee zufolge jetzt die Rolle einer ganz unbeteiligten Person übernommen hatte. „Das ist besser; einerseits bin ich für nichts verantwortlich, und andrerseits sehe ich alles Nötige mit an ... so ist das!" Also die Rechnung war durchaus richtig und die Sache damit erledigt. Beruhigt schlich er wieder in den friedlichen Schatten des ihn schützenden Holzstoßes und begann, aufmerksam nach den Fenstern hinzuschauen. Diesmal brauchte er nicht lange zu schauen und zu warten. Auf einmal machte sich an allen Fenstern gleichzeitig eine sonderbare Bewegung bemerklich, Gestalten wurden sichtbar, die Vorhänge zurückgeschlagen, ganze Gruppen von Menschen drängten sich an Olsufi Iwanowitschs Fenstern; alle blickten sie auf den Hof hinaus und suchten dort etwas. Durch seinen Holzstoß geschützt, begann unser Held seinerseits ebenfalls neugierig die allgemeine Bewegung zu verfolgen und streckte, lebhaft interessiert, seinen Kopf nach rechts und links vor, wenigstens soweit es ihm der kurze Schatten des ihn verbergenden Holzstoßes erlaubte. Auf einmal bekam er einen großen Schreck, fuhr zusammen und hätte sich vor Bestürzung beinahe auf dem Fleck, wo er stand, hingesetzt. Es schien ihm oder richtiger er erriet auf das bestimmteste, daß sie da nicht irgendetwas und irgendwen suchten, sondern ganz einfach ihn, Herrn Goljadkin. Alle blickten sie nach seiner Seite hin. Davonzulaufen war unmöglich; man hätte ihn gesehen ... Ängstlich drückte sich Herr Goljadkin so dicht wie möglich an das Holz und bemerkte jetzt erst, daß der verräterische Schatten ihm treulos geworden war und ihn nicht mehr ganz verbarg.

Mit dem größten Vergnügen wäre unser Held jetzt in ein Mauseloch zwischen dem Holze gekrochen und hätte dort friedlich gesessen, wenn es nur möglich gewesen wäre. Aber es war entschieden unmöglich. In seiner Pein begann er schließlich, mit Entschlossenheit geradezu nach allen Fenstern hinzusehen, weil ihm das noch als das beste erschien. Und plötzlich wurde er glühend heiß vor Scham. Man hatte ihn deutlich bemerkt; alle zusammen hatten ihn bemerkt; alle winkten ihm mit den Händen; alle nickten ihm zu; alle riefen ihn; da klappten ein paar Luftscheiben und wurden geöffnet; einige Stimmen schrien ihm zugleich etwas zu ... „Ich wundere mich, warum man diesem dummen Mädchen nicht von klein auf die Rute gegeben hat," murmelte unser Held ganz fassungslos vor sich hin. Auf einmal kam er (man weiß schon, wer) die Stufen vor der Haustür herabgelaufen, im bloßen Uniformrock, ohne Hut, atemlos, hastig, trippelnd und hüpfend, wahrscheinlich um seine gewaltige Freude darüber an den Tag zu legen, daß er Herrn Goljadkin endlich erblickt hatte.

„Jakow Petrowitsch," schnatterte der durch seine Niederträchtigkeit bekannte Mensch. „Jakow Petrowitsch, Sie hier? Sie werden sich erkälten. Es ist hier kalt, Jakow Petrowitsch. Bitte, kommen Sie doch in die Wohnung!"

„Nein, Jakow Petrowitsch, nein, das tut mir nichts, Jakow Petrowitsch," murmelte unser Held in demütigem Tone.

„Nein, das geht nicht, Jakow Petrowitsch; alle lassen Sie bitten, lassen Sie ganz ergebenst bitten; sie erwarten uns. „Machen Sie uns die Freude," haben sie zu mir gesagt, „und bringen Sie Jakow Petrowitsch her!" So ist das!"

„Nein, Jakow Petrowitsch; sehen Sie, ich ... ich würde am besten tun, wenn ich ... Ich würde am besten nach Hause gehen, Jakow Petrowitsch," sagte unser Held, der ein Gefühl hatte, als ob er auf gelindem Feuer geröstet würde, und ganz starr war vor Scham und Angst.

„Nein, nein, nein, nein!" schnatterte der widerwärtige Mensch. „Nein, nein, nein, unter keinen Umständen! Kommen Sie!" sagte er energisch und zog Herrn Goljadkin den älteren zur Haustür hin. Herr Goljadkin der ältere wollte ganz und gar nicht mitgehen; aber da alle nach ihm hinsahen und es dumm herausgekommen wäre, wenn er sich widersetzt und sich gesträubt hätte, so ging unser Held doch mit; übrigens kann man eigentlich nicht sagen, daß er ging, da er schlechterdings selbst nicht wußte, was mit ihm geschah. Aber es war ja nun doch schon alles egal!

Ehe unser Held noch einigermaßen zur Besinnung kommen und sich zurechtmachen konnte, befand er sich schon im Saale. Er war blaß, zerzaust, sein Anzug in Unordnung; seine trüben Augen irrten über die ganze Menge hin, – o weh: der Saal und alle Zimmer, alles, alles, war dicht gedrängt voll! Es war eine Unmasse von Menschen da, ein ganzer Flor von Damen. Alle Anwesenden strebten zu Herrn Goljadkin hin; alle umdrängten ihn; alle schoben Herrn Goljadkin vorwärts, der sehr wohl merkte, daß sie ihn in einer bestimmten Richtung fortschoben. „Doch nicht zur Tür?" ging es ihm durch den Kopf. In der Tat schoben sie ihn nicht zur Tür hin, sondern geradeswegs zu Olsufi Iwanowitschs bequemem Lehnstuhl. Neben dem Lehnstuhl stand auf der einen Seite Klara Olsufjewna, blaß, matt, traurig, aber in prachtvoller Toilette. Besonders fielen Herrn Goljadkin die kleinen weißen Blümchen in ihrem schwarzen Haar in die Augen, was einen ganz außerordentlichen Effekt machte. Auf der andern Seite des Lehnstuhles stand Wladimir Semjonowitsch, im schwarzen Frack, mit seinem neuen Orden im Knopfloch. Zwei von den Gästen hatten Herrn Goljadkin untergefaßt und führten ihn, wie schon oben gesagt ist, geradeswegs zu Olsufi Iwanowitsch, und zwar auf der einen Seite Herr Goljadkin der jüngere, der eine höchst wohlanständige, wohlwollende Miene angenommen hatte, worüber unser Held sich unsagbar freute, auf der andern Seite Andrei Filippowitsch mit sehr feierlichem Gesichtsausdruck. „Was soll das?" dachte Herr Goljadkin.

Als er sah, daß man ihn zu Olsufi Iwanowitsch führte, da war es ihm, als ob ihm ein Blitz plötzlich alles erleuchtete. Der Gedanke an den entwendeten Brief fuhr ihm durch den Kopf. In namenloser Angst stand unser Held vor Olsufi Iwanowitschs Lehnstuhl. „Wie wird es mir jetzt gehen?" dachte er bei sich. „Selbstverständlich werde ich alles frei heraus sagen, mit einer Aufrichtigkeit, die von vornehmer Gesinnung zeugt; so und so, usw." Aber was unser Held anscheinend fürchtete, trat nicht ein. Olsufi Iwanowitsch empfing Herrn Goljadkin, wie es schien, sehr gut; er streckte ihm zwar nicht die Hände entgegen; aber er wiegte, indem er ihn anblickte, sein graues, Ehrfurcht einflößendes Haupt mit ernst-trauriger und zugleich wohlwollender Miene hin und her. So schien es wenigstens Herrn Goljadkin. Es schien diesem sogar, als ob in Olsufi Iwanowitschs trüben Blicken eine Träne glänzte; er hob die Augen in die Höhe und sah, daß auch an den Wimpern der dicht daneben stehenden Klara Olsufjewna ein Tränchen glitzerte, daß mit Wladimir Semjonowitschs Augen etwas Ähnliches vorging, daß sogar Andrei Filippowitschs unerschütterliche, ruhige Würde sich von der allgemeinen, tränenreichen Anteilnahme nicht ausschloß, und daß endlich jener Jüngling, von dem wir früher einmal gesagt haben, daß er große Ähnlichkeit mit einem würdigen Rate hatte, den gegenwärtigen Augenblick schon dazu benutzte, bitterlich zu schluchzen ... Oder kam das vielleicht Herrn Goljadkin alles nur so vor, weil er selbst ausgiebig weinte und deutlich fühlte, wie ihm die heißen Tränen über die kalten Backen liefen? ... Schluchzend, mit den Menschen und dem Schicksal ausgesöhnt und im gegenwärtigen Augenblicke von Liebe erfüllt nicht nur zu Olsufi Iwanowitsch und allen Gästen zusammen, sondern sogar zu seinem so unheilbringenden Zwillingsbruder, der jetzt überhaupt nicht unheilbringend und nicht einmal wie Herrn Goljadkins Zwillingsbruder aussah, sondern wie ein ganz unbeteiligter und äußerst liebenswürdiger Mensch, wollte sich unser Held zu Olsufi Iwanowitsch wenden und ihm in rührender Weise sein Herz ausschütten; aber die Fülle der Gefühle, die sich in seinem Herzen angesammelt hatten, war zu groß: er konnte kein Wort herausbringen, sondern zeigte nur mit einer sehr ausdrucksvollen Handbewegung schweigend auf sein Herz ... Endlich führte Andrei Filippowitsch, wahrscheinlich um dem grauhaarigen alten Manne eine allzu große Aufregung zu ersparen, Herrn Goljadkin ein wenig beiseite und überließ ihn dort anscheinend völlig sich selbst.

Lächelnd und etwas vor sich hinmurmelnd, ein wenig erstaunt, aber jedenfalls mit den Menschen und dem Schicksal fast ganz ausgesöhnt, begann unser Held in irgendwelcher Richtung sich durch die dichte Masse der Gäste fortzubewegen. Alle machten ihm Platz; alle sahen ihn mit einer sonderbaren Neugier und einer unerklärlichen, rätselhaften Teilnahme an. Unser Held ging in ein anderes Zimmer: überall wandte sich ihm dieselbe Aufmerksamkeit zu; er nahm undeutlich wahr, wie ein ganzer Schwarm sich hinter ihm her drängte, wie sie jeden seiner Schritte beobachteten, wie sie alle leise untereinander über irgendwelchen sehr interessanten Gegenstand sprachen, die Köpfe schüttelten und flüsternd disputierten. Herr Goljadkin hätte gern gewußt, worüber sie da stritten und flüsterten. Sich umblickend, bemerkte unser Held neben sich Herrn Goljadkin den jüngeren. Er fühlte sich gedrungen, ihn an der Hand zu fassen und beiseite zu führen, und bat hier den andern Jakow Petrowitsch inständig, ihm bei allen seinen künftigen Unternehmungen behilflich zu sein und ihn in kritischen Lagen nicht im Stich zu lassen. Herr Goljadkin der jüngere nickte würdevoll mit dem Kopfe und drückte Herrn Goljadkin dem älteren warm die Hand. Unserem Helden zitterte das Herz in der Brust von dem Überschwang seiner Gefühle. Er konnte kaum Atem holen; er hatte die Empfindung, daß ihn etwas furchtbar beengte, daß alle diese auf ihn gerichteten Augen ihn gewissermaßen niederdrückten und erstickten ... Herr Goljadkin sah im Vorbeigehen jenen Rat, der eine Perücke auf dem Kopfe trug. Der Rat schaute ihn mit einem ernsten, prüfenden Blick an, der sich durch die allgemeine Teilnahme nicht hatte milder stimmen lassen ... Unser Held faßte schon den Entschluß, gerade auf ihn zu zu gehen, um ihn anzulächeln und sich unverzüglich mit ihm auszusprechen; aber dieser Vorsatz kam nicht zur Ausführung. Für einen Augenblick vergaß Herr Goljadkin sich selbst und alles andere fast vollständig; er verlor sowohl das Gedächtnis als auch die Empfindung ... Als er wieder zu sich kam, bemerkte er, daß er sich in einem weiten Kreise der ihn umgebenden Gäste herumdrehte.

Auf einmal wurde Herr Goljadkin von dem andern Zimmer aus gerufen; dieser Ruf pflanzte sich schnell durch die ganze Menge fort. Alle gerieten in Aufregung, alle begannen geräuschvoll zu reden, alle stürzten zu der Tür hin, die in den ersten Saal führte; unsern Helden trugen sie beinah auf den Händen ebendorthin, wobei der hartherzige Rat mit der Perücke zufällig Seite an Seite mit Herrn Goljadkin ging. Endlich ergriff er ihn bei der Hand und veranlaßte ihn, sich neben ihn zu setzen, dem Sitze Olsufi Iwanowitschs gegenüber, jedoch in ziemlich beträchtlicher Entfernung von demselben. Alle, die in den Zimmern anwesend waren, setzten sich in mehreren Reihen um Herrn Goljadkin und Olsufi Iwanowitsch herum. Alles wurde still und ruhig; alle beobachteten ein feierliches Schweigen; alle blickten Olsufi Iwanowitsch an, offenbar in Erwartung von etwas sehr Ungewöhnlichem. Herr Goljadkin bemerkte, daß neben Olsufi Iwanowitschs Lehnstuhl und ebenfalls dem Rate gegenüber der andere Herr Goljadkin und Andrei Filippowitsch Platz genommen hatten. Das Schweigen dauerte ziemlich lange; man wartete tatsächlich auf etwas. „Genau so wie in einer Familie, bevor einer eine weite Reise antritt; man brauchte jetzt nur aufzustehen und zu beten," dachte unser Held. Auf einmal entstand eine ungewöhnliche Bewegung und unterbrach alle seine Überlegungen. Etwas längst Erwartetes war eingetreten. „Er kommt, er kommt!" wurde in der Menge gerufen. „Wer kommt denn?" fuhr es Herrn Goljadkin durch den Kopf, und ein sonderbares Gefühl ließ ihn zusammenfahren. „Es ist Zeit!" sagte der Rat, indem er Andrei Filippowitsch bedeutsam ansah. Andrei Filippowitsch warf seinerseits dem alten Olsufi Iwanowitsch einen Blick zu. Olsufi Iwanowitsch nickte würdevoll und feierlich mit dem Kopfe. „Erheben wir uns!" sagte der Rat und veranlaßte Herrn Goljadkin zum Aufstehen. Alle erhoben sich. Darauf ergriff der Rat Herrn Goljadkin den älteren bei der Hand und Andrei Filippowitsch Herrn Goljadkin den jüngeren, und so führten sie die beiden vollkommenen Ebenbilder durch die Menge, die sie in gespannter Erwartung umgab, feierlich aufeinander zu.

Unser Held blickte erstaunt um sich; aber man hielt ihn sogleich davon ab und wies ihn auf Herrn Goljadkin den jüngeren hin, der ihm die Hand entgegenstreckte. „Man will uns miteinander versöhnen," dachte unser Held und hielt gerührt seine Hand Herrn Goljadkin dem jüngeren hin; dann, dann streckte er auch den Kopf zum Kusse vor. Dasselbe tat auch der andere Herr Goljadkin ... In diesem Momente schien es Herrn Goljadkin dem älteren, daß sein treuloser Freund lächelte und der ganzen umstehenden Menge schnell und listig zublinkte, daß ein boshafter Zug auf dem Gesichte des unedlen Herrn Goljadkin des jüngeren zum Ausdruck kam, und daß er sogar im Augenblicke seines Judaskusses eine Grimasse schnitt … In Herrn Goljadkins Kopfe dröhnte es; vor den Augen wurde es ihm dunkel; es kam ihm vor, als ob eine Unmenge, eine ganze Reihe ganz ähnlicher Goljadkins lärmend durch alle Türen des Saales hereindränge; aber es war zu spät … Der Verräter hatte ihm schon einen schallenden Kuß gegeben, und … Da begab sich etwas ganz Unerwartetes … Die Saaltür wurde geräuschvoll geöffnet, und auf der Schwelle erschien ein Mensch, dessen bloßer Anblick Herrn Goljadkin zu Eis erstarren ließ. Seine Füße wuchsen am Boden fest. Ein Schrei erstarb in seiner beengten Brust. Übrigens hatte Herr Goljadkin alles vorher gewußt und schon längst etwas Ähnliches geahnt. Der Unbekannte näherte sich Herrn Goljadkin würdevoll und feierlich. Herr Goljadkin kannte diese Gestalt sehr gut. Er hatte sie schon gesehen, sehr oft gesehen, noch an diesem selben Tage gesehen … Der Unbekannte war ein hochgewachsener, kräftig gebauter Mann, in schwarzem Frack, mit einem hohen Orden am Halse, mit dichtem, sehr schwarzem Backenbart; es fehlte nur die Zigarre im Munde, um die Ähnlichkeit vollständig zu machen. Der Blick desUnbekannten bewirkte, daß, wie schon oben gesagt, Herr Goljadkin vor Angst zu Eis erstarrte. Mit würdevoller, feierlicher Miene trat der furchtbare Mensch auf den bedauernswerten Helden unserer Erzählung zu … Unser Held streckte ihm die Hand entgegen; der Unbekannte ergriff sie und zog ihn hinter sich her … Verstört und niedergedrückt blickte unser Held rings um sich.

„Das ist Krestjan Iwanowitsch Rutenspitz, Doktor der Medizin und Chirurgie, Ihr alter Bekannter, Jakow Petrowitsch!" schnatterte eine widerwärtige Stimme dicht an Herrn Goljadkins Ohr. Er sah sich um: es war der wegen seiner Nichtswürdigkeit hassenswerte Zwillingsbruder des Herrn Goljadkin. Eine unedle, boshafte Freude glänzte auf seinem Gesichte: entzückt rieb er sich die Hände; entzückt drehte er seinen Kopf nach allen Seiten; entzückt trippelte er um all und jeden herum; er schien Lust zu haben, gleich auf dem Flecke vor Entzücken loszutanzen; zuletzt sprang er vor, nahm einem der Diener eine Kerze aus der Hand und ging voran, um Herrn Goljadkin und Krestjan Iwanowitsch zu leuchten. Herr Goljadkin hörte deutlich, wie alle, die im Saale waren, hinter ihm herströmten, wie alle sich stießen und drängten und ihm einhellig immer dasselbe wiederholten: „Das hat nichts zu bedeuten; fürchten Sie sich nicht, Jakow Petrowitsch! Das ist ja Ihr alter Freund und Bekannter Krestjan Iwanowitsch Rutenspitz ..." Endlich traten sie auf die hellerleuchtete Treppe hinaus; auch auf der Treppe standen eine Menge Leute. Geräuschvoll wurde die Haustür geöffnet, und nun stand Herr Goljadkin mit Krestjan Iwanowitsch auf den davor befindlichen Stufen. Vor der Tür stand eine Kutsche, mit vier Pferden bespannt, die vor Ungeduld schnaubten. Der schadenfrohe Herr Goljadkin der jüngere kam in großen Sätzen die Treppe herabgesprungen und öffnete selbst die Kutsche. Krestjan Iwanowitsch ersuchte durch eine einladende Handbewegung Herrn Goljadkin, einzusteigen. Übrigens bedurfte es einer solchen einladenden Handbewegung gar nicht; es waren genug Leute da, um ihm hineinzuhelfen ... Halbtot vor Angst blickte Herr Goljadkin zurück: die ganze hellerleuchtete Treppe war mit Menschen besetzt; von allen Seiten blickten neugierige Augen nach ihm hin; selbst Olsufi Iwanowitsch saß in seinem bequemen Lehnstuhl auf dem oberen Treppenflur und verfolgte aufmerksam mit lebhaftem Interesse den ganzen Vorgang. Alle warteten. Ein Gemurmel der Ungeduld lief durch die Menge, als Herr Goljadkin sich umwandte und zurückblickte.

„Ich hoffe, daß darin nichts ... nichts Anstößiges liegt ... nichts, was der Behörde zu strengem Verfahren gegen mich Anlaß geben ... oder die allgemeine Aufmerksamkeit mit Bezug auf meine amtliche Stellung erregen könnte?" sagte unser Held ganz fassungslos. Ringsum wurde lärmend darauf geantwortet; alle schüttelten verneinend die Köpfe. Die Tränen stürzten Herrn Goljadkin aus den Augen. „In diesem Falle bin ich bereit ... ich vertraue mich ganz Krestjan Iwanowitsch an ... ich lege mein Schicksal in seine Hände ..."

Kaum hatte Herr Goljadkin gesagt, daß er sein Schicksal ganz in Krestjan Iwanowitschs Hände lege, als alle, die ihn umgaben, in ein furchtbares, betäubendes Freudengeschrei ausbrachen, das sich dann in unheilverkündendem Widerhall durch die ganze wartende Menge hinwälzte. Nun faßten Krestjan Iwanowitsch von der einen Seite, Andrei Filippowitsch von der andern Seite Herrn Goljadkin unter den Arm und machten Anstalt, ihn in den Wagen zu setzen; der Doppelgänger half nach seiner nichtswürdigen Gewohnheit von hinten nach. Der unglückliche Herr Goljadkin der ältere warf auf alle und alles einen letzten Blick und kroch zitternd wie ein Kätzchen, das man mit kaltem Wasser begossen hat, wenn dieser Vergleich gestattet ist, in den Wagen hinein; nach ihm stieg sogleich auch Krestjan Iwanowitsch ein. Die Wagentür wurde zugeschlagen; die Peitsche fiel klatschend auf die Rücken der Pferde; die Pferde zogen an … alle stürzten hinter Herrn Goljadkin her. Gellendes, wütendes Geschrei aller seiner Feinde schallte ihm als Abschiedsgruß nach. Eine Zeitlang huschten noch einige Gestalten um den Wagen herum, der Herrn Goljadkin entführte; aber allmählich blieben sie zurück und verschwanden schließlich ganz. Am längsten von allen blieb Herrn Goljadkins unedler Zwillingsbruder.

Die Hände in die Taschen seiner grünen Uniformhosen gesteckt, lief er mit zufriedener Miene einher, indem er bald von der einen, bald von der andern Seite an den Wagen heransprang; manchmal griff er auch nach dem Fensterrahmen, hängte sich daran, steckte den Kopf ins Fenster und warf Herrn Goljadkin zum Abschied Kußhändchen zu; aber auch er begann müde zu werden, zeigte sich immer seltener und seltener und verschwand schließlich vollständig. Herr Goljadkin fühlte einen dumpfen Schmerz im Herzen; das Blut pochte ihm wie eine heiße Quelle im Kopfe; es war ihm drückend heiß; er wollte sich gern die Kleider aufknöpfen, seine Brust entblößen, sie mit Schnee beschütten und mit kaltem Wasser begießen. Endlich versank er in Bewußtlosigkeit … Als er wieder zu sich kam, sah er, daß der Wagen auf einem ihm unbekannten Wege dahinfuhr. Rechts und links lag schwarzer Wald; alles war öde und menschenleer. Auf einmal wurde er starr vor Schreck: zwei feurige Augen blickten ihn in der Dunkelheit an und funkelten in boshafter, teuflischer Freude. „Das ist nicht Krestjan Iwanowitsch!" dachte Herr Goljadkin. „Wer ist das? Oder ist er es doch? Er ist es! Es ist Krestjan Iwanowitsch; aber nicht der frühere, sondern ein anderer Krestjan Iwanowitsch! Das ist ein entsetzlicher Krestjan Iwanowitsch!... „Krestjan Iwanowitsch, ich… ich… ich glaube, es fehlt mir nichts, Krestjan Iwanowitsch," begann unser Held zaghaft und zitternd, in dem Wunsche, durch Unterwürfigkeit und Demut den furchtbaren Krestjan Iwanowitsch ein wenig milder zu stimmen.

„Sie bekommen vom Staate freie Wohnung, Heizung, Beleuchtung und Bedienung; das ist mehr, als Sie verdienen," antwortete Krestjan Iwanowitsch; die Antwort klang streng und furchtbar wie ein Urteilsspruch.

Unser Held schrie auf und griff sich nach dem Kopfe. O weh! Das hatte er schon längst geahnt.